教育部　财政部职业院校教师素质提高计划成果系列丛书

教育部　财政部职业院校教师素质提高计划职教师资开发项目

《市场营销》专业职教师资培养资源开发（VTNE072）（负责人：史保金）

电子商务实务

主　编　张夏然　胡艳春
副主编　张联锋　张　睿

科学出版社

北　京

内 容 简 介

电子商务实务是一门实践性很强的交叉性学科，且发展日新月异。编写本书的目的是使读者了解电子商务的基本框架并能适当的应用。本书以任务驱动为导向，根据电子商务实践操作流程来组织内容。全书共分为七个模块，模块一电子商务概述，介绍了电子商务基础知识；模块二电子商务交易模式，讲述了 B2C、B2B、C2C、O2O 电子商务模式；模块三电子支付，包括电子货币、网上银行及移动支付的相关知识；模块四电子商务与物流运作，在电子商务情景下讨论物流的运作模式和技术；模块五电子商务交易安全，从技术和法律两个层面分析电子商务安全问题；另外还有模块六网络营销和模块七客户关系管理，使电子商务整个体系得以完善。

本书可作为职业院校电子商务、市场营销、电子信息类、物流管理、信息管理专业的教材，也可作为电子商务基础培训的教学用书。

图书在版编目（CIP）数据

电子商务实务 / 张夏然，胡艳春主编. —北京：科学出版社，2017

教育部 财政部职业院校教师素质提高计划成果系列丛书

ISBN 978-7-03-050813-3

Ⅰ．①电… Ⅱ．①张… ②胡… Ⅲ．①电子商务 Ⅳ．①F713.36

中国版本图书馆 CIP 数据核字（2016）第 285261 号

责任编辑：张　宁/责任校对：张怡君
责任印制：张　伟/封面设计：黄华斌

科学出版社 出版

北京东黄城根北街 16 号
邮政编码：100717
http://www.sciencep.com

北京京华虎彩印刷有限公司 印刷

科学出版社发行　各地新华书店经销

*

2017 年 1 月第　一　版　开本：787×1092 1/16
2017 年 1 月第一次印刷　印张：16 1/4
字数：385 000

定价：39.00 元

（如有印装质量问题，我社负责调换）

教育部　财政部职业院校教师素质提高计划职教师资开发项目

项目专家指导委员会

主　任：刘来泉

副主任：王宪成　郭春鸣

成　员：（按姓氏笔画排列）

刁哲军　王乐夫　王继平　邓泽民　石伟平　卢双盈　刘正安
刘君义　米　靖　汤生玲　李仲阳　李栋学　李梦卿　吴全全
沈　希　张元利　张建荣　周泽扬　孟庆国　姜大源　夏金星
徐　朔　徐　流　郭杰忠　曹　晔　崔世钢　韩亚兰

出 版 说 明

　　《国家中长期教育改革和发展规划纲要（2010—2020 年）》颁布实施以来，我国职业教育进入加快构建现代职业教育体系、全面提高技能型人才培养质量的新阶段。加快发展现代职业教育，实现职业教育改革发展新跨越，对职业学校"双师型"教师队伍建设提出了更高的要求。为此，教育部明确提出，要以推动教师专业化为引领，以加强"双师型"教师队伍建设为重点，以创新制度和机制为动力，以完善培养培训体系为保障，以实施素质提高计划为抓手，统筹规划，突出重点，改革创新，狠抓落实，切实提升职业院校教师队伍整体素质和建设水平，加快建成一支师德高尚、素质优良、技艺精湛、结构合理、专兼结合的高素质专业化的"双师型"教师队伍，为建设具有中国特色、世界水平的现代职业教育体系提供强有力的师资保障。

　　目前，我国共有 60 余所高校正在开展职教师资培养，但教师培养标准的缺失和培养课程资源的匮乏，制约了"双师型"教师培养质量的提高。为完善教师培养标准和课程体系，教育部、财政部在"职业院校教师素质提高计划"框架内专门设置了职教师资培养资源开发项目，中央财政划拨 1.5 亿元，用于系统开发本科专业职教师资培养标准、培养方案、核心课程和特色教材等系列资源。其中，包括 88 个专业项目、12 个资格考试制度开发等公共项目。该项目由 42 家开设职业技术师范专业的高等学校牵头，组织近千家科研院所、职业学校、行业企业共同研发，一大批专家学者、优秀校长、一线教师、企业工程技术人员参与其中。

　　经过三年的努力，培养资源开发项目取得了丰硕的成果。一是开发了中等职业学校 88 个专业（类）职教师资本科培养资源项目，内容包括专业教师标准、专业教师培养标准、评价方案，以及一系列专业课程大纲、主干课程教材及数字化资源；二是取得了 6 项公共基础研究成果，内容包括职教师资培养模式、国际职教师资培养、教育理论课程、质量保障体系、教学资源中心建设和学习平台开发等；三是完成了 18 个专业大类职教师资资格标准及认证考试标准开发。上述成果，共计 800 多部正式出版物。总体来说，培养资源开发项目实现了高效益：形成了一大批资源，填补了相关标准和资源的空白；凝聚了一支研发队伍，强化了教师培养的"校—企—校"协同；引领了一批高校的教学改革，带动了"双师型"教师的专业化培养。职教师资培养资源开发项目是支撑专业化培养的一项系统化、基础性工程，是加强职教师资培养、培训一体化建设的关键环节，也是对职教师资培养、培训基地教师专业化培养实践、教师教育研究能力的系统检阅。

　　自 2013 年项目立项开题以来，各项目承担单位、项目负责人及全体开发人员做了大量深入细致的工作，结合职教教师培养实践，研发出很多填补空白、体现科学性和前瞻性的成果，有力推进了"双师型"教师专门化培养向更深层次发展。同时，专家指导委员会的各位专家以及项目管理办公室的各位同志，克服了许多困难，按照教育部、财政部对项目开发工作的总体要求，为实施项目管理、研发、检查等投入了大量时间和心血，也为各个项目提供了专业的咨询和指导，有力地保障了项目实施和成果质量。在此，我们一并表示衷心的感谢。

教育部　财政部职业院校教师素质提高计划成果系列丛书

编写委员会

2016 年 3 月

前　　言

　　作为网络新经济时代重要特征的电子商务，正以超常的发展速度走进中国百姓的生活。电子商务打破了传统的思想观念，产生了新的经济模式，从而带来了传统行业的重大变革。近几年，随着全球信息网络的不断建立和完善，在国内外涌现出了许多新兴的从事电子商务的企业，许多传统企业也加入网络中，并开始开展自己的电子商务业务。

　　本教材是河南科技学院史保金教授主持的教育部、财政部职业院校教师素质提高计划职教师资开发项目（VTNE072）的重要成果之一，是满足职业学校营销专业教师培训需要，提高营销专业教师专业实践能力而开发的一本培训教材。

　　"电子商务实务"在市场营销专业课程体系中有着重要的地位和作用。通过对电子商务相关概念、理论、实训和案例的教学，培养学生对电子商务领域知识技能和研究的兴趣，以及认知电子商务的相关知识，解释和解决电子商务领域基本问题和现象的实际操作能力，为后续专业学习方向的选择和相关专业课程的学习打下良好的基础。

　　本教材的开发，充分考虑了中等职业学校营销专业教师教学能力标准、培训方案、国家人力资源和社会保障部颁布的营销职业资格标准的要求，以及中等职业学校营销专业教师的能力现状。本教材结合当前电子商务理论前沿，引进了大量案例与实训操作，全面覆盖了电子商务方面的主要理论知识和实践操作技能，着重培养学生对企业电子商务应用的调研分析和方案策划的实际动手能力。在电子商务实务教材编写中，参与编写人员具有长期在电子商务课程或实践中的工作经验，教材内容突出体现了当前电子商务发展的最新理论前沿和企业开展电子商务的最新应用，理论结合实践，以实践技能的训练为重点，培养学生能够很好地掌握电子商务的理论知识与技术，具备较强的电子商务实际操作与应用的能力。

　　"电子商务实务"是一门具有较强实践性的课程。传统学科教学模式在课程内容的组织和教学方法上很难达到理想的效果。本教材结合当前最新电子商务理论知识，引入大量典型的电子商务案例分析，注重电子商务应用技能的实训，在培养学生掌握必备的电子商务知识和技能的同时，遵循课程的目标要求，创新、创意、创业理念，以及学生的认知规律，由浅入深，由易到难。教学过程的实施体现相应职业工作过程，学生的专业技能，创新、创意、创业意识能力得到不断的完善与强化。

　　本教材共七个模块，即电子商务概述、电子商务交易模式、电子支付、电子商务与物流运作、电子商务交易安全、网络营销、客户关系管理，另配套有电子课件、试题库、授课计划、大纲、案例库和实训等相应的电子资源，以供教学和学生实践参考。

序号	教学项目	目标	课时分配		
			讲授	实训	合计
1	电子商务概述	熟悉电子商务的发展与内容	4	2	6
2	电子商务交易模式	掌握 B2C、B2B、C2C、O2O 电子商务交易类型	8	6	14
3	电子支付	熟悉网上支付与结算、电子货币、移动支付	6	4	10
4	电子商务与物流运作	熟悉电子商务物流运作和物流信息系统	4	2	6
5	电子商务交易安全	电子商务系统安全的保障，会使用数字证书	4	2	6
6	网络营销	学习网络调研方法、网络营销系统和网络广告设置	2	4	6
7	客户关系管理	熟悉电子商务环境下客户关系管理的实施、客户数据挖掘	6	0	6
总计			34	20	54

注：B2C，即 business to customer，企业对消费者；B2B，即 business to business，企业对企业；C2C，即 customer to customer，消费者对消费者；O2O，即 online to offline，线上到线下；客户关系管理，即 customer relationship management，CRM

编　者

2016 年 10 月

目　　录

模块一

电子商务概述

任务一 认识电子商务

【学习目标】

1. 掌握电子商务的概念。
2. 了解电子商务的基本组成。
3. 熟练掌握电子商务的分类。

【任务描述】

初识电子商务

学校毕业实习期间，小丁进入了创格讯数码科技有限公司产品销售部实习，3 个月试用期满后，工作认真、好学上进的小丁顺利转正。这天，人事部主管莫经理找到小丁，告诉小丁公司正筹备成立电子商务事业部，准备将计算机专业毕业的小丁调到这个新部门。莫经理告诉小丁，电子商务事业部是公司的重要部门，进入这个部门工作对于小丁来说是学习成长的机会，小丁很兴奋，但同时又有点担心，"电子商务"就是常说的网上交易？自己只接触过淘宝购物而已！看来，是时候要好好充电了！

要学习电子商务，该从哪里入手呢？小丁首先了解了近期的电子商务新闻，发现网上报税属于电子商务，网上招标属于电子商务，享受过美食在大众点评网上与网友交流也属于电子商务，到底电子商务的范围有多广呢？其次小丁又利用搜索引擎了解了淘宝、京东、聚美优品、美团等网站，这些网站是同一类型的电子商务网站吗？真是越看越迷糊！

资料来源：陈南泥. 电子商务实务. 北京：高等教育出版社，2011

【任务分析】

1. 电子商务的范围有多广？
2. 常见的淘宝、京东、阿里巴巴等分别属于哪种类型的电子商务形式？

【任务实施】

认识电子商务的步骤如图 1-1 所示。

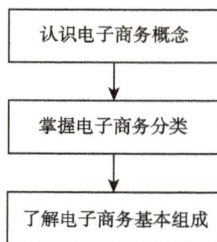

```
┌──────────────────┐
│  认识电子商务概念  │
└──────────────────┘
         │
         ▼
┌──────────────────┐
│  掌握电子商务分类  │
└──────────────────┘
         │
         ▼
┌──────────────────┐
│ 了解电子商务基本组成 │
└──────────────────┘
```

图 1-1　认识电子商务的步骤

一、电子商务的概念

电子商务包含两个方面，一是商务活动，二是电子化手段。其中商务是核心，电子化是手段和工具。商务包括企业通过内联网的方式处理与交换信息，企业与企业之间通过外联网或者专用网方式进行的业务协作和商务活动，企业与消费者之间通过互联网进行的商务活动，消费者与消费者之间通过互联网进行的商务活动，以及政府管理部门与企业之间通过互联网或专用网方式进行的管理及商务活动。这里的电子化手段包括自动捕获数据、电子数据交换、电子邮件、电子资金转账、卫星定位、网络通信、数据库、计算机设备、网络安全和无线移动技术等各种电子技术手段。

电子商务这一概念自从产生起，就没有统一的定义，不同研究者、不同组织从各自的角度提出了对电子商务的认识。但总体来看可分为广义和狭义两种，狭义电子商务（electronic commerce，简称 EC）是指通过互联网进行销售商品、提供服务等的经营活动。例如，企业通过互联网销售笔记本电脑，企业通过互联网为客户提供软件下载服务，企业通过互联网进行远程修复个人计算机，企业通过互联网进行远程医疗服务等。广义的电子商务（electronic business，简称 EB）是指各行各业，包括政府机构和企业、事业单位各种业务的电子化、网络化，可称为电子业务，包括狭义的电子商务、电子政务、电子军务、电子医务、电子教务、电子公务等。

本书采用 electronic commerce 这个词，其目的是将电子商务限定在"互联网"上进行的商务活动，这些商务活动包括商品交易、信息服务、产品服务等内容。

二、电子商务的分类

电子商务的划分方式有很多，按商业活动运作方式可分成完全电子商务和不完全电子商务两类；按开展电子交易的信息网络范围可分为本地电子商务、远程国内电子商务和全球电子商务；最为常见的是按照交易对象，可划分为 B2B、B2C、C2C 三种。

（一）B2C

开展 B2C 模式电子商务的企业大致可分为：经营着离线商店的零售商、没有离线商店的虚拟零售企业和商品制造商。

经营着离线商店的零售商，有着实实在在的商店或商场，网上的零售作为企业开拓市场的一条渠道，大多不依靠网上的销售生存，如沃尔玛、上海书城、联华超市、北京西单商场等。

没有离线商店的虚拟零售企业，是互联网商务的产物，网上的零售是唯一的销售方式，靠此生存，如亚马逊、当当网等。

对于商品制造商，采取网上直销的方式销售其产品，不仅给顾客带来了价格上的好处及商品客户化，而且减少了商品库存的积压。例如，戴尔计算机制造商是商品制造商网上销售最成功的。

（二）B2B

企业采用的 B2B 模式可分为面向中间交易市场的水平 B2B 电子商务和面向制造业或商业的垂直 B2B 电子商务两种模式。

水平网站可以将买卖双方集中到一个市场上来进行信息交流、广告、拍卖竞标、交易、库存管理等，如阿里巴巴、环球资讯网等都属于水平 B2B 电子商务。"水平"是指这种网站的行业范围广，很多行业都可以在同一个网站上进行贸易活动。

垂直 B2B 交易市场也称行业 B2B，如中国化工网。垂直 B2B 电子商务的特点是专业性强，因此面临的客户很多都是本行业的，潜在购买力比较强，其广告效用也比较大。

（三）C2C

C2C 电子商务中参与者主要有两个，消费者和为消费者提供网络服务的平台提供商，如淘宝网、易趣网等。

在电子商务中，很多企业 B2B、B2C 并存。例如，一个生产电视机的公司，这家公司可以在互联网上向消费者销售它的产品，即 B2C 电子商务。它通过互联网从其他公司采购用来生产电视机的原材料，即 B2B 电子商务。除了采购和销售活动外，这家公司还需要完成将原材料转化成电视机的许多活动，包括招聘人员、租赁或购买场地、运输、会计记账、购买保险、开展广告业务、设计等，这些流程大部分都可以在互联网上进行。

又如新浪、搜狐、网易等门户网站分别为企业或个人提供新闻、邮件、广告、短信、游戏等服务活动，门户网站通过 B2B 和 B2C 服务经营电子商务活动获得经济收入；工商银行等金融机构的在线银行通过网络为企业和个人提供金融服务，从事的是 B2B、B2C 电子商务活动；光大证券等机构的在线交易通过网络系统为企业和个人提供证券服务，从事的是 B2B、B2C 服务经营电子商务活动。

三、电子商务的基本组成

电子商务的基本组成要素有计算机网络、用户、认证中心（certificate authority，CA）、物流配送中心、网上银行等，如图 1-2 所示。

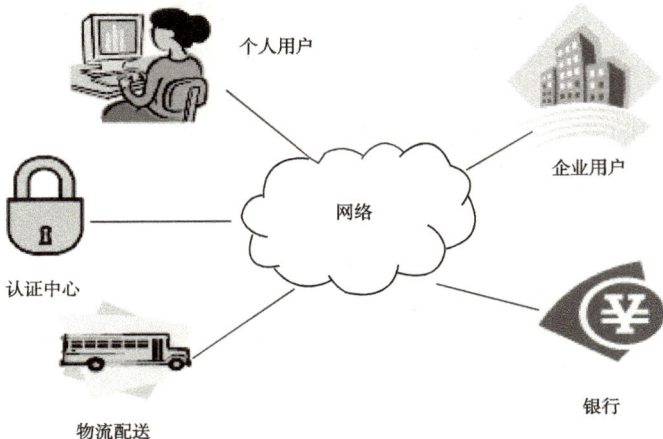

图 1-2　电子商务的基本组成示意图

（一）计算机网络

计算机网络包括互联网、内联网、外联网。互联网是电子商务的基础，是全世界范围内进行商务、业务信息传送的载体；内联网是企业内部商务活动和经营管理的网络平台；外联网是企业与企业自己及企业与客户之间进行商务活动的纽带。

（二）用户

电子商务用户可分为个人用户和企业用户。个人用户使用浏览器、个人数字助理、电话等接入互联网。企业用户建立企业内联网、外联网和企业管理信息系统，对人、财、物、供、销、存进行科学管理。企业利用互联网在网页站点发布产品信息、接受订单等，如要在网上进行销售等商务活动，还要借助电子报关、电子报税、电子支付系统与海关等进行有关商务、业务处理。

（三）认证中心

认证中心是法律承认的权威机构，负责发放和管理电子证书，使网上交易的各方能相互确认身份。电子证书是一个包含证书持有人、个人信息、公开密匙、证书序号、有效期、发证单位的电子签名等内容的数字文件。

（四）物流配送中心

接受商家的送货要求，组织运送无法从网上直接得到的商品，跟踪产品的流向，将商品送到客户的手中。

（五）网上银行

在互联网上实现传统银行的业务，为用户提供24小时的实时服务；与信用卡公司合作，发放电子钱包，提供网上支付手段，为电子商务交易中的用户和商家服务。

【相关知识】

从商务运作过程来看，传统商务和电子商务的区别如表1-1所示。

表1-1 商务实务运作过程

项目	交易前的准备	贸易磋商过程	合同的签订与执行	资金的支付
传统商务	商品信息的发布、查询和匹配，是通过传统方式来完成的（如报纸、电视、广播、杂志、户外媒体等各种广告形式）	是贸易双方进行口头磋商或纸面贸易单证的传递过程。纸面贸易单证包括询价单、价格磋商、定购合同、发货单、运输单、发票、收货单等。使用的工具有电话、传真或邮寄等	在商务活动中，贸易磋商过程经常通过口头协议来完成，在磋商过程完成后，交易双方必须以书面形式签订具有法律效力的商贸合同，来确定磋商的结果和监督执行（纸面合同）	方式有两种： （1）支票多用于企业的商贸过程，涉及双方单位及其开户银行 （2）现金常用于企业对个体消费者的商品零售过程
电子商务	交易的供需信息都是通过交易双方的网址和网络主页完成的。双方信息沟通的特点是快速、高效	将纸面单证在网络和系统的支持下变成了电子化的记录、文件和报文在网络上传递。专门的数据交换协议保证了网络信息传递的正确、安全的特性和快速的特点	电子合同在第三方授权的情况下同样具有法律效力，可以作为在执行过程中产生纠纷的仲裁依据	方式：网上支付（可采用以下形式：信用卡、电子支票、电子现金、电子钱包等）

从流通渠道、交易对象、顾客购物方便度和交易时间等方面比较传统商务和电子商务，如表1-2所示。

表1-2 传统商务与电子商务的区别

项目	传统商务	电子商务
交易对象	部分地区	世界各地
交易时间	在规定的营业时间内	实施一周7天×24小时服务
营销推动	销售商单方努力	交易双方一对一沟通，是双向的
顾客购物方便度	受限于时间、地点及店主态度	按自己的方式，无拘无束地购物
顾客需求把握	商家需很长时间掌握顾客需求	能快速捕捉顾客的需求并及时应对
销售地点	需要销售空间（店铺、货架和仓库）	虚拟空间（提供商品列表和图片）
销售方式	通过各种关系买卖，方式多样	完全自由购买
流通渠道	流通环节复杂，流通成本高	简化了流通环节，降低了流通成本

【学习评价】

项目	内容		评价（评价分为四个等次，分别为 4 优秀、3 良好、2 合格、1 不合格，请在下表中填入评价分值）		
	学习目标	评价项目	个人评价	小组评价	教师评价
知识	传统商务与电子商务比较分析	1.交易前的准备 2.贸易磋商过程 3.签订合同 4.资金支付			
技能	信息流、物流、资金流（针对一个具体的网站）	1.列出企业电子商务信息流 2.列出企业电子商务的物流 3.列出企业电子商务的资金流			
	企业电子商务的框架（针对一个具体网站）	1.列出下游客户 2.列出上游供应商 3.交易安全			
	总评				

【实践能力拓展】

一、案例

凡客发展历程给予同行启示

2012 年 10 月 18 日是凡客五周岁的生日，五年，不长也不短，凡客在这五年里不断试错，屡败屡战，也在这五年里成熟成长。凡客在经历了大规模扩张、高速增长后，逐渐认识到自身的错误，开始裁员瘦身，步入正轨。

（一）诞生

2005 年，PPG 衬衣直销热潮鼓动电子商务圈，2007 年，这家成立仅 27 个月的公司销售额达到了 10 亿元人民币。而凡客诚品就是在这种背景下应运而生的，凡客诚品，意思是凡人都是客，其是一个诚恳的品牌。

2007 年 7 月，IDG 集团与联创策源便以 200 万美元迫不及待地入股了正处在筹备期、半毛钱收入还没赚到的凡客诚品。10 月公司宣告成立，仅过了两个月，陈年又收到来自于软银赛富领投、IDG 集团、联创策源继续跟投的近 1 000 万美元 B 轮融资。

（二）发展

2008 年 1 月，凡客的参照对象 PPG 公司于 2008 年 1 月被证实资金链断裂，PPG 公司可谓是昙花一现，在迅速辉煌后轰然覆灭。

2008 年 2 月 27 日，凡客的产品在这天起开始通过网站联盟被大量传播出去，当日便获得高达 30 万元的订单额。接下来不到一个月的时间，销售额从 300 万元飙升至 2 000 万元。

2009 年，在产品制造上渐渐找到感觉的凡客团队开始将目光转向品类扩张，用陈年的话来总结，2009 年是凡客"试错最多的一年"。在尝试了无数品类之后，29 元 T 恤衫和 59 元的帆布鞋成为支撑凡客业绩的明星产品。同年 4 月，凡客服务全面升级，一口气推出全免运费、24 小时送货、30 天无理由退换货且运费由凡客承担等一系列举措；加上凡客自身搭建的如风达物流，基本第二天就可以送达订购物品，成为用户逐渐信赖的品牌。

2007 年 7 月，陈年、雷军等 3 人用 700 万元启动凡客诚品，其 2008 年、2009 年、2010 年的销售额税后分别为 1.18 亿元、2.98 亿元和 12 亿元，后两年分别同比增长了 153% 和 303%，这样的成长逻辑和增长速度换在传统行业是不可想象的。

（三）膨胀

2010 年春天，凡客首次考虑线下广告投放，韩寒和王珞丹等明星成了凡客的代言人，"凡客体"风靡全国。

为了扩张规模，凡客于 2010 年 5 月，开始做男女装、鞋子、家纺，甚至还做了化妆品、电饭锅、拖把。品类的急速扩张自然会带来销售规模，但也带来了滞销产品的库存成本增加。T 恤和帆布鞋是凡客最好销的产品，但电饭锅、拖把则少人问津。

5 月，凡客还启动了 V+ 频道，建立平台吸引第三方合作者，开卖百货产品，剑指京东商城和当当网。但 V+ 扩张没有达到预期，一年多来只做到 5 亿元左右的规模，仅占凡客总销售额的 10% 左右。

原因是，消费者习惯了凡客自有品牌的低价，从凡客进入 V+ 频道后，很难接受 V+ 产品的高客单价，所以流量的转化率不高；并且，供应商跟凡客合作有顾虑。

彼时，凡客的扩张被看在眼里，而"当局者迷，旁观者清"。在电子商务的很多业内人士看来，V+ 没必要留着，浪费流量；至于化妆品、桌子、拖把等非服装类，侵蚀和弱化了凡客品牌。

此外，凡客自建的如风达物流公司还没有形成足够的冗余能力，难从第三方身上赚钱。还有，由于电商业的激烈竞争，互联网广告价格骤升，推高了凡客的成本。这样一来，本来是一个轻资产的互联网企业，由于高额的综合成本，演变成重资产。

2010 年 12 月 23 日，陈年对外宣布透露，凡客已将 2011 年的"销售额增长幅度"定为 100%，达到 40 亿元。不过，仅仅 10 多天后，2011 年 1 月 7 日下午，陈年就大幅上调了销售目标。陈年公开宣布，凡客 2011 年的销售目标已上调至 60 亿元，增长率从 100% 上调为 200%。

（四）麻烦

常言道，"乐极生悲"，2011 年，电子商务行业遭遇"寒冬"，凡客也未能幸免。

2011 年 5 月，有消息称凡客将在 2011 年第四季度赴美首次公开募股（initial public offerings，IPO）。但本定于 2011 年 11 月 21 日盘后提交申请文件的凡客，却未能按照时间表启动 IPO 相应程序。IPO 延后引发了外界对于凡客资金链的质疑，随后陈年亲自出面辟谣，表示公司已经获得 F 轮融资 2.3 亿美元。

2011 年下半年，凡客相继爆出裁员、IPO 延后、元老离职、旗下快递公司如风达开始接外单等消息。9 月，凡客传出裁员 5% 的消息。

陈年曾经两次提高 2011 年的销售预期，最后将 2011 年的销售目标定为 100 亿元。为此，这一年如风达在各地快速增加仓储中心。

然而，如风达在国内众多快递公司面临"爆仓""无休"之时，开始接公司以外的快件。而其接外单的原因之一是凡客诚品的订单配送量"喂不饱"如风达的运能。

有业内人士认为，凡客增长靠营销推动，难以持续；同时，传统的"商业"基因不够，有"电"无"商"。

（五）反思

2012年，裁员、大量削减广告投入、减少库存是陈年的三大板斧。

面对扩张"陷阱"，陈年也表示这就是"错的代价"，开始反思发展过快带来的隐忧。陈年意识到，凡客是一个品牌公司，竞争对手不是京东和苏宁，也不是当当，而是自己。他表示，不能"丢了西瓜捡芝麻"。

2012年2月，陈年在反思之后，对凡客整体战略正在进行一次新的规划。他说，凡客的调整，哪些要收，哪些要放，都将由一个数据系统来说话。未来它将是凡客继产品、用户之后最核心的公司发展驱动力，而且是可持续的。

于是，2012年，凡客又开始强化自己的服装属性。随之而来的是一系列的调整，包括其旗下快递如风达也进行了裁员瘦身。

一系列的"手术"让凡客从两个事业部到五个事业部，再到六个事业部、七条产品线，从简单地追求销售额到三个更具理性的硬指标——毛利率、售罄率和库存周转率，从数百家供应商中砍掉一半，从亏损经营到公司的平均毛利达到40%多。

在凡客内部人员看来，2012年凡客更加追求一个精细化的发展，开始注重产品运营的健康指标。一年来的调整主要是涉及产品的事业部，实现了更加精细化运营，库存量单位（stock keeping unit，SKU）与2011年相比砍了一半。同时，凡客还对各产品线做了分析，如有年轻的产品线，有成熟的产品线，有试错的产品线。

资料来源：莫岱青. 凡客发展历程给予同行启示. http://www.100ec.cn/detail-6063679.html，2012-10-25

二、案例分析

凡客作为一个垂直电商的样本，五年的发展历程引人深思。

凡客是传播基因，是错的，作为一个服装品牌，凡客最需要的是时尚基因，引领潮流，而非服装流水工厂，只有定位清晰的时尚元素才能有足够的溢价，才有能力活下来，目前，品牌、定价、营销，电商还处理得不好。

凡客的发展历程给同行的启示是，做电子商务无论沉浮，都要坚持自己的路，好的时候要保持，遇到问题不要慌张，找到应对的方式，并且不断创新，走在时代前列。

三、实践困境讨论

电子商务 PK 实体销售

在最新发布的《2015年度中国零售百强榜》中，仅有七家电商入围，但占百强整体销售比重的41.7%，比2014年同比增长56.2%，对零售百强销售增长的贡献高达80.7%。零售百强中87家纯实体零售企业销售规模同比增长仅3.2%。实体零售生存危机四伏，这也让他们变革的步伐比以往任何一个时期都要快。在《2014 年度中国零售百强榜》的前八强中，除天猫、京东等纯电商平台外，实体零售几乎无一不增设线上平台。转型线上、布局 O2O 项目等拓展全渠道销售成为众多传统企业自救的方式。

是否实体销售相对于电子商务而言具有天生劣势呢？对于实体店，场所优势最为明显。虽然电商线上流量巨大，但缺乏线下场景体验。实体零售与电商合作，虽然在短时间内取得不错的效果，但电商合作实体店的目的便是吸取场所优势，以弥补自身短板。线下实体店最大的优势便是线下场所流量，很多传统零售企业都在奋力弥补线上短板，却忽略了自身最宝贵的场所流量优势。北商研究院认为，相比电商平台，危机感较为欠缺的实体零售拓展全渠道、增加体验业态或许才是应对之策。

【情景实训】

实训主题：网上购物与网站分析评估。

课时：2 学时。

地点：机房。

实训目的：

（1）掌握电子商务的种类和特点。

（2）了解电子商务与传统商务的异同。

（3）了解常见电子商务企业。

实训要求：

（1）通过电子商务网站，了解主要电子商务各参与者的操作方法和步骤。

（2）通过相关文献等，了解我国主要电子商务的现状及问题。

实训内容与步骤：

1. 站点评估

选择 B2C、B2B、C2C 三类实施电子商务的企业作为分析调查对象。

网站分析（功能、特点、设计、评价）；提出建议（电子商务战略选择、具体操作建议、网站建设建议）。

2. 观察

网页设计特点。

企业商务活动的相关信息服务特色。

网络营销功能，增值服务。

支付方式。

3. 分析

企业网站比较：海尔、戴尔。

网上书店比较：亚马逊、当当。

拍卖网站比较：易趣、淘宝。

分析比较以下中介网站：

中国商品交易网：http：//www.ccetrade.com/；

中国化工网：http：//china.chemnet.com/；

阿里巴巴：http：//www.1688.com/。

实训结果：

在实验结束时，教师根据实验结果文件检查并记录学生的实验完成情况，包括完成时间、完成质量等，并要求学生在课后按格式填写教师统一提供的"实验报告"电子版，在规定时间内提交电子版或纸面版，以供考评。

【教学策略研讨】

1. 如何有效开展本任务的课堂教学和实践教学？

2. 在本任务教学过程中，需要准备哪些教学用的材料或者教学工具？

任务二　电子商务发展历程

【学习目标】

1. 掌握电子商务发展的几个阶段。

2. 了解电子商务发展各阶段的特点。

3. 熟练掌握 EDI 的概念。

【任务描述】

电子商务的发展

2003 年"非典"（严重急性呼吸综合征，SARS，未查明病因前称非典型肺炎，俗称非典）时期，"非典"病毒近距离、接触式传染的典型特征，使电子商务远距离、非接触特性，以及时间和空间无关性等典型特性被充分体现。"非典"时期，中国电子商务发生了一些可喜的变化："非典"一夜之间让电子商务的概念深入老百姓之中，中国老百姓各年龄阶段，各层次的人零距离地感受到电子商务给工作、学习、生活、娱乐带来的便利；"非典"让中国老百姓提前实实在在地感受"21 世纪人类新生活"，人们足不出户通过网络完成一些工作、生活、学习的事情，在家办公、购物、上学、娱乐……

2010 年，中央电视台已经出现了经典广告词：畅享移动新生活！到 2015 年，已经进入全民电商时代。

那么，电子商务最早出现在什么时候呢？如何全面认识电子商务的发展呢？我们现在所处的又是电子商务的哪个时代呢？

资料来源：白冬蕊. 电子商务概论. 北京：人民邮电出版社，2010

【任务分析】

1. 20 世纪 90 年代国内的电子商务属于哪个阶段呢？

2. 今天的电子商务属于哪个阶段呢？

3. 电子商务的发展可以分为哪些阶段呢？

【任务实施】

纵观电子商务产生发展的历史，电子商务的产生基本可以分为三个阶段，即基于电子通信工具的初期电子商务、始于 20 世纪 80 年代中期的 EDI 电子商务和始于 90 年代初期的互联网电子商务，如图 1-3 所示。

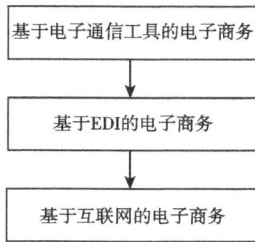

图 1-3　电子商务发展历程

EDI，即 electronic data interchange，电子数据交换

一、基于电子通信工具的初期电子商务

早在 1839 年，当电报刚出现的时候，人们就开始运用电子手段进行商务活动，当买卖双方在贸易过程中的意见交换、贸易文件等开始以莫尔斯码形式在电线中传输的时候，就有了电子商务的萌芽。随着电话、传真、电视等电子工具的诞生，商务活动中可应用的电子工具进一步扩充。

（一）电报

电报是最早的电子商务工具，是用电信号传递文字、照片、图表等的一种通信方式。随着社会的进步发展，传统的用户电报在速率和效率上不能满足日益增长的文件往来的需要，特别是办公室自动化的发展，因此产生了智能用户电报（telex）。智能用户电报是在具有某些智能处理功能的用户终端之间，经公用电信网，以标准化速率自动传送和交换文本的一种电信业务。从本质上说，智能用户电报是将基于计算机的文本编辑、字处理技术与通信相结合的产物。

（二）电话

电话是一种广泛使用的电子商务工具。电话是一种多功能工具，通过电话可以为商品和服务做广告，可以在购买商品和服务的同时进行支付（与信用卡一起使用）；经过选择的服务甚至可以通过电话进行销售，然后通过电话支付（与信用卡一起使用），如电话银行、电话查询服务、叫孩子起床的定时呼叫服务和其他的娱乐的服务。在非标准的交易活动中，用电话要比通过信函更容易进行谈判。电话的设备较便宜，它的用户界面较好。电话所需的带宽很窄，较窄的带宽就可以满足数据交换的要求。然而，在许多情况下，电话仅是为书面的交易合同或者是为产品实际送交做准备。电话的通信一直局限于两人之间的声音交流，但现在，用可视电话进行可视商务对话已经成为现实。然而高质量的可视电话需要大量的投资以购买设备和带宽，不能在电话线上取得。由于技术和经济的原因，以及在一定程度上出于对个人或家庭隐私权的考虑等因素，可视电话业务的发展相对迟缓，因此可视电话和可视会议仍有很大的局限性。

（三）传真

传真提供了一种快速进行商务通信和文件传输的方式。传真与传统的信函服务相比，主要的优势在于传输文件的速度更快。自1843年贝尔发明传真以来，传真技术曾有过几次大的飞跃。传真在新闻、气象、公安、商贸、办公室自动化等领域的应用日益广泛，并已开始进入家庭。尽管传真可以做广告、购物或进行支付，但传真缺乏传送声音和复杂图形的功能，也不能实现相互通信，传送时还需要另一个传真机或电话。尽管传真机较贵，但传真的费用、网络进入、带宽需求，以及用户界面的友好方式与电话相同。这些特点使传真在通信和商务活动中显得非常重要，但在个体的消费者中就用的较少。

（四）电视

随着电视进入越来越多的家庭，电视广告和电视直销在商务活动中越来越重要。但是，消费者还必须通过电话认购。换句话说，电视是一种"单通道"的通信方式，消费者不能积极地寻求出售的货物或者与卖家谈判交易条件。除此之外，在电视节目中插播广告的成本相当高。

由电报、电话、传真和电视带来的商业交易在过去的几十年间日益受到重视，由于它们各有其优缺点，所以人们互为补充地使用电报、电话、传真、电视于商务活动之中。今天，这些传统的电子工具仍然在商务活动中发挥着重要作用。

二、基于EDI的电子商务

EDI在20世纪60年代末期产生于美国，当时的贸易商在使用计算机处理各类商务文件的时候发现，由人工输入到一台计算机中的数据有70%是来源于另一台计算机输出的文件，由于过多的人为因素，影响了数据的准确性和工作效率的提高，于是开始尝试在贸易伙伴之间的计算机上使数据能够自动转换，由此EDI应运而生。

EDI是将业务文档按一个公认的标准从一台计算机传输到另一台计算机中的电子传输方法。由于EDI大大减少了纸张票据，因此，人们也形象地称之为"无纸贸易"或"无纸交易"。EDI是电子商务进行的重要工具，EDI系统就是电子商务系统，EDI系统的工作流程如图1-4所示。

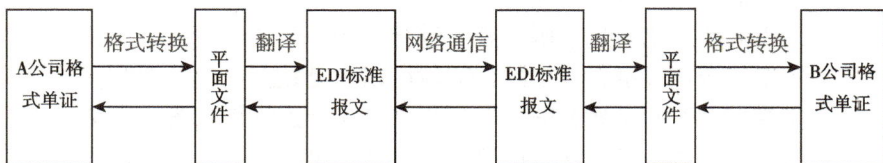

图1-4 EDI软件工作流程示意图

我国 1990 年正式引入 EDI 概念；1991 年 8 月，在国务院电子信息系统推广应用办公室的支持下，成立了"中国促进 EDI 应用协作小组"，并于 1992 年 5 月拟定了《中国 EDI 发展战略与总体规划建议（草案）》。

对于大型企业来说，EDI 从企业应用系统到企业应用系统，没有人为干涉，采用标准交易方式，对于企业降低库存、减少错误、实现高效率管理是十分有效的。传统的基于专用增值网（value added network，VAN）的 EDI 技术使大型企业的业务发展取得了很大的成功，但中小企业使用该技术却有一定的困难，因为这类用户需要一个价格较低、易操作、易接入的支持人机交互的 EDI 平台，而这些是传统的基于 VAN 的 EDI 系统无法实现的。为了让中小企业能够顺利使用 EDI，专家也正在从基于互联网的 EDI 和 Web-EDI 两方面努力。

案例 1-1

上海海关通关业务 EDI 应用

2007 年，上海海关按照 249 个工作日计算，日均监管进出口货物货值为 20.9 亿美元，征收税款 6.34 亿元，统计报关单 5.48 万份，上海海关全部通关业务均使用计算机作业。2007 年 12 月 27 日，上海海关在出口报关单量占全关 90% 以上的驻航运交易所集中报关点，正式启动通关无纸化改革试点。当天，该点共处理了出口报关单 2.35 万份，各项指标正常，运行有效，取得成功。

上海海关 EDI 发展历程。从 1985 年，上海海关就开始在通关业务方面应用计算机管理，从当时的单独业务环节处理程序发展成现在功能完备的大型数据处理系统，其发展过程经历了三个阶段。

第一阶段：计算机进行辅助处理阶段。该阶段从 1985 年到 1990 年，是上海海关计算机应用的起步阶段。海关开始在单独的业务环节上（如征税、统计、查询等方面）使用计算机做辅助处理，减轻了海关官员的劳动强度，提高了工作效率。

第二阶段：电子数据处理阶段。该阶段从 1990 年到 1995 年，上海海关全面使用了海关总署开发的 H883 报关自动化计算机管理系统，该系统是一种系统内部的电子数据处理（electronic data processing，EDP）系统。

1994 年上海海关开始应用"海关空运快递 EDI 系统"，该系统作为海关 EDI 通关系统的一部分一直沿用至今，其年均处理 200 万批国际快递物品，并全面实现无纸作业，世界海关组织（World Customs Organization，WCO）和国际快递协会（International Express Carriers Conference，IECC）曾联合在上海虹桥国际机场海关开现场会，向全世界推荐该 EDI 系统。

第三阶段：EDI 系统阶段。该阶段从 1995 年至今，海关总署为上海海关装备了 EDI 系统，上海海关的计算机管理系统从 EDP 阶段发展到了 EDI 系统阶段。围绕海关业务，EDI 也在上海的外贸企业、进出口公司以及报关企业中得到应用。

三、基于互联网的电子商务

互联网是连接无数个、遍及全球范围的广域网和局域网的互联网络。互联网的兴起将分布于世界各地的信息网络、网络站点、数据资源和用户联合为一个有机的整体，在全球范围内实现了信息资源共享、通信方便快捷。互联网因其具有覆盖范围广、费用低廉、多媒体功能的特点，大大促进了企业尤其是中小企业电子商务的产生和发展。

1991 年美国政府宣布互联网向社会公开开放，可以在网上开发商务系统。至此，一直被排斥在互联网之外的商业贸易活动正式进入这个领域。从 1997 年 1 月 1 日起，美国联邦政府所有对外采购均采用电子商务方式，这一举措被认为是"将美国电子商务推上了高速列车"。

在电子商务的爆炸式发展中，资本市场的投资也起到了推波助澜的作用，2000 年年初，在投资者的疯狂追捧下，纳斯达克（national association of securities dealers automated quotations，NASDAQ）指数接近了 5 000 点大关，然而就在这个时候，IT 业经过十多年的高速发展后积累的问题开始暴露，电子商务也未能例外。股市泡沫开始破灭，NASDAQ 指数一年内跌到 2 000 点以下，随着资金的撤离，不少网站清盘倒闭，据不完全统计，超过三分之一的网站销声匿迹，电子商务进入发展的寒冬。

直至 2002 年，电子商务开始复苏并稳步发展，到 2014 年，仅中国一个国家，就拥有 6.49 亿个网民，电子商务年交易额达 13 万亿元。电子商务已经不仅仅是互联网企业的天下，传统行业也大力推进电子商务的应用，通过电子商务手段拓展市场、降低成本、创新服务。

互联网的出现为电子商务的发展提供了技术基础，尤其是多媒体技术和虚拟现实技术的发展，使企业可以通过互联网迅速、高效地传递商品信息和进行业务处理，促进了电子商务的发展。

【相关知识】

电子商务近年来的发展趋势

一、移动购物

2014 年 12 月，我国网民规模达 6.49 亿人，互联网普及率为 47.9%。我国手机网民规模达 5.57 亿人，手机上网人群占比 85.8%。也就是说电子商务将来的主战场不是在个人计算机（personal computer，PC），而是在移动设备上。而移动用户有很多的特点，首先购买的频次更高、更零碎，购买的高峰不是在白天，是在晚上和周末、节假日。而移动购物将会革 PC 电子商务的命，我们要做好准备，我们要迎接这场新的革命。而做好移动购物，不能简简单单的把 PC 电子商务搬到移动上面，而要充分地利用这种移动设备的特征，如它的扫描特征，图像、语音识别特征，感应特征，地理化、GPS（global positioning system，全球定位系统）的特征，这些功能可以真正地把移动带到千家万户。

二、平台化

大的电商都开始有自己的平台，其实这个道理很清楚，就是因为这是最充分利用自己的流量、自己的商品和服务最大效益化的一个过程，因为有平台，可以利用全社会的资源弥补自己商品的丰富度，增加自己商品的丰富度，增加自己的服务和地理覆盖。

三、电子商务将向三四线城市渗透

随着一二线城市网购渗透率接近饱和，电商城镇化布局将成为电商企业发展的重点，三四线城市、乡镇等地区将成为电商"渠道下沉"的主战场，同时电商在三四线欠发达地区可以更大的发挥其优势，缩小三四线城市、乡镇与一二线城市的消费差别。阿里巴巴在发展菜鸟物流，不断辐射三四线城市；京东 IPO 申请的融资金额大约为 15 亿~19 亿美元，但是京东在招股书中表示，将要有 10 亿~12 亿美元用于电商基础设施的建设，似乎两大巨头都将重点放在了三四线城市。事实上，谁先抢占了三四线城市，谁将在未来的竞争中占据更大的优势。

四、物联网

根据近年来可穿戴设备和射频识别（radio requency entification，RFID）的发展，将来的芯片可以植入在皮肤里面，可以植入在衣服里面，可以在任何的物品里面，任何物品状态的变化可以引起其他相关物品的状态变化。如果将一盒牛奶放进冰箱，进冰箱的时候自动扫描，自动的知道这个保质期，知道什么时候放进去，知道用量，当要用完的时候，马上可以自动下订单，商家接到订单马上送货，刚下的订单可能会触发电子商务，从供应商那里下的订单又会触发生产，也就是说所有的零售、物流和最后的生产可以全部结合起来。

五、社交购物

人们对社交购物的需求日益增多，客户希望听到亲人、朋友、意见领袖的意见，作为参考，社交购物可以让商家在社交网络上面更加精准的去为顾客营销，更个性化的为顾客服务。

六、O2O

例如，一号店建立了不同的社区服务点，有三个功能，第一是集货的区域，由这个地方集散到顾客手中；第二是顾客取货的点；第三是营销的点，展示商品，为社区的居民进行团购，帮助他们上网，帮助他们使用手机购物。传统零售在往线上走，电子商务往线下走，最后一定是 O2O 的融合，为顾客提供多渠道和更大的便利。

七、云服务和电子商务解决方案

大量的电子商务的企业发展了很多的能力，这些能力包括物流的能力，营销的能力，系统的能力，各种各样为商家、供应商、合作伙伴提供电子商务解决方案的能力，这些能力希望最大效率的发挥作用。

八、大数据的应用

有大量电子商务顾客行为数据，利用数据充分产生它的价值，这个能力也是为电子商务盈利的最高层次。而数据也是一个逐渐升级的过程，原始的数据是零散的，价值非常小，这些数据经过过滤、分析而成为了形成信息，而在信息的基础之上建立模型，来支持决策，成了我们的知识，而这些知识能够做预测，能够举一反三，能够悟出道理，成了智慧。所以在整个升级、数据升级和数据价值的升级中就充分地体现了这个大数据的价值。

【学习评价】

项目	内容		评价（评价分为四个等次，分别为4优秀、3良好、2合格、1不合格，请在下表中填入评价分值）		
	学习目标	评价项目	个人评价	小组评价	教师评价
知识	1.电子商务的三个阶段特征	1.基于电子通信工具的初期电子商务特征			
		2.EDI电子商务特征			
		3.互联网电子商务特征			
	2. EDI 贸易的工作步骤	1.生成 EDI 平面文件			
		2.翻译生成 EDI 标准格式文件			
		3.通信			
		4.EDI 文件的接收和处理			
技能	1.恰当选择商务工具	1.对通信工具的掌握程度			
		2.列出最便宜的通信工具			
		3.列出最方便的通信工具			
	2. EDI 方式信息传递（使用实验软件）	1.输入数据			
		2.传递单证			
		3.检验出错率			
	总评				

【实践能力拓展】

一、案例

从传统企业走向电子商务企业的易购 365

与普通意义上单一从事商品买卖的 B2C 网站不同，由上海市糖业烟酒集团和上海市第一食品商店股份有限公司共同出资组建的易购365（http：//www.ego365.com），一方面集投资方业务、销售、配送和商誉等优势资源于一身，与国内外的食品商建立起了良好的合作关系，规划在未来的几年内整合社会优势资源，立足上海，辐射江浙，面向全国，并最终成为中国著名的居家生活服务综合性网站；另一方面鉴于网络对社会的全面渗透，传统商业融入新型电子商务行业已然成为大势所趋，易购365旨在成为中国大型商业企业向电子商务转化的先行者。

易购365现已开通了两个专业频道，分别从事B2C（针对消费者个人）和B2B（针对加盟易购超便利体系的零售小店）业务，形式上网页的设计更注重于对消费者个人的服务，B2B频道更像是一个对外宣传加盟的窗口，走网上网下互相联动之路。

易购365运营的是通过电话和互联网接受客户订货提供送货上门的无店铺销售业务，这就更需要每位从业人员一切工作都围绕如何使消费者满意而展开，通过推进规范服务、星级服务、品牌服务和创新服务，使易购365的客户服务队伍在高起点上进一步提升整体素质。因此，易购365在提出"上午订货，下午送；下午订货，隔天送"的服务承诺和订购满50元环线内免费送货的基础上，又推出了"铃声一响，你我互连；在线服务，满意无限"的服务理念。

在网站取得一定成功经验的基础上，易购365将更多的人力、物力放在了"易购超便利"体系的建设上。经过了长时间的调研后，易购365发现零售小店遍布城市的大小街道，其无一不是与市民的生活圈紧密相连，犹以小、快、灵为经营特色，与其余的零售业态保持着错位经营的格局。从2001年年底开始，易购365重点对市内的社会化零售小店进行整合，建立起以加盟店为基础的"易购超便利"连锁经营体系，便民性更强，使具有常青业态特征的零售小店真正成为可持续发展能力的业态，从而使商户的整体零售业态得到进一步完善。易购365将这部分业务发展成为B2B业务。在整合过程中，易购365利用市场机制，将目前无人管理的零售小店纳入规范化管理，从采购、物流直至售后服务的各个环节全面杜绝"假冒伪劣"，正本清源，使"市场规范工作"最薄弱、最难深入的方面得到加强。同时利用烟糖集团的强势资源，通过统一引进"超便利"经营模式，针对小店本身的特点，引入老百姓日常生活所需的常备商品，使老百姓在家门口就能解决日常生活的需要。

此举不仅可以使整合后的零售小店突破以往散兵式小打小闹，而且也为易购365找到了电子商务落地的极佳方式。至此，易购365已初步构筑起两条腿走路的完整商务模式。

二、案例分析

传统企业实施电子商务形成一个巨大的市场。传统企业的经营者对"商务"比较熟悉，但对"电子"却了解不多，一旦这些经营者掌握了网络这个工具，传统企业的商务就会有巨大的提升。例如，上海富尔网络有限公司的经营者深知网络的重要性，采用"电话"与"互联网"相结合的方式经营，实现两种经营方式的互补。电话使用简单，拿起来就打，没有延时，不用接入互联网，也不用计算机，是大家比较喜欢用的工具。但电话也有不足之处，那就是看不到商品，查询商品要以售中的商品清单为准，缺少个性化。互联网在这方面就好多了，可以在网上商店自由选择商品。

从易购 365 的案例中我们可以得到如下启示。

第一是电话与网络互补。即使在互联网高速发展的今天，也不要忘记客户的习惯，人们对于传统方式的偏爱总会有一定的惯性，完全依赖互联网还需要时间。

第二是找准空白点。上海的路边小店是无序的，进货无序，管理无序。易购 365 看准了"路边小店"在商业竞争激烈的上海找准空白点是非常关键的，也是企业的创新生存之道。易购"超便利"的出现一方面给企业带来了利润，另一方面也规范了"路边小店"的进货渠道，为老百姓做了件好事。

三、实践困境讨论

跨境电商的困境

市场规模逐步扩大。近年来，传统外贸发展疲软，年均增长放缓至 10% 以下，但是跨境电商却呈现快速发展态势。《2014 年中国电子商务报告》数据显示，2014 年，我国跨境网络零售交易额达到 718 亿美元，同比增长 44%。然而，跨境电商全流程发展仍面临着一些困境。

（一）供货渠道受限，难以保证货源数量及品质

目前进口跨境电商货源采购多由个人买手或者是专业团队向国外零售商代购，再销售给国内消费者。除了天猫国际、苏宁易购等大型电商与海外直接洽谈对接外，其他的跨境电商与海外品牌商家未能实现货源上对接，很难取得国外品牌商或大型零售商的授权。跨境电商进货渠道窄且不固定，对海外货源掌控力弱，货源品质得不到保证，造成供货不及时，甚至成为假货销售的平台。

（二）物流瓶颈成为跨境电商切肤之痛

物流是跨境电商发展的核心链条，同时是目前制约跨境电商发展的主要瓶颈，主要表现在两个方面：一方面，国内物流企业与国际物流公司差距较大，难以有效满足电商和消费者的需求。国内物流企业在全球的覆盖范围、物流仓储设施、物流配送效率、物流信息处理、物流服务系统等方面尚处于低水平。依靠转运公司完成跨境物流容易造成供应链断裂，降低商品流转速度。另一方面，海外建仓使电商告别传统快递模式，远程掌控物流供应链，但同时面临巨大挑战。海外仓库更多地聚焦于提高库存周转、降低运营成本等问题，服务系统不完善，货物转仓信息登记不及时、货物丢失、客户信息泄露、仓库与客服信息衔接不畅等问题时有发生。

（三）电子支付面临制度困境和技术风险

跨境电商支付涉及国际贸易、外汇管理等环节，复杂程度较高。跨境电商第三方支付行业发展迅速，支付宝、易宝支付、钱宝、京东网银等22家第三方支付公司已经获得跨境电商外汇支付业务试点资格，拥有跨境支付牌照，被允许通过银行为小额电子商务交易双方提供跨境互联网支付所涉及的外汇资金集中收付和相关结汇服务。但是第三方支付还是面临不少现实困难。通关、退税等跨境业务复杂，在一定程度上制约跨境支付的推进。境外买家支付美元不能直接到国内兑换成人民币，企业资金回笼面临外汇兑换问题。目前缺乏统一的法律法规制度对跨境支付加以规范，支付信用安全风险、跨境消费者和商户身份认证技术性风险高，跨境交易资金流向监管难。

（四）售后服务难题让消费者望而却步

对于国内消费者而言，海外购商品的售后服务面临一系列的麻烦。由于涉及跨境通关和物流，换货后的商品很难有顺畅的通道返回国内；物流等种种费用要消费者承担，出现退货费用严重超出货品价值的现象；同时，跨境购的商品质量维权、货品丢失处理、技术售后服务等都需要耗费巨大时间成本，让消费者打消跨境购的念头。

【情景实训】

实训主题：EDI中心管理。

课时：2学时。

地点：机房。

实训目的：EDI中心管理业务。

实训要求：

（1）熟悉掌握EDI的工作原理及业务流程。

（2）能够通过EDI的服务商进行各种电子商务活动。

实训内容与步骤：

（1）熟悉EDI的工作流程。

（2）申请企业认证中心证书。

（3）银行开户。

（4）商务订单的处理。

实训结果：

在实验结束时，教师根据实验结果文件检查并记录学生的实验完成情况，包括完成时间、完成质量等，并要求学生在课后按格式填写教师统一提供的"实验报告"电子版，在规定时间内提交电子版或纸面版，以供考评。

【教学策略研讨】

1. 如何组织选择电子商务发展历程的教学？在此教学中应该注意哪些问题？

2. 电子商务发展不同阶段的特点是什么？

任务三　电子商务系统模型

【学习目标】
1. 掌握电子商务概念模型。
2. 掌握电子商务交换模型。

【任务描述】

亚马逊书店的发展

亚马逊书店是世界上销售量最大的书店。它可以提供 310 万册图书目录，比全球任何一家书店的存书要多 15 倍以上。而实现这一切既不需要庞大的建筑，又不需要众多的工作人员，亚马逊书店的 1 600 名员工人均销售额为 37.5 万元，比全球最大的拥有 2.7 万名员工的 Barnes&Noble 图书公司要高三倍以上。这一切的实现，电子商务在其中所起的作用十分关键。

（一）购买过程

通过一台连入互联网的计算机进入亚马逊书店站点。进入站点之后，首先，顾客可以通过各种检索手段找到自己想要买的书，把它放入购物车中；其次，可以选择继续或付款，在购物车屏幕中顾客还可以任意删减已选中的书，挑选完毕以后进入付款主页，在这里顾客可以选择付款方式，如果是礼品，还可以附上赠言，甚至还可以选择礼品包装纸；最后，可以选择交货方式和地点。

（二）进货

进货通常是企业面对供应商的，包括对原材料（书籍、CD 等）搬运、质量检查、仓储、库存管理、车辆调度和向供应厂商退货等。亚马逊书店的进货与传统书店相比有很大的优势，传统书店一般要配足 160 天的库存才能提供足够的购书选择，而进来的图书45~90 天后，必须向分销商或出版社付款，因此，自己必须承担 4 个月的图书成本。而亚马逊书店只保留 15 天的库存，而且买主又是用信用卡立即付款，因此，手中总有一个月左右的免息流动资金。

（三）发货

发货是在顾客购买了商品之后，公司对商品的订货处理、库存处发送货物、车辆调度等。在运输管理中，亚马逊书店给顾客多种运输方法的选择。对于不同的运输方法，货物运输需要的时间和运费不同，顾客可以灵活选择所需要的运输方式。至于库存管理和车辆调度等其他的发货后勤功能则无需顾客操心，属于公司的内部管理。

（四）电子支付

亚马逊书店提供了多种支付方式，目前有信用卡支付、离线支付。它对电子支付系统做了 100% 的保证。如果顾客还是不能放心使用，该公司还提供了另一种方法，只要顾客填一张在线表，填入其信用卡的最后五位数字和它的到期日，一旦提交了订单，就会给顾客提供一个电话号码，顾客能打此电话告诉该公司其信用卡的其余号码。

（五）售前售后服务

（1）搜索引擎。亚马逊书店的主页提供了各种各样的全方位的搜索方式，有对书名的搜索、对主题的搜索、对关键字的搜索和对作者的搜索，同时提供了一系列的如畅销书目、得奖音乐、最卖座的影片等的导航器，而且在书店的任何一个页面中都提供了这样的搜索装置，方便用户进行搜索，引导用户选购。

（2）用户的技术问答。公司专门提供了一个页面，回答用户提出的一些问题。例如，如何进行网上的电子支付？运输费是多少？如何订购脱销书？等等。

（3）用户反馈。亚马逊书店的网站提供了电子邮件、调查表等获取用户对商务站点的反馈。书店一方面解决用户意见，这实际上是一种售后服务活动；另一方面，也可以从用户反馈中获取大量有用的市场信息，常常可以作为指导公司今后各项经营策略的基础，这实际上是一种市场分析和预测活动。

（4）读者论坛。亚马逊书店的网站还提供了一个类似于 BBS 的读者论坛，主要目的是以一些热门话题引起公众兴趣，引导和刺激消费市场。通过对公众话题和兴趣的分析把握市场需求动向，从而销售用户感兴趣的书籍和音响产品。

【任务分析】
1. 亚马逊书店全面电子商务实施主要涉及哪些方面？
2. 以亚马逊书店为例，企业的电子商务应用框架是什么？
3. 亚马逊书店的电子商务交易模式有何特点？

【任务实施】

一、电子商务的概念模型

电子商务的概念模型是对现实世界中电子商务活动的一般抽象描述，它由电子商务实体、电子市场、交易事务和信息流、资金流、物流等基本要素构成。

在电子商务概念模型中，电子商务实体（简称 EC 实体，也可称为交易实体）是指能够从事电子商务活动的客观对象，它可以是企业、银行、商店、政府机构、科研教育机构和个人等；电子市场是指 EC 实体从事商品和服务交换的场所，它是由各种各样的商务活动参与者，利用各种通信装置，通过网络连接成的一个统一的经济整体；交易事务是指 EC 实体之间所从事的具体的商务活动的内容，如询价、报价、转账支付、广告宣传、商品运输等。

电子商务的任何一笔交易，包含三种基本的"流"，即物流、资金流和信息流。其中物流主要是指商品和服务的配送和传输渠道。对于大多数商品和服务来说，物流可能仍然经由传统的方式。然而对有些商品和服务来说，可以直接以网络传输的方式进行配送，如各种电子出版物、信息咨询服务、有价信息等。资金流主要是指资金的转移过程，包括付款、转账、兑换等过程。信息流既包括商品信息的提供、促销营销、技术支持、售后服务等内容，也包括如询价单、报价单、付款通知单、转账通知单等商业贸易单证，还包括交易方的支付能力、支付信誉、中介信誉等。对于每个 EC 实体来说，它所面对的是一个电子市场，它必须通过电子市场来选择交易的内容和对象。因此，电子商务的概念模型可以抽象地描述为每个 EC 实体和电子市场之间的交易事务关系，如图 1-5

所示。

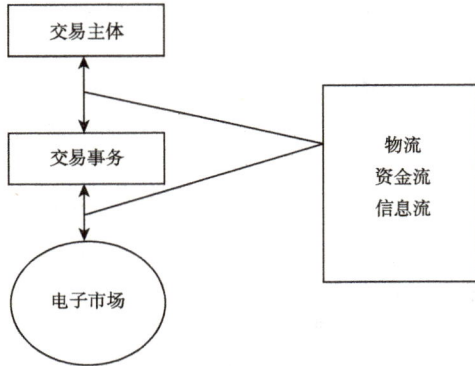

图 1-5　电子商务的概念模型

　　一个完善的电子商务环境必须是基于完善的政策和法律、强健的安全体系、公共规范和标准、全面的企业信息处理、完善的电子支付体系、物流体系等基础之上的。

　　任何经济现象都试着用一个框架式图形表示出来。电子商务也可以用框架描绘出来，如图 1-6 所示。

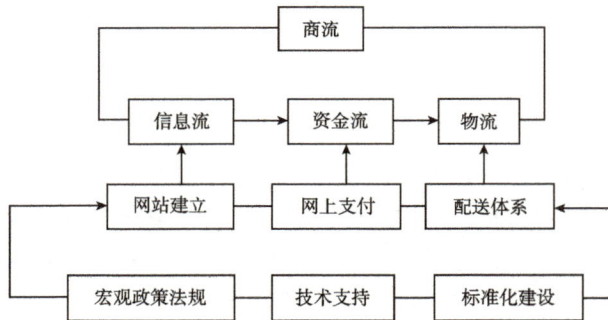

图 1-6　电子商务总框架

　　可以将电子商务总框架表述为 3F+2S+P。也就是说，电子商务是为了顺利实现三个流（3F），即信息流（information flow）、资金流（capital flow）和物流（goods flow）。2S 分别表示安全（security）和标准化（standardization）建设，一个 P（policy）表示政策法规。2S 和 P 主要为前面 3F 的顺利实现打基础，是一个支持条件。

二、电子商务的交换模型

　　所有的商业交易都需要语义确切的信息交流，以减少买方和卖方之间的不确定性因素。这些不确定性因素包括交易产品的质量问题、是否有第三方对委托进行担保以及如何解决纠纷等。

电子商务改变了以往的贸易方式和中介角色的作用,降低了商品交换过程中的成本。商品交换成本通常包括调研、合同的起草、谈判、捍卫贸易条款、支付和结算、强制履行合同和解决贸易纠纷等活动中产生的成本。

从商品交换的基本过程和这个过程中的一些不确定性因素出发,可以概括出一个电子商务的基本交换模型,如图 1-7 所示。

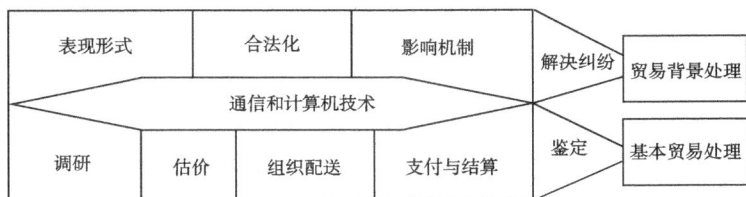

图 1-7　电子商务的交换模型

在电子商务的交换模型中,通信和计算技术成为整个交易过程的基础。同传统的贸易活动相比,电子商务的基本贸易处理过程并没有变,而用以完成这些过程的方式和媒介发生了变化。下面首先介绍基本的贸易处理过程,其次介绍贸易处理过程所依赖的贸易背景的处理,贸易背景的处理将减少未来贸易过程中的不确定性因素。电子商务对这些处理过程带来的影响将作为主线贯穿其中。

(一)基本的贸易处理过程

1. 调研

电子商务通常减少了买方的调研成本,而相对增加了卖方的调研成本。电子商务活动中常用的调研方式有三种,其一,卖方在电子市场上发放顾客偏好描述文件,向顾客提供产品的信息,同时收集顾客对产品的偏好;其二,从特定的用户群中收集信息,如根据用户对某类产品的偏好来决定己方产品的买卖信息;其三,用户在电子市场上广播他们对产品的需求信息,让产品供应商来提供报价。

2. 估价

任何贸易都离不开估价过程。在简单贸易模型中,通常由卖方提供一个非协商性价格,然后逐渐降价,直到有人来买。然而,在电子商务模型下,商品和服务的定价过程对顾客来说变得更为透明。网络交易环境下良好的用户交互性、价格低廉的通信基础设施以及智能软件代理技术,为用户提供了各种不同的动态价格搜索机制,甚至可以为用户提供实时性要求很高的价格搜索,如拍卖活动中的拍卖报价。

3. 产品的组织与配送

任何商业模型中,实际产品的组织和配送都是一个值得考虑的重要问题,电子商务在这方面为企业提供了一些新的商机。例如,销售商根据库存信息及时方便地同供应商取得联系,调整库存,以减少不必要的库存开支;供应商必须建立更灵活、更方便的生产系统和产品交付系统，以便能够为更多的零售商服务；信息和软件经营商利用互联网来交付产品或者进行软件升级，但是目前这种方式的使用范围还很有限。

4. 支付和结算

电子商务的支付和结算采用电子化的工具和手段进行，从而替代了以往贸易模型中的纸张单证。

5. 鉴定

鉴定主要包括检验产品的质量、规格、确认仲裁机构、监督贸易伙伴是否严格遵守贸易条款等内容。电子商务给鉴定机制带来了挑战。例如，如何检验一家设立在互联网上的电子商店是合法的，如何确保自己所购买的商品的质量。

（二）贸易背景处理

1. 表现形式

表现形式决定了企业如何向买方表达产品的信息和贸易协议。实施了多年的 EDI 已经形成了一些企业与企业之间或者不同行业和部门之间传递报文的文字模板，但是对于范围更广的电子商务，尤其是对基于互联网的电子商务来说，需要更为严格的、更为专业化的、统一的标准。

2. 合法性的确认

合法性的确认决定了在电子商务世界里，如何声明一项贸易协议是有效的，它关系到在电子世界里如何立法才能保证贸易活动的顺利开展。

3. 影响机制

影响机制能够刺激交易双方履行义务，以减少交易双方的风险。声誉影响是一种常见的影响机制，大多数企业总是希望保持自己的声誉。然而，电子商务却向声誉影响的作用提出了挑战。因为在网络环境下，甚至个人都可以随意地利用这种影响机制来影响一个企业的声誉，而且，它们所产生的影响并不一定客观公正。

4. 解决纠纷

解决纠纷的手段主要有直接谈判、诉诸法律或者采用武力等。传统的纠纷解决机制和纠纷所带来的影响是局部的，而在电子商务环境下，尤其是在互联网环境下，纠纷的解决将是世界范围的，其影响范围也很广泛。

【学习评价】

项目	内容		评价 （评价分为四个等次，分别为4优秀、3良好、2合格、1不合格，请在下表中填入评价分值）		
	学习目标	评价项目	个人评价	小组评价	教师评价
知识	电子商务概念模型	概念模型的基本组成			
	电子商务交换模型	1.交换模型的基本组成 2.每个环节的特点			
	总评				

【实践能力拓展】

一、案例

永和大王的中式快餐

1995年12月，永和集团在上海开设了第一家永和大王中式快餐厅，让大众观念里所谓的地摊产品走进了宽敞明亮、舒适清洁的店堂。

永和大王有几家店面已升级到第三代，推门而入的顾客，会感觉有点像麦当劳，又有点像肯德基，但送出来的却不是汉堡包，而是种类繁多的中式快餐食品。永和大王在效仿麦当劳、肯德基的同时又有所超越，开展了24小时全天候电话订购外送及网络订购外送业务，并成立了24小时顾客服务中心。"只要是2千米之内、20元以上的外卖我们都送。"

方便快捷地提供点单服务，这是饮食服务的特性决定的。永和大王在传统电话订购的基础上，提供的网上点单服务也相当地快捷。只要顾客在网上根据其提供的菜单及产品介绍选定了所需食品及数量，永和大王将很快地把顾客要求复述一遍并结算出顾客此次点单的金额。所点金额一次超过人民币20元，在加收了10%的运输费后，只要一经顾客确认，点单即告完成。

饮食的递送要求相当苛刻，既要保证快餐递送的便捷快速，解决顾客的用餐急需，又要保证快餐的质量，这里的质量不仅是指快餐原有的风味与口感，还包括运输途中快餐的保温与保鲜。永和大王在接到用户的点单指令后，经过电话的二次确认，即将快餐按顾客的要求准备好，然后由顾客所属地区的永和大王分店服务员负责，通过自行车的运送，将顾客所点快餐及时送往顾客网上指定地。永和大王保证40分钟内送抵，同时由递送员完成费用的收缴工作。

二、案例分析

永和大王改变了许许多多消费者的消费习惯，使他们可以在一天的任何时候，舒适、惬意地享用美食，也可以在一间清洁、明亮的餐厅中，放心地食用过去熟悉的美味食品

"豆浆、油条、葱油饼、饭团"。永和大王的销售理念，也影响了众多的商家。自此，上海、北京、广州等大城市如雨后春笋般地开出各类 24 小时不间断经营的餐厅、便利店等。永和大王为民所想，将这种大众喜欢的"地摊产品"搬上网，在"小商品"上做出了大文章。

真正的电子商务是通过电子支付来完成网上订购的。这既避免了现金支付的低效率，保证了网上快餐订购的方便与快捷，减少了不必要的现金周转，消除了消费者的诸多不便，同时还降低了永和大王自身的经营风险，保证了永和大王不受恶意订购损失的影响，有利于企业的正常运作和发展壮大。为此，永和大王应在现金支付的同时，积极发展网上的电子支付。并渐渐弱化现金支付的作用，适应电子商务时代的发展潮流，为今后企业网络事业的发展打下更好的基础。

永和大王有着较好的企业形象与相当规模的消费者群体。只要永和大王明确了未来的网络电子商务的发展方向，在积极投身于电子商务的伟大实践中看清自己存在的不足，努力地去改正，并继续把握住时代发展的新动向是完全可以同外国快餐一决高低的。其他的中式快餐企业也应当及时跟进，共同发展中式快餐业的电子商务。

三、实践困境讨论

电子商务人才困境

我国电子商务企业的直接从业人员将达到 265 万人，但依然无法满足电商行业的人才需求。其中，电商技术性人才和运营人才的需求最大：20.45%的企业急需技术性人才，18.18%的企业急需电商运营人才。值得注意的是，各类人才都短缺的企业占到了 43.18%。电子商务中存在哪些人才问题呢？

（一）快速的行业发展速度与人才供应不足的矛盾

电商行业每年以 50%以上的增速快速发展，尤其是大量传统企业转型电子商务更是引起人才的争夺；电商属新型产业，人才存量不足，再加上高校人才培养输出不足，此矛盾形成电子商务领域巨大的人才真空。

（二）电商企业微薄的利润与高额的人力资源成本的矛盾

电商企业此起彼伏的价格战、流量争夺战使企业利润不断下降；人才稀缺、薪酬成本高企、频繁的招聘和新员工培训、过高的流失率，使人才资源成本过高，此矛盾形成电子商务企业巨大的成本压力。

（三）电商行业快速更新的知识结构与传统教育模式的矛盾

电商的知识结构中，理论体系尚未形成，现存知识技能全部来自实践的总结，并在实践中不断更新，电商新技术、新模式不断涌现，如团购模式的发展、社会化电商、移动电商的尝试。传统的教育培训模式在电商人才培养中碰到很大问题，一是没有完善的理论体系可以教授，二是教授贴近实践知识结构的师资匮乏，导致传统教育体制教授的电商知识与企业实践和需求脱节严重。

【情景实训】

实训主题：认识电子商务系统。

课时：2 学时。

地点：机房。

实训目的：

（1）了解企业间电子商务的业务流程。

（2）了解网上支付业务流程。

（3）了解电子商务与物流的关系。

（4）了解电子商务下物流的流程。

实训内容与步骤：

（1）访问阿里巴巴站点（http://china.alibaba.com），了解企业间电子商务的业务流程，尝试为一家公司申请成为网站会员，将公司有关供求信息利用站点进行发布。

（2）访问招商银行等银行网站（http://www.chinacmb.com），了解网上支付业务流程。

（3）访问锦程物流等（http://www.jctrans.com），了解电子商务与物流的关系，以及电子商务下物流的流程。

实训结果：

在实验结束时，教师根据实验结果文件检查并记录学生的实验完成情况，包括完成时间、完成质量等，并要求学生在课后按格式填写教师统一提供的"实验报告"电子版，在规定时间内提交电子版或纸面版，以供考评。

【教学策略研讨】

1. 如何有效开展本任务的课堂教学和实践教学？

2. 如何有效地使学生将本节课知识与日常生活相结合？

模块二

电子商务交易模式

任务一　B2C 电子商务模式

【学习目标】

1. 掌握 B2C 电子商务模式的概念。
2. 了解 B2C 电子商务模式的经营模式。
3. 掌握 B2C 电子商务模式的盈利模式。

【任务描述】

网上商城崛起，韩国百货商店江河日下

记者从《韩国时报》2 月 8 日的报道中了解到：韩国乐天百货和其他大型百货商店在 2014 年遭遇销量下滑的局面，最近十年来首次出现这种状况。

据韩国统计局公布的数据，2014 年，韩国传统百货商店的销量大约为 29.2 万亿韩元，相比 2013 年的 29.8 万亿韩元有所下滑。

在整体经济形势持续下滑，国内需求萎靡之际，百货商店、折扣商场和仓库批发商面临的挑战越来越严峻。此外，到外国网站跨境购物的消费者也是越来越多，韩国传统百货商店面临着双重压力。

一名三十多岁的韩国工薪阶层妇女称："我都不记得上次到百货商店购物是什么时候了。现在我通常从线上商场购买衣服、电子设备和其他居家用品。因为从线上商城购买更加便宜，而且免费送货上门。所以，我就觉得没必要再亲自去实体百货商店购物了。"

统计数据显示，2014 年约有 45.2 万亿韩元的交易额是通过线上商城，2013 年为 38.5 万亿韩元，同期相比增长了 17.4%。线上商城交易额迅速上涨主要来自移动客户端网购，2014 年韩国消费者通过智能手机购物的总额为 14.8 万亿韩元，相比 2013 年的 6.6 万亿韩元增长了 124%，涨幅非常大。线上商城所占的比重越来越高。

　　线上商城销售的产品将近 50%是时尚商品和美容产品。就网络商城而言，化妆品销量同期相比增长了 26.8%，衣服和其他时尚商品销量增长了 16.7%，食品和饮料销量也是不断上涨。

　　不仅如此，韩国人直接从海外购物网站购买的消费总额也快速上升，这让传统零售商进一步受到打击。

　　2014 年，韩国人从海外网站购买的产品消费总额达 9.75 亿美元，同期相比增长了 37%，其中包括保健食品、衣服、箱包和鞋子等产品。2013 年，该值为 7.093 亿美元。

　　就整体趋势而言，必然越来越多的消费者转向网络商场购物，而传统百货商店的顾客数量则越来越少。韩国当地的证券投资分析师 Hong Sung-soo 认为，财大气粗的消费者可能会继续到传统百货商店购物，而韩国中低收入群体则越来越倾向于网购。

资料来源：雨果网，2015 年 2 月 12 日

【任务分析】
1. 什么是 B2C 电子交易模式？
2. B2C 与传统交易模式运作流程上有什么不同？
3. B2C 有哪些盈利模式？

【任务实施】
认识 B2C 电子商务模式的步骤如图 2-1 所示。

图 2-1　认识 B2C 电子商务模式的步骤

一、B2C 电子商务的概念

　　B2C 这种形式的电子商务一般以网络零售业为主，主要借助于互联网开展在线销售活动。B2C 即企业通过互联网为消费者提供一个新型的购物环境，消费者通过网络实现在网上购物、网上支付等消费行为。

二、B2C 电子商务的经营模式

　　可以把 B2C 电子商务分为无形商品和服务的电子商务模式以及有形商品和服务的电子商务模式。前者可以完整地通过网络进行，而后者则不能完全在网上实现，要借助传统手段的配合才能完成。

（一）无形商品和服务的电子商务模式

计算机网络本身具有信息传输和信息处理功能，无形商品和服务（如电子信息、计算机软件、数字化视听娱乐产品等）一般可以通过网络直接提供给消费者。无形商品和服务的电子商务模式主要有网上订购模式、广告支持模式和网上赠予模式。

1. 网上订阅模式

消费者通过网络订阅企业提供的无形商品和服务，并在网上直接浏览或消费。这种模式主要被一些商业在线企业用来销售报刊杂志、有线电视节目等。网上订阅模式主要有以下几种。

（1）在线出版（online publications）。出版商通过互联网向消费者提供除传统印刷出版物之外的电子刊物。在线出版一般不提供互联网的接入服务，只在网上发布电子刊物，消费者通过订阅可下载有关的刊物。这种模式并不是一种理想的信息销售模式。在当今信息大爆炸的时代，普通用户获取信息的渠道很多，因而对本来已很廉价的收费信息服务敬而远之。因此，有些在线出版商采用免费赠送和收费订阅相结合的双轨制，从而吸引了一定数量的消费者，并保持了一定的营业收入。

（2）在线服务（online services）。在线服务商通过每月收取固定的费用而向消费者提供各种形式的在线信息服务。在线服务商一般都有自己特定的客户群体。例如，美国在线（AOL）公司的主要客户群体是家庭用户，而微软网络（Microsoft Network）的主要客户群体是 Windows 的使用者，订阅者每月支付固定的费用，从而享受多种信息服务。在线服务一般是针对一定的社会群体提供的，以培养消费者的忠诚度。在美国，几乎每台出售的电脑都预装了免费试用软件。在线服务商的强大营销攻势，使他们的用户数量稳步上升。

（3）在线娱乐（online entertainment）。在线娱乐商通过网站向消费者提供在线游戏，并收取一定的订阅费，这是无形商品和服务在线销售中令人关注的一个领域，也取得了一定的成功。当前，网络游戏已成为网络会战的焦点之一，Microsoft、Excite、Infoseek等纷纷在网络游戏方面强势出击。事实上，网络经营者们已将眼光放得更远，通过一些免费或价格低廉的网上娱乐换取消费者的访问率和忠诚度。

2. 广告支持模式

在线服务商免费向消费者提供在线信息服务，其营业收入完全靠网站上的广告来获得。这种模式虽然不直接向消费者收费，但却是目前最成功的电子商务模式之一。Yahoo等在线搜索服务网站就是依靠广告收入来维持经营活动的。对于上网者来说，信息搜索是其在互联网的信息海洋中寻找所需信息最基础的服务。因此，企业也最愿意在信息搜索网站上设置广告，通过点击广告可直接到达该企业的网站。

3. 网上赠予模式

这种模式经常被软件公司用来赠送软件产品，以扩大其知名度和市场份额。一些软件公司将测试版软件通过互联网向用户免费发送，用户自行下载试用，也可以将意见或建议反馈给软件公司。用户对测试软件试用一段时间后，如果满意，则有可能购买正式版本的软件。采用这种模式，软件公司不仅可以降低成本，还可以扩大测试群体，改善测试效果，提高市场占有率。美国的网景公司（Netscape）在其浏览器最初推广阶段采用的就是这种方法，从而使其浏览器软件迅速占领市场，效果十分明显。

（二）有形商品和服务的电子商务模式

有形商品是指传统的实物商品，采用这种模式，有形商品和服务的查询、订购、付款等活动在网上进行，但最终的交付不能通过网络实现，还是用传统的方法完成。这种电子商务模式也叫在线销售。目前，企业实现在线销售主要有两种方式：一种是在网上开设独立的虚拟商店；另一种是参与并成为网上购物中心的一部分。有形商品和服务的在线销售使企业扩大了销售渠道，增加了市场机会。与传统的店铺销售相比，即使企业的规模很小，网上销售也可将业务伸展到世界的各个角落。网上商店不需要像一般的实物商店那样保持很多的库存，如果是纯粹的虚拟商店，则可以直接向厂家或批发商订货，省去了商品存储的阶段，从而大大节省了库存成本。

案例 2-1

京东——自主经营卖产品

京东商城的模式就类似于现实生活中沃尔玛、乐购、家乐福类的大型超市，引进各种货源进行自主经营。京东先通过向各厂商进货，然后在自己的商城上销售，消费者可以在这里一站式采购。京东自己负责经营这么庞大的网络商城，盈亏都看京东自己的经营能力。消费者购买时出现问题，直接找京东解决。

这种模式的优点在于其经营的产品多样，综合利润高。商城可以根据市场情况、企业战略对自己销售的产品做出整体调整。商城握有经营权，内部竞争小，对外高度统一。缺点在于内部机构庞大，市场反应较慢，竞争对手较多，产品种类扩充不灵活，容易与供货商发生矛盾。

三、B2C 电子商务的盈利模式

B2C 电子商务的经营模式决定了 B2C 电子商务企业的盈利模式，不同类型的 B2C 电子商务企业其盈利模式是不同的，一般来说 B2C 电子商务企业主要是通过以下几个方面获得盈利。

（1）销售本行业产品。通过网络平台销售自己生产的产品或加盟厂商的产品。商品制造企业主要是通过这种模式扩大销售，从而获取更大的利润，如海尔电子商务网站。

案例 2-2

凡客——自产自销做品牌

凡客诚品的模式类似于现实生活中的美特斯邦威、特步等服装专卖店，主要是自产自销的经营模式。凡客靠卖服装类产品起家，又陆续推出家居、化妆品等产品。凡客所销售的这些产品基本上都是凡客自己生产，然后自己销售。整个从生产到销售的过程都是由凡客自己说了算。

这种模式的优势在于，产品的整个产业链都可控，公司的目标利润可以从产品生产时制定，没有供货商的货源限制。缺点在于公司品类扩张困难。

（2）销售衍生产品。销售与本行业相关的产品，如中国饭网出售食品相关报告、就餐完全手册，而莎啦啦除销售鲜花外，还销售健康美食和数字产品。

（3）产品租赁。提供租赁服务，如太阳玩具开展玩具租赁业务。

（4）拍卖。拍卖产品收取中间费用，如汉唐收藏网为收藏者提供拍卖服务。

（5）销售平台。接收客户在线订单，收取交易中介费，如九州通医药网、书生之家。

案例 2-3

天猫——为人服务做平台

虽然名字改了，但是天猫在 B2C 行业的领先地位还是无人能敌。天猫商城的模式是做网络销售平台，卖家可以通过这个平台卖各种商品，这种模式类似于现实生活中的购物商场，主要是提供商家卖东西的平台。天猫商城不直接参与卖任何商品，但是商家在做生意的时候要遵守天猫商城的规定，不能违规，否则商家会受到天猫商城的处罚。如果这家网络"购物商场"想赚更多的钱了，天猫商城就会加商家租金，商家不交租金就会被赶到（淘宝）集市上摆摊。而一些不服管制的业主就会拉大旗、耍大刀的跟这个商场的负责人理论。这就是天猫商城，与人们现实生活中的购物商场类似。

这种模式的优势是他的平台足够大，想卖什么就卖什么，前提是没有违法违规。商城负责维护这个平台的建立，而商户只管做自己的生意，盈亏要自负，与商城没有关系。不过不管商户生意如何都要交一定的场地费。如果想做推广可以在商城内做做广告，搞搞促销活动，这些都是商户自愿的经营行为。商城负责树立好自己的形象，能吸引足够多的消费者就够了，收入稳定。而商家想卖什么都可以（不违法违规），盈亏自负。这种模式的优势在于可以随着市场变动，商户自行对市场做出反应，不需要商城去担忧。市场自由，没有太多条件限制，扩充性强。这种模式对于商城与商户都很稳定，除了一些管理上的纠纷，市场经营方面都是各顾各的，不发生利益冲突。总的来说，这种模式优点在于收入稳定，市场灵活，商城不用花太多心思去管理各种产品的经营，而缺点在于盈利可能偏低，商城的战略变动可能会有商城内部商户的抵制，内部纠纷会比较多。不过这种模式更被商户们喜爱，因为他们可以在这个平台上获得利润。

（6）特许加盟。运用该模式，一方面可以迅速扩大规模，另一方面可以收取一定加盟费，如当当、莎啦啦、E康在线、三芬网等。

（7）会员。收取注册会员的会费，大多数电子商务企业都把收取会员费作为一种主要的盈利模式。

（8）上网服务。为行业内企业提供相关服务，如中国服装网、中华服装信息网。

（9）信息发布。发布供求信息、企业咨询等，如中国药网、中国服装网、亚商在线、中国玩具网等。

（10）广告。为企业发布广告，目前广告收益几乎是所有电子商务企业的主要盈利来源。

（11）咨询服务。为业内厂商提供咨询服务，收取服务费，如中国药网、中药通网站等。

【相关知识】
B2C 网上商城的类型

综合商城：如同传统商城一样。它有庞大的购物群体，有稳定的网站平台，有完备的支付体系，诚信安全体系（尽管仍然有很多不足），方便卖家进去卖东西，买家进去买东西。而线上的商城，在人气足够，产品丰富，物流便捷的情况下，其成本优势，二十四小时的不夜城，无区域限制，更丰富的产品等优势，体现着网上综合商城即将获得交易市场的一个角色。这种商城在线下是以区域来划分的，每个大的都市总有三五个大的商城。

百货商店：商店，谓之店，说明卖家只有一个；而百货，即满足日常消费需求的丰富产品线。这种商店是有自有仓库，有库存系列产品，以备更快的物流配送和客户服务。这种店甚至会有自己的品牌。

垂直商店：这种商城的产品存在着更多的相似性，要么都是满足于某一人群的，要么是满足于某种需要，抑或某种平台的（如电器）。

复合品牌店：类似这种店，随着电子商务的成熟，会有越来越多的传统品牌商加入电商战场。

服务型网店：服务型的网店越来越多，都是为了满足人们不同的个性需求，甚至是排队买电影票，都有人交易。

导购引擎型：如导购类型的网站使购物的趣味性、便捷性大大增加，同时诸多购物网站都推出了购物返现，少部分推出了联合购物返现，这些都用来满足大部分消费者的需求，许多消费者已经不单单满足直接进入 B2C 网站购物了，购物前都会通过一些网购导购网站。

在线商品定制型：商品定制是一条走长尾的产业，很多客户看中商品的可能仅仅是商品的某一点，但是却不得不花钱去购买一整个商品，而商品定制就恰恰能解决这一问题，让消费者参与商品的设计，能够得到自己真正需要和喜欢的商品。

在线礼品送礼型：如今传统的送礼方式已经越走越窄，价格越来越透明，各个礼品企业产生的利润也越来越少。但中国是礼仪之邦，重礼仪，礼尚往来。据不完全统计，全国每年各种送礼达到 5 000 亿人民币以上，且每年增长率达 12%左右。这引发传统的送礼企业都往电子商务网站方向发展。以另一种"收礼自选"礼品册的模式，完成了从做礼品到做送礼服务的转变。

表2-1把三种常见的类型进行初步的对比，以展现它们之间的区别。

表 2-1　不同类型 B2C 电子商务企业对比表

模式类别	生产商直销模式	中间商模式		第三方交易平台模式
		综合类中间商模式	垂直类中间商模式	
典型代表企业	戴尔公司	当当网	京东商城	淘宝商城
是否从事生产	是	否	否	否
是否直接从事交易	是	是	是	否
商品种类	单一	品种较多	品种较少	非常多
商品价格	省去中间商环节，价格较低	电子商务平台建设、维护、推广费用，价格一般	电子商务平台建设、维护、推广费用，价格一般	第三方收取平台费用，价格较高
支付	在线支付、邮局汇款	在线支付、第三方支付、货到付款、邮局汇款	在线支付、第三方支付、货到付款、邮局汇款	第三方支付
售后服务	生产厂商提供服务	中间商提供服务	中间商提供服务	平台不提供售后服务，由加盟厂商提供售后服务
信誉	厂商保证，信誉较好	一般	一般	严格的准入制度，信誉较好

【学习评价】

项目	内容		评价（评价分为四个等次，分别为4优秀、3良好、2合格、1不合格，请在下表中填入评价分值）		
	学习目标	评价项目	个人评价	小组评价	教师评价
知识	B2C 电子商务模式基本知识	B2C 电子商务模式的内容			
		B2C 电子商务模式的运行模式			
		B2C 电子商务模式的类别			
技能	了解不同类型 B2C 网站交易流程	调查京东商城交易流程			
		调查天猫交易流程			
		调查当当交易流程			
总评					

【实践能力拓展】

一、案例

2015 年信息经济报告

联合国贸易和发展会议（简称贸发会议）日前发布《2015 年信息经济报告》称，在全球 130 个经济体中，小型欧洲经济体在 B2C 电子商务领域最为发达，发展中经济体则在迅速迎头赶上。

根据这份最新年度报告，B2C 电子商务指数排名前 10 位的经济体依次是卢森堡、挪威、芬兰、加拿大、瑞典、澳大利亚、丹麦、韩国、英国和以色列。在发展中经济体和新兴经济体中，排在前面的都在东亚，包括韩国和新加坡等，特别是中国，实际上已成为全球最大的 B2C 电子商务市场。与此同时，就实际上网购买率而言，巴西、中国和俄罗斯 2015 年度的表现均好于预期。

贸发会议称，目前全球 B2C 电子商务交易总额每年在 1.2 万亿美元左右，比起 B2B 电子商务每年高达 15 万亿美元的交易总额要小得多。但是，B2C 电子商务正迅速发展，尤其在亚洲和非洲。预计到 2018 年，发展中经济体和转型经济体将占全球 B2C 电子商务交易额的 40% 左右，而发达经济体的份额将从 70% 降至 60%。

报告还分析了发展中经济体发展 B2C 电子商务所面临的制约性因素。例如，在拉丁美洲和加勒比地区、亚洲和大西洋地区，邮政服务亟须延伸到千家万户；而在非洲，电子商务的发展受制于偏低的互联网接入率。

随着发展中经济体进一步提高互联网接入率、创造新的电子商务软件平台及支付手段，并且使地方电子商务公司能够为当地市场提供适销对路的产品与服务等，这些经济体 B2C 电子商务将会得到进一步扩展。

资料来源：经济日报，2015 年 3 月 26 日

请运用本章所学知识，分析中国 B2C 的发展规模和发展前景。

二、案例分析

（一）政府加强引导性投资的注入来解决资金不足的问题

政府加强了在电子商务领域的引导性投资，用以改善国内电子商务行业的投资环境，政府通过将投资收益返还社会投资人、支持社会投资回购政府所持股份等政策，将大量资金引入电子商务的发展。

（二）企业与政府合力完善电子商务支撑体系

在电子商务支撑体系建设方面，支付体系已经具备了一定发展基础，支付宝、财付通等网上支付服务商已经具备了一定的竞争优势，同时为进一步改善网上支付行业的发展环境，继续扩大行业占有率，企业具有主动联合政府或金融机构完善支付体系的意愿，其中完善网上支付信用体系工作成为主旋律。

（三）政府主导物流电商服务平台的整合与构建

与企业主动建设网上支付体系不同，物流体系的完善需要政府的大力推动。通过整合全省甚至全国的物流资源，建立物流公共信息平台成为一个时期的首要任务。目前国内已经具备了国内物流交易中心、厦门物流公共信息平台等一批市级物流平台，但从信

息质量、功能服务等方面看都需要进一步提升。

（四）B2B 仍有发展潜力，B2C 将提速增长

从整体行业及细分行业的发展看，未来 10 年，国内有 70%的贸易额将通过电子交易完成。国内 B2B 电子商务行业交易规模增长潜力巨大。此外，由于电子商务向行业的渗透将更加深入，加之 B2C 行业对投资者的吸引力加强，B2C 行业的份额将呈现明显的扩大趋势。

（五）保险旅游、批发零售行业电子商务份额扩大

国民的保险意识将进一步加强，而方便快捷的保险电子商务将成为保险客户的首选，因此未来保险电子商务仍将快速发展；同时，随着经济增长放缓，各省市将加强对旅游产业的重视，从而提升本地经济增长能力，在旅游产业二次创业的要求下，旅游电子商务将成为未来各地着重发展的业务。

从上面可以轻松看出，这些年国内电子商务之所以充满机遇与挑战，主要是政府和企业之间通力合作所产生的结果。国内电子商务也慢慢的与国际接轨。

三、实践困境讨论

B2C 电子商务运营困境

（一）资金周转困难

除了专门化的网上商店外，消费者普遍希望网上商店的商品越丰富越好，为了满足消费者的需要，B2C 电子商务企业不得不花大量的资金去充实货源。而绝大多数 B2C 电子商务企业都是由风险投资支撑起来的，往往把电子商务运营的环境建立起来后，账户上的钱已所剩无几了。这也是整个电子商务行业经营艰难的主要原因。

（二）定位不准

一是商品定位不准，许多 B2C 企业一开始就把网上商店建成一个网上超市，网上商品大而全，但因没有比较完善的物流配送体系的支撑而受到严重的制约。二是客户群定位不准，虽然访问量较高，但交易额小。三是价格定位偏高。网上商店追求的是零库存，有了订单再拿货，由于订货的批量少，得不到一个很好的进货价。

（三）网上支付体系不健全

网上购物的突出特点是利用信用卡实现网上支付。从目前来看，我国电子商务在线支付的规模仍处于较低的水平，在线支付的安全隐患依然存在，多数代付银行职能的第

三方支付平台由于可直接支配交易款项，所以越权调用交易资金的风险始终存在。这种不完善的网上支付体系严重制约着 B2C 电子商务企业的发展。

（四）信用机制和电子商务立法不健全

有的商家出于成本和政策风险等方面的考虑，将信用风险转嫁给交易双方，有的商家为求利益最大化发布虚假信息、扣押来往款项、泄漏用户资料，有的买家提交订单后无故取消，有的卖家以次充好等现象常常发生。而这些现象就是导致消费者对网上购物心存疑虑的根本原因。

【情景实训】

实训主题：B2C 电子商务教学实验。

实训目的：

（1）了解常用的 B2C 交易平台，掌握 B2C 的基本流程。

（2）提高对网上交易平台的分析选择应用能力。

实训内容：

将学生分组，每组 7~8 人，分配七个角色，即总经理、财务部经理、采购部经理、储运部经理、销售部经理、商城用户、外部物流，使用畅想电子商务教学实验软件，完成以下流程。

（1）商城管理员初始信息设置。

（2）完成购买流程。

（3）完成退货流程。

（4）完成正常采购流程。

（5）完成预警采购流程。

（6）完成缺货采购流程。

实训结果：

在实验结束时，教师根据实验结果文件检查并记录学生的实验完成情况，包括完成时间、完成质量等，并要求学生在课后按格式填写教师统一提供的"实验报告"电子版，在规定时间内提交电子版或纸面版，以供考评。

【教学策略研讨】

1. 如何组织 B2C 电子商务模式任务的教学工作？在 B2C 电子商务模式任务的教学中需要注意哪些问题？

2. 怎样提高 B2C 电子商务模式任务的实训效果？

任务二　B2B 电子商务模式

【学习目标】

1. 掌握 B2B 电子商务模式的概念。

2. 了解 B2B 电子商务模式的经营模式。

3. 掌握 B2B 电子商务模式的盈利模式。

【任务描述】

冬奥会给农业带来上百亿的商机

2015 年 7 月 31 日，国际奥委会主席巴赫宣布：中国北京获得 2022 年第 24 届冬季奥林匹克运动会（简称冬奥会）的主办权。这让中华大地又一次沸腾了！

激动过后，来看几个数据：曾经第 29 届奥林匹克运动会组织委员会（简称北京奥组委）执行副主席蒋效愚向外界透露，2008 年第 29 届奥运会圆满结束，北京坐下来盘点收支时，会发现自己挣了 1.3 亿元人民币。同时，申办成功后的 7 年间，北京奥运会每年拉动北京经济增长 1~2 百分点，拉动中国经济增长 0.3~0.4 百分点。

也就是说，2022 年的冬奥会具备更大的经济影响力和推动作用，特别在农业，更是蕴含了巨大的生意经，现在投资农业将是黄金机遇！

机遇一，农产品销售大爆发，农产品品牌将迅速传播。北京 2008 奥运会的水果蔬菜需求量达到 5 000 吨，光北京就有 18 家农产品企业进入奥运蔬菜水果生产基地名录。2022 年冬奥会期间全球各地的人都将聚集在一起，东北大米、山东大蒜、阳澄湖大闸蟹、盱眙龙虾等全国优势农产品都会摆在冬奥会的餐桌上。这将带给投资农产品销售的合作社、家庭农场、工商资本带来品牌迅速推广的好时机，迅速将品牌打向全球市场。

机遇二，投资农产品电商平台，将迎来数 3 亿人的消费需求。2022 年冬奥会将至少有 2 亿~3 亿的人会通过电视或者网络观看比赛，如何满足在家看比赛的消费者的蔬菜水果的需求呢？农产品电商平台不仅会加大流量，且农产品质量得到提升，再加上日益完善的物流体系，农产品网络销售必将会成为时下最主流的市场，投资农产品电商也将是一个不错的选择。

机遇三，农资企业将倒逼转型，投资有机农业迎来亿万市场。2008 年奥运会，对蔬菜水果有严格管控，农产品选择的标准化限制农产品农药化肥的使用剂量。国家也会借 2022 年冬奥会契机，进一步全面提升全国农产品质量安全和监管水平。农药或化肥超标的农产品将会被抛弃，有机农产品将迎来春天。因此农资企业将倒逼转型，引进高科技人才和先进的技术，生产出符合国家标准的农药、肥料系列产品。投资有机农业，也将有史以来迎来真正的市场。

资料来源：农合论坛，2015 年 8 月 3 日

【任务分析】

1. 什么是 B2B 电子商务模式？

2. B2B 包含哪些模式？

【任务实施】

一、B2B 电子商务的概念

B2B（也有写成 BTOB）是指进行电子商务交易的供需双方都是商家（或企业、公

司），他们使用了互联网的技术或各种商务网络平台，完成商务交易的过程。电子商务是现代 B2B 营销的一种具体主要的表现形式。

B2B 主要包含三个要素。

（1）买卖：B2B 网站平台为消费者提供质优价廉的商品，吸引消费者购买的同时促使更多商家的入驻。

（2）合作：与物流公司建立合作关系，为消费者的购买行为提供最终保障，这是 B2B 平台硬性条件之一。

（3）服务：物流主要是为消费者提供购买服务，从而实现再一次的交易。

认识 B2B 电子商务模式的步骤如图 2-2 所示。

```
┌─────────────────────┐
│  B2B电子商务的概念   │
└─────────────────────┘
           │
┌─────────────────────┐
│ B2B电子商务的经营模式 │
└─────────────────────┘
           │
┌─────────────────────┐
│ B2B电子商务的盈利模式 │
└─────────────────────┘
```

图 2-2　认识 B2B 电子商务的步骤

二、B2B 电子商务的经营模式

（一）垂直模式

面向制造业或面向商业的垂直 B2B（direct industry vertical B2B）。简单地说这种模式下的 B2B 网站类似于在线商店，这一类网站其实就是企业网站，就是企业直接在网上开设的虚拟商店，通过这样的网站可以大力宣传自己的产品，用更快捷更全面的手段让更多的客户了解自己的产品，促进交易。或者也可以是商家开设的网站，这些商家在自己的网站上宣传自己经营的商品，目的也是用更加直观便利的方法促进、扩大商业交易。

目前国内不同行业的垂直型 B2B 网站在功能上可能有一定的差别，但总的来说大多数仍然属于信息发布平台类网站。例如，易创化工网是中国化工行业功能最完善、信息最全面的互联网在线交易网络，为客户提供了一个开放式、全天候中外化工供求交流的平台，客户除了可以在公告板上免费发布商业信息外，还可使用在线拍卖和在线招标两种双向竞价模式；中国钟表网除了提供供求信息发布、会员网站链接等服务外，还为会员提供录入、管理资料等服务项目；中国粮食贸易网则集成了网上采购、拍卖、网上交易等一系列功能，网站则收取年度会员费。目前垂直型网站发展空间在于以下几方面。

（1）计划经济向市场经济转化过程中，条块化的管理机制有利于垂直型网站的发展。

（2）现有的市场模式易于转向垂直型商务模式。

（3）与综合型网站相比，建设垂直型网站的费用相对较低，行业内竞争的成功机会相对较大，因而有较低的市场风险。

要想在垂直网站中取得成功，B2B 网站的开发商必须是这个领域里的行家，这是至关重要的一点。经营一个垂直 B2B 网站对专业人才的要求是苛刻的，它需要拥有深厚专业背景的人力资本，来开发这些专业网站的商业潜质。成功的另一个重要因素在于这个行业本身效率的高低，如果这个行业本身就环节繁多，效率很低，那么 B2B 垂直网站就很可能通过减少环节，提高效率，从而取得成功。另外，垂直网站可以使企业能够很快在所选择的领域产生大量的流量、汇集不同的思想，从而建立领导优势。垂直网站还可以使企业集中精力不断修正商业模式以匹配企业的目标市场的独特特点。这些都是在创办初期起决定性作用的成功要素。

（二）综合模式

面向中间交易市场的 B2B，这种交易模式是水平 B2B，它是将各个行业中相近的交易过程集中到一个场所，为企业的采购方和供应方提供了一个交易的机会，这一类网站自己既不是拥有产品的企业，也不是经营商品的商家，它只提供一个平台，在网上将销售商和采购商汇集一起，采购商可以在其网上查到销售商的有关信息和销售商品的有关信息。

例如，阿里巴巴全球贸易信息网、慧聪网等都属于第三方经营的 B2B 网站，是为买卖双方提供信息发布平台，促成交易机会，并为用户提供网上交流的条件。综合各方面看，提供这种信息平台型的网站对企业有如下几个方面的价值。

（1）增加市场机会。企业通过在 B2B 交易信息平台上发布产品供应信息，降低了发布广告的费用。扩大了利用传统媒体难以覆盖的市场面，有助于直接促成新的订单。增加新的客户，拓宽了企业的销售渠道。

（2）比较供货渠道。对于价格行情有较大差异的产品、大量购买的产品，或者客户首次购买自己并不了解行情的产品或设备，通过了解 B2B 网站供应方发布的信息，买方可以方便地了解多家供货商的基本状况。通过多方比较，可以从中发现满足自己需要，同时价格又比较适中的产品。通常利用传统方法了解同样数量的供应商往往需要更长的时间和更多的费用。

（3）促成项目合作。B2B 网站为企业间的合作提供了机会。在工业经济下，对大多数企业来说，企业间的合作项目只是偶尔才会遇到，具有很大的不可预见性，一般不可能有成熟的信息发布渠道。在网络经济下，B2B 网站提供的合作信息发布功能为企业间的项目合作提供了机会。

（4）企业品牌宣传。对于大部分中小企业来说，很少甚至几乎没有专门的品牌推广预算，因此要充分利用 B2B 网站信息发布功能。它所带来的品牌宣传作用是巨大的。

（三）自建模式

行业龙头企业自建 B2B 模式是大型行业龙头企业基于自身的信息化建设程度，搭建以自身产品供应链为核心的行业化电子商务平台。行业龙头企业通过自身的电子商务平台，串联起行业整条产业链，供应链上下游企业通过该平台实现资讯、沟通、交易。但此类电子商务平台过于封闭，缺少产业链的深度整合。

对于大型有实力的企业，可以创建自己的 B2B 电子商务平台。如果企业内部的信息化建设跟不上，电子商务的优势就无从发挥。所以，企业实施电子商务解决方案，构建自己的 B2B 电子商务网站，比较理想的情况是：企业本身具有比较完善的信息化系统，实施电子商务后，能够进一步提高运转效率，降低运行成本，加快企业对市场的反应，从而增强企业的竞争力。这种电子商务发展的最终结果必然是基于企业资源计划（enterprise resource planning，ERP）的智能决策管理系统。目前企业的 B2B 电子商务网站模式的交易额占据全球 B2B 电子商务交易额的主导地位。当然，这对于中国大多数企业来说，还有很长的路要走。

（四）关联模式

行业为了提升电子商务交易平台信息的广泛程度和准确性，整合综合 B2B 模式和垂直 B2B 模式而建立起来的跨行业电子商务平台。

三、B2B 电子商务的盈利模式

（1）会员费。每年要交纳一定的会员费，才能享受网站提供的各种服务，目前会员费已成为我国 B2B 网站最主要的收入来源。

（2）广告费。网络广告是门户网站的主要盈利来源，同时是 B2B 电子商务网站的主要收入来源。

（3）竞价排名。企业为了促进产品的销售，都希望在 B2B 网站的信息搜索中将自己的排名靠前，而网站在确保信息准确的基础上，根据会员交费的不同对排名顺序做相应的调整。

（4）增值服务。B2B 网站通常除了为企业提供贸易供求信息以外，还会提供一些独特的增值服务，包括企业认证、独立域名、提供行业数据分析报告、搜索引擎优化等。

（5）线下服务。主要包括展会、期刊、研讨会等。通过展会，供应商和采购商可以面对面地交流，一般的中小企业还是比较青睐这个方式。期刊主要是关于行业资讯等信息，期刊里也可以植入广告。

（6）商务合作。包括广告联盟，政府、行业协会合作，传统媒体的合作等。

（7）询盘付费。区别于传统的会员包年付费模式，按询盘付费模式是指从事国际贸易的企业不是按照时间来付费，而是按照海外推广带来的实际效果，也就是海外买家实际的有效询盘来付费。只需在线支付单条询盘价格，就可以获得与海外买家直接谈判成单的机会，主动权完全掌握在供应商手里。

（8）佣金。通过第三方电子商务平台参与电子商务交易，必须注册为 B2B 网站的会员，每年不需交纳会员费，就可以享受网站提供的服务，采取佣金模式，只在买卖双方交易成功后收取费用，佣金比例为 2%~7%。

【相关知识】

B2B 与 B2C 交易模式的区别

B2B 使企业之间的交易减少许多事务性的工作流程和管理费用，降低了企业经营成本。网络的便利及延伸性使企业扩大了活动范围，企业发展跨地区跨国界更方便，成本更低廉。

B2C 是企业对消费者，是指利用因特网进行全部的贸易活动，即在网上将信息流、资金流、商流和部分的物流完整地实现连接。在今天，B2C 电子商务以完备的双向信息沟通、灵活的交易手段、快捷的物流配送、低成本高效益的运作方式等在各行各业展现了其强大的生命力。

下面详述一下组织购买/销售行为的一些特点。

（1）对于消费品牌，其购买者是独立的个体。而在 B2B 通常有组织委员会，每个成员对任意品牌都可有不同的态度。

（2）由于有更多的人参与决策过程和技术细节，可能在讨论 B2B 产品决策过程的时间通常比 B2C 长得多。

（3）企业寻找长期的合作伙伴的原因是品牌的经营会影响到所有业务。因此，品牌的口碑比消费品市场要高很多。

虽然，与 B2B 产品相比，B2C 消费品的成本低，但销售过程却产生高额费用。这不但是为了多次满足购买者的需求，而且他们还可能要求原型、样品和实体模型。如此详细的评估是为了消除买错产品或服务的风险。

【学习评价】

项目	内容		评价（评价分为四个等次，分别为 4 优秀、3 良好、2 合格、1 不合格，请在下表中填入评价分值）		
	学习目标	评价项目	个人评价	小组评价	教师评价
知识	B2B 电子商务模式基本知识	B2B 电子商务模式的内容			
		B2B 电子商务模式的运行模式			
		B2B 电子商务模式的类别			
技能	了解不同类型 B2B 电子商务交易网站	调查阿里巴巴运作流程			
		调查中国化工网运作流程			
总评					

【实践能力拓展】

一、案例

阿里巴巴的成功

阿里巴巴是目前国内、甚至全球最大的专门从事 B2B 业务的服务运营商。阿里巴巴的运行模式，概括起来，即为注册会员提供贸易平台和资讯收发，使企业和企业通过网络做成生意、达成交易。服务的级别则是按照收费的不同，针对目标企业类型的不同，由高到低、从粗至精阶梯分布。为阿里巴巴下一个定义，其实它就是：把一种贴着标有阿里巴巴品牌商标的资讯服务，贩卖给各类需要这种服务的中小企业、私营业主，为目标企业提供了传统线下贸易之外的另一种全新的途径——网上贸易。

阿里巴巴的经营模式如下。

依托阿里巴巴网站（中、英、日三版本），拢聚企业会员，整合成一个不断扩张的庞大买卖交互网络，形成一个无限膨胀的网上交易市场，通过向非付费、付费会员提供、出售资讯和更高端服务，赢得越来越多的企业会员注册加盟。

阿里巴巴在充分调研企业需求的基础上，将企业登录汇聚的信息整合分类，形成网站独具特色的栏目，使企业用户获得有效的信息和服务。阿里巴巴主要信息服务栏目包括以下几方面。

（1）商业机会：有27个行业700多个产品分类的商业机会供查阅，通常提供大约50万条供求信息。

（2）产品展示：按产品分类陈列展示阿里巴巴会员的各类图文并茂的产品信息库。

（3）公司全库：公司网站大全，目前已经汇聚4万多家公司网页。用户可以通过搜索寻找贸易伙伴，了解公司详细资讯。会员也可以免费申请自己的公司加入阿里巴巴"公司全库"中，并链接到公司全库的相关类目中方便会员有机会了解公司全貌。

（4）行业资讯：按各类行业分类发布最新动态信息，会员还可以分类订阅最新信息，直接通过电子邮件接受。

（5）价格行情：按行业提供企业最新报价和市场价格动态信息。

（6）以商会友：商人俱乐部。在这里会员交流行业见解，谈天说地。其中咖啡时间为会员每天提供新话题，为会员分析如何做网上营销等话题。

（7）商业服务：航运、外币转换、信用调查、保险、税务、贸易代理等咨询和服务。

这些栏目为用户提供了充满现代商业气息、丰富实用的信息，构成了网上交易市场的主体。另外在最近还分类开设了阿里巴巴化工网、服装网、电子网、商务服务网来进一步的细分客户群体实现面向性的精确定位，确保电子商务交易执行效率的提高和便捷。

二、案例分析

阿里巴巴取得成功主要有以下几个原因。

第一，中国经济的高速发展，众多中小企业进行国际国内贸易的客观需求为阿里巴巴的创立与发展提供了根本条件。

第二，定位准确，专做信息流，汇聚大量的市场供求信息。

第三，优秀的创业团队与企业文化。

第四，阿里巴巴采用本土化的网站建设方式，针对不同国家采用当地的语言，简易可读，这种便利性和亲和力将各国市场有机地融为一体。

第五，在起步阶段，网站放低会员准入门槛，以免费会员制吸引企业登录平台注册用户。

第六，阿里巴巴通过增值服务为会员提供了优越的市场服务。尽管目前阿里巴巴不向会员收费，但阿里巴巴网站目前是盈利的。阿里巴巴的盈利栏目主要是：中国供应商、委托设计公司网站、网上推广项目和诚信通。

第七，适度但比较成功的市场运作，如福布斯评选，提升了阿里巴巴的品牌价值和融资能力。

阿里巴巴网站是一个成功的网上交易平台，它提供来自全球商业机会信息以及商人交流社区，会员之间以自由开放的形式在这个平台上寻找贸易伙伴，磋谈生意。可以说在互联网上建立了一个无地理和时间障碍的自由贸易市场，用户从中可获得前所未有的商机。阿里巴巴通过建立高效的电子商务平台，在为用户创造价值的同时，自己也获得了巨大的成功。它发展十七年来取得了惊人的成功，这与它成功独到的商业模式是分不开的。

阿里巴巴的成功告诉我们，我们在借鉴其他国家与地区先进经验的时候，需要找到适合自己国情的发展模式，尤其是在我们中国。

三、实践困境讨论

B2B 电子商务的运营困境

B2B 光环的影映下，却有许多灰暗的一面值得我们去关注，如综合平台的垄断化、B2B 的黏性化、中小企业 B2B 的停滞化等。

（一）压力过大

除了阿里巴巴、慧聪、中化、环球资源等为数不多的几家网站之外，其他大部分 B2B 网站没能有幸得到社会的关注与媒体的追捧。而是像蝉的幼虫一样在泥土中一待就是好几年。综合平台中出现以"大黏小"现象和"马太效应"。几个大的网站使小 B2B 网站窒息或"胎死腹中"。

在中国电子商务应用与发展的过程中，企业的作用相当重要，但是国内已上网的企业中，对如何开展网络营销和商务活动，缺乏详细的规划。虽然大部分企业已接通互联网，但多数仅在网上开设了主页和电子邮件地址，很多网站内容长期不更新，更谈不上利用网络资源开展商务活动。

（二）认识模糊

对为何需要 B2B 中介服务网站，企业认识模糊。让陌生的买卖双方在互联网上相互沟通、查询和匹配，将是一个大问题。这就会在买卖双方之间产生四个问题：一是因为信息沟通不畅，必然造成生产和需求不对称，出现商品短缺和过剩并存的局面；二是由于一个卖家对应的买家有限，众多买家和卖家就会形成多层销售链，因而产生许多中间环节，致使销售费用越来越高；三是由于买家与卖家选择余地的限制，造成买、卖竞价不充分，既影响交易效率又不能营造一个公平的市场环境；四是由于信息不畅，对市场反应迟钝，从而造成库存积压，生产成本加大的现象。

【情景实训】

实训主题：B2B 电子商务教学实验。

实训目的：

（1）了解常用的 B2B 交易平台，掌握 B2B 的基本流程。

（2）提高对网上交易平台的分析选择应用能力。

实训内容：

将学生分组，每组 3~5 人，分配三个角色：企业用户、货场经理、B2B 管理员，使用畅想电子商务教学实验软件，完成以下流程。

（1）B2B 管理员初始化商城信息审批供求信息。

（2）货场注册（信息注册，企业银行申请）。

（3）商城用户产品添加、库存分配、供求信息发布。

（4）完成正常流程。

（5）完成缺货流程。

实训结果：

在实验结束时，教师根据实验结果文件检查并记录学生的实验完成情况，包括完成时间、完成质量等，并要求学生在课后按格式填写教师统一提供的"实验报告"电子版，在规定时间内提交电子版或纸面版，以供考评。

【教学策略研讨】

1. 如何组织 B2B 电子商务模式任务的教学工作？在 B2B 电子商务模式任务的教学中需要注意哪些问题？

2. 怎样提高 B2B 电子商务模式任务的实训效果？

任务三　C2C 电子商务模式

【学习目标】

1. 掌握 C2C 电子商务模式的概念。

2. 了解 C2C 电子商务模式的经营模式。

3. 掌握 C2C 电子商务模式的盈利模式。

【任务描述】

电商大战

自 2003 年阿里巴巴旗下淘宝网上线以来，易趣网与淘宝网的战斗一直没有停止过。从以下淘宝网与易趣网的交战历史，可以看出在斗争中成长的两大 C2C 网站，也可以看到中国 C2C 发展的一丝脉络。

易趣网和淘宝网的交战史如下。

1999 年 8 月两位哈佛商学院毕业生，邵亦波和谭海音，在中国上海创办易趣网。成立之初，公司在上海一个两居室的民居楼内办公。两位创始人邵亦波和谭海音是当时仅有的两名员工。

2000 年 7 月易趣推出个人网上开店服务，短短一周即吸引 5 000 多位网友"尝鲜"，此举切实地培养起中国首批真正靠网络来赚钱的网民。

2001 年 7 月易趣宣布网站开始对卖家登录物品收取登录费。

2002 年 9 月易趣开始对卖家网上商品成交后收取商品交易服务费。易趣开始进入了电子商务平台非免费运营的阶段，也标志着中国电子商务的发展的一个里程碑。

2003 年 5 月 10 日，淘宝网上线。同时宣布全站免费。

2003 年 6 月，eBay 投资 1.5 亿美金，收购易趣（美国）公司的股份。易趣公司和 eBay 展开全面合作。

2003 年 7 月 11 日，eBay 将易趣网更名为 eBay 易趣。

2003 年 10 月，淘宝网发布了"支付宝"服务。

2004 年 2 月 2 日，易趣正式调低了自己的商品登录费用，这是易趣采取收费策略后第一次"降价让利"。

2004 年 4 月，Yahoo 与新浪合作的一拍网成立。

2004 年 9 月 17 日，易趣与 eBay 正式完成对接。

2005 年 4 月，淘宝网和搜狐宣布结成战略联盟，紧接着在 5 月，成为 MSN 中国拍卖频道的合作伙伴。

2005 年 5 月 1 日，易趣网再次宣布登录费、月租费下调；6 月 9 日的"安付通"升级。

2005 年 7 月 11 日，贝宝中国（PayPal China）网站正式开通，标志着贝宝正式登陆中国市场。

2005 年 10 月 20 日，淘宝网宣布将继续免费三年。

2006 年 5 月 10 日，淘宝正式推出全新 B2C 业务——淘宝商城。并同时推出竞价排名服务"招财进宝"，在宣布继续免费三年之后，这项有偿增值服务被认为是"变相收费"，成为淘宝成立以来最大的一次改革。

2006 年 12 月，eBay 与 TOM 在线合作携手组建一家合资公司，结合双方的优势资源，专为中国市场打造一个本地化的交易平台。TOM 在线 CEO 王雷雷同时兼任合资公司 CEO。

2007 年 7 月，eBay 和 TOM 联手打造的全新交易平台——易趣正式上线启用。

2008 年 4 月，淘宝 B2C 平台正式上线。与此同时，淘宝将对该 B2C 的"品牌/商城"业务收费，此举被认为是提前收费，违反了淘宝 2005 年 10 月宣布的继续免费三年的承诺。同月，淘宝出现轰动一时的"评价门"事件。

【任务分析】
1. 什么是 C2C 交易模式？
2. C2C 的购物流程是什么？

3. C2C 平台靠什么盈利?

【任务实施】

认识 C2C 电子商务模式的步骤如图 2-3 所示。

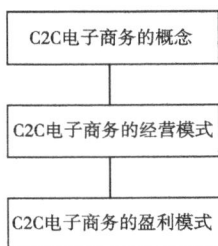

图 2-3 认识 C2C 电子商务的步骤

一、C2C 电子商务的概念

C2C 的意思就是消费者与消费者之间的电子商务。例如,一个消费者有一台电脑,通过网络进行交易,把它出售给另外一个消费者,此种交易类型就称为 C2C 电子商务。

二、C2C 电子商务的经营模式

C2C 电子商务企业在发展初期采用的运作模式是通过为买卖双方搭建拍卖平台,按比例收取交易费用,或者提供电子商务平台给个人在上面开店铺,以会员制的方式收费。产业链如图 2-4 所示。

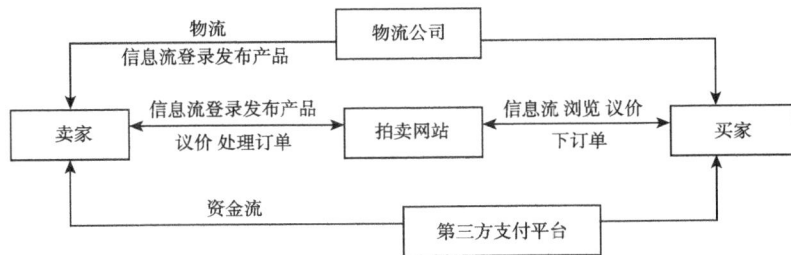

图 2-4 拍卖式 C2C 电子商务产业链

随着之后的发展,C2C 的发展就不只限于拍卖模式了,以淘宝网为例分析 C2C 电子商务网站架构。淘宝网能够为卖家建立网上的个人店铺、发布商品信息、帮助买家快速查找所需商品(即搜索功能)、使用"淘宝旺旺"软件实现买卖双方在线聊天、使用"支付宝"软件实现网上电子支付。淘宝网目前已经成为我国国内最受欢迎的 C2C 的电子商务交易平台,淘宝网购物流程和开店流程分别见图 2-5 和图 2-6。

```
注册登录 → 搜索浏览 → 购买 → 用支付宝付款 → 等待发货
                                                    ↓
商家评价 ← 确认支付 ← 客户收货
```

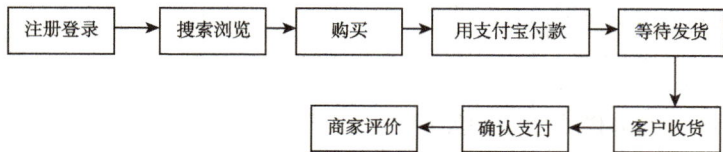

图 2-5　淘宝网购物流程

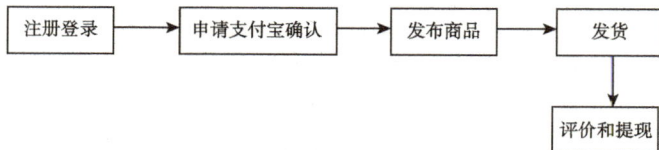

```
注册登录 → 申请支付宝确认 → 发布商品 → 发货
                                          ↓
                                      评价和提现
```

图 2-6　淘宝网开店流程

三、C2C 电子商务的盈利模式

（一）会员费

会员费也就是会员制服务收费，是指 C2C 网站为会员提供网上店铺出租、公司认证、产品信息推荐等多种服务组合而收取的费用。由于提供的是多种服务的有效组合，比较能适应会员的需求，因此这种模式的收费比较稳定。费用第一年交纳，第二年到期时需要客户续费，续费后再进行下一年的服务，不续费的会员将恢复为免费会员，不再享受多种服务。

（二）交易提成

交易提成不论什么时候都是 C2C 网站的主要利润来源。因为 C2C 网站是一个交易平台，它为交易双方提供机会，就相当于现实生活中的交易所、大卖场，从交易中收取提成是其市场本性的体现。

（三）广告费

企业将网站上有价值的位置用于放置各类型广告，根据网站流量和网站人群精度标定广告位价格，然后再通过各种形式向客户出售。如果 C2C 网站具有充足的访问量和用户黏度，广告业务会非常大。但是 C2C 网站出于对用户体验的考虑，均没有完全开放此业务，只有个别广告位不定期开放。

（四）搜索排名竞价

C2C 网站商品的丰富性决定了购买者搜索行为的频繁性，搜索频繁性就决定了商品信息的搜索排名的重要性，由此便引出了根据搜索关键字竞价的业务。用户可以为某关键字提出自己认为合适的价格，最终由出价最高者竞得，在有效时间内该用户的商品可获得竞得的排位。只有卖家认识到竞价为他们带来的潜在收益，才愿意花钱使用。

（五）支付环节收费

支付问题一向是制约电子商务发展的瓶颈，直到阿里巴巴推出了支付宝，才在一定程度上促进了网上在线支付业务的开展。买家可以先把预付款通过网上银行打到支付公司的个人专用账户，待收到卖家发出的货物后，再通知支付公司把货款打入卖家账户，这样买家不用担心收不到货还要付款，卖家也不用担心发了货而收不到款。而支付公司就按成交额的一定比例收取手续费。

【相关知识】

一、中国 C2C 发展简史

1999 年，邵亦波和谭海音创立易趣网，创中国 C2C 先河。

1999 年 8 月，易趣网正式上线。

2002 年 3 月，eBay 注资易趣网 3 000 万美元。

2003 年 5 月，阿里巴巴 4.5 亿元成立 C2C 网站淘宝网。

2003 年 7 月，eBay 斥资 1.5 亿美元全资收购易趣网。

2004 年 4 月，一拍网正式上线，新浪占据其中 33%的股权，原雅虎中国占 67%的股份。

2004 年 6 月，易趣网与美国 eBay 平台对接整合。

2005 年 9 月，腾讯推出拍拍网，2006 年 3 月 13 日运营。

2006 年 2 月 15 日，一拍网彻底关闭，阿里收购一拍全部股份，原属一拍用户将导入淘宝。

2006 年 12 月，TOM 在线与 eBay 合资，更名为 TOM 易趣。

2007 年 10 月，搜索引擎公司百度宣布进军电子商务，筹建 C2C 平台，2008 年年初推出。

2008 年 5 月 5 日，易趣宣布任何用户可在易趣终身免费开店。

2008 年 6 月 18 日，百度网络交易平台正式在北京启动其在全国范围的巡回招商活动。

2008 年 10 月 8 日，淘宝总裁陆兆禧对外宣布，阿里集团未来 5 年将对淘宝投资 50 亿元，并将继续沿用免费政策。

2008 年 10 月 28 日，百度电子商务网站“有啊”正式上线，有望开创新的电子商务格局。

2009 年，C2C 新形式的诞生网购导购业进驻 C2C 抢占市场份额。

2009 年 12 月，D 客商城正式上线，推动个性定制业发展。

2011 年 4 月，百度电子商务网站“有啊”宣布关闭 C2C 平台，转型提供生活服务。

二、C2C 发展形势

在早期，淘宝的宣传文案中，我们经常能看到如"下岗工人通过淘宝创业奔小康"和"残疾小伙淘宝卖特产重拾人生自信"之类的新闻，但现如今我们发现更多的是"某某店铺单日销售破千万"和"淘宝网占据中国 GDP 一定比例"之类的高端大气上档次的报道。从 2003 年到 2013 年，从 3 000 万元到 1.1 万亿元，十年中淘宝体系增长了 3 万多倍，创造了至少前无古人的记录。

在几年前，淘宝网为了明确分类 C2C 业务和 B2C 业务，逐渐新增了淘宝商城，后来为了更进一步的细分，将 C 和 B 区分开来，宣布将淘宝商城从淘宝网拆分，再后来干脆把淘宝商城改名为天猫，经过几年的发展，天猫逐渐甩掉淘宝的影子。

虽然淘宝网已经不是一个纯粹的 C2C 网站，但 B2C 网站的价值反而比 C2C 网站淘宝网要大了无数倍。淘宝网在由 C2C 转变为 B2C 的过程中不但没有衰落，反而发展壮大，成为了中国可以影响到国家经济的私营企业，一个关乎国计民生拉动内需的网站，甚至在几年后，这一个网站就可以升级中国的支柱产业。

这种转变恰恰反映了我国电子商务时代已经逐渐由蛮荒走向文明。

【学习评价】

项目	内容		评价 （评价分为四个等次，分别为 4 优秀、3 良好、2 合格、1 不合格，请在下表中填入评价分值）		
	学习目标	评价项目	个人评价	小组评价	教师评价
知识	C2C 电子商务模式基本知识	C2C 电子商务模式的内容			
		C2C 电子商务模式的运行模式			
		C2C 电子商务模式的类别			
技能	了解不同类型 C2C 电子商务网站交易流程	调查易趣网的交易流程			
		调查淘宝网的交易流程			
总评					

【实践能力拓展】

一、案例

易趣的成功

1999 年 8 月，易趣在上海创立。主营电子商务，由邵亦波和谭海音所创立，两人同为上海人，毕业于美国哈佛商学院。2000 年 2 月，在全国首创 24 小时无间断热线服务，2000 年 3~5 月，与新浪结成战略联盟，并于 2000 年 5 月并购 5291 手机直销网，开展网上手机销售，使该业务成为易趣特色之一。易趣目前有 350 万个注册用户。2002 年，易趣与 eBay 结盟，更名为 eBay 易趣，并迅速发展成国内最大的在线交易社区。2006 年 12

月，eBay 与 TOM 在线合作，通过整合双方优势，凭借 eBay 在中国的子公司易趣在电子商务领域的全球经验以及国内活跃的庞大交易社区与 TOM 在线对本地市场的深刻理解，2007 年，两家公司推出为中国市场定制的在线交易平台。新的交易平台将带给国内买家和卖家更多的在线与移动商机，促进 eBay 在中国市场的纵深发展。易趣秉承帮助几乎任何人在任何地方能实现任何交易的宗旨，为卖家提供了一个网上创业、实现自我价值的舞台；除了拥有品种繁多、价廉物美的国内商品资源，更推出了方便、快捷、安全的海外代购业务，给广大买家带来了全新的购物体验。2012 年 4 月，易趣不再是 eBay 在中国的相关网站，易趣为 TOM 集团的全资子公司。

易趣网目前已开展了三种交易方式，即个人物品竞标、网上直销和商家专卖。其中以个人物品竞标方式为主，其他两种方式为辅。

易趣作为 C2C 网站，卖家主要是小商家，大部分都依靠专业化配送系统改造模式，而易趣中也会含有部分的卖家是企业注册的，因此有些还会采用全程配送系统模式或区域性单一业务系统改造模式。

易趣采用免收登录费、低价设置费和店铺费用的收费模式，即任何用户只要在易趣开店，无论是普通店铺、高级店铺还是超级店铺，都将终身免费。在此之前，易趣上每个超级店铺每月收取 50 元的月租费，高级店铺 25 元。而在 2007 年 8 月 30 日 TOM 收购易趣之前的旧平台则是超级店铺每月 500 元，高级店铺 150 元，一般店铺 50 元，同时在旧平台还有登录费和交易服务费等费用，但为了能持续经营下去，易趣在可选特色功能费上仍然采用收费，即粗体费和分类推荐费。专为愿在网站首页打广告的网店准备，价格为 5~100 元不等。易趣市场部高级经理屠建路称这是为了更好地利用网站资源，而这点收入比起以前整个营收可以说是杯水车薪。除此之外，易趣还有一些其他的收入来源，包括广告收入、销售佣金和通过提供其他站点的链接而获得的转介收入。

二、案例分析

（一）易趣的优势

易趣是世界上最大的在线拍卖网站。这一巨大的市场包含了世界各地数以百万计的人所能想到购买和出售的所有的东西。易趣提供了一个全新意义的"中间人业务"。它通过提供额外的第三方普通工具给卖方，让产品按照卖方的目标寻找买家。它还为买家提供了精彩的搜索工具，让他们被产品寻找。易趣的买家和卖家都被无缝地和无形地衔接起来，同时给客户提供便利、强大的平台。多元化也一直是易趣的主要政策，不仅是其产品的多元化，还有它的市场，通过分支和在印度这样的国家定位，同时在中国和英国保持领先的竞争也一直是易趣的焦点。一个很好的例子是贝宝的收购，以支持一个强大的在线拍卖付款方式。

（二）易趣的弱势

易趣对假的或非法拍卖控制很差。一个很好的例子是骗子只是试图出售产品的包装盒，便声称这是真正的产品。搜集与分析公司登记的买家和卖家资料的客户关系，可以生成报告和统计数据，可以使企业更好地解决其弱点和威胁的数据有很大的力量。易趣的弱点之一是卖方能够自行选择付款方式。这是骗子的最爱，因为这样的方式，并不是保护易趣买家的付款方式。另外，运输一直是问题之一，在易趣购物，卖家降低了在搜索列表榜首产品的产品价格，但增加了高达产品价格两倍的运输成本，这会导致买家放弃交易。易趣的另一个弱点是它无法控制拍卖的内容，这需要对大部分内容检查后，方可出售或拍卖。

三、实践困境讨论

C2C 电子商务征税困境

我国电子商务发展迅猛，在带来了积极的经济效益和社会效益的同时，也给我国的税收体系带来了巨大的冲击。一方面，线上如京东商城、当当、亚马逊等自主营销型电商企业已逐渐完善自身税收制度，线下传统的实体店自不用说；另一方面，以淘宝为主体的 C2C 卖家群体却纳税者寥寥，对于其他企业而言不太公平。

即使强烈反对向 C2C 征税的马云也不得不承认："暂不征税是社会给网店的红利，不能将此视为理所应当。"不可否认，我国电子商务的发展仍处于初级阶段，电商在此阶段的优势也主要集中在商品的价格优势，而这种价格的优势又来源于免税的生存环境，当这不成熟的环境遭到猛烈的冲击，电子商务持续发展的根据也必将严重动摇。网络交易是商业行为的一种表现形式，纳税自然也是网商的法定义务。

对我国 C2C 电子商务的发展如何给予法律规制，在立法与征管两方面存在着新问题。域外经验显示，西方国家在此问题上坚持了多样性与普遍性相结合的法律进程，但是基本趋势是在征税技术日趋成熟的条件下，对于个体网上交易开征税收。就我国而言，C2C 电子商务税收的立法思路应当在支持对 C2C 电子商务的扶植政策与维护税法基本原则之间寻求可税性和政策性的平衡，同时在程序立法上以征管技术为导向予以补正。

【情景实训】

实训主题：调查 C2C 交易模式。

实训目的：

（1）了解常用的 C2C 交易平台，掌握 C2C 的基本流程。

（2）提高对网上交易平台的分析选择应用能力。

实训内容：

将学生分两组，分配两种角色，除一个学生担任 C2C 平台交易管理员之外，其他学生担任商城会员角色。使用畅想电子商务教学实验软件，完成以下流程。

1. 拍卖流程

（1）管理员（添加商品类型、添加商城信息、发布公告）。

（2）用户（注册会员、登录后台、买/卖东西，竞价/一口价）。

2. 一口价买卖

卖家以固定价格出售商品，一般没有讨价还价的余地，买家可以立刻买下自己想要的商品，以最快的速度完成购买过程。

实训结果：

在实验结束时，教师根据实验结果文件检查并记录学生的实验完成情况，包括完成时间、完成质量等，并要求学生在课后按格式填写教师统一提供的"实验报告"电子版，在规定时间内提交电子版或纸面版，以供考评。

【教学策略研讨】

1. 如何组织 C2C 电子商务模式任务的教学工作？在 C2C 电子商务模式任务的教学中需要注意哪些问题？

2. 怎样提高 C2C 电子商务模式任务的实训效果？

任务四 O2O 电子商务模式

【学习目标】

1. 掌握 O2O 电子商务模式的概念。

2. 了解 O2O 电子商务模式的分类。

3. 掌握 O2O 电子商务模式的盈利模式。

【任务描述】

"屌丝"超爱"团"

这几年，团购网站在我国如雨后春笋般冒出来，并迅速地由"百团大战"升级为"千团大战"，甚至"万团大战"。在异常激烈的厮杀中，尽管团购网站成批地倒下，但团购的市场空间依然呈上涨趋势。团购因低价而成为广大"屌丝"们的最爱。有网友发帖说："在 CPI 飞涨的今天，团购让我找到了一种花费少，却能体验到高品质生活的方法，有一种跑赢通胀的快感。"

网友"*花*非*花*"在一家论坛上分享了她第一次团购的"省钱经"："四人套餐，六菜一汤原价 684 元，团购价才 128 元，带上父母和老公，四个人美美地搓了一顿。父母听说吃得这么丰富才花掉 128 元，完全不相信，说是我蒙他们的。哈哈，我笑着告诉他们，我以后每周都会这么蒙他们出来吃。"

团购数据图谱显示，大众点评网自 2010 年开通团购业务以来，以平均每单 3~4 折的优惠，为消费者节省支出超过 110 亿元，"将这些人民币摞起来比珠峰还高"！

消费者购买团购券变得越来越频繁，从下单到进店消费的时间正在逐渐缩短。数据显示，2011 年，仅有近 10% 的消费者是在购买团购券后 1 天以内消费的；2013 年，下单后 1 天以内消费的比例增至 50% 以上，而从下单到消费，最快的人只用了 1 分钟。

然而，网友们也常常反映团购中存在商品质量、服务质量等问题，这让我们也看到团购带来的并非总是快乐。"资深团客"梁女士说，她曾经参加了一次超级牛排的团购活动，价格实惠，食物也不错，然而因为太火爆了，团购网站和商家又考虑不周，她进门时就开始排长队，为了一份牛排等了一个多小时。

资料来源：北京日报，2013 年 7 月 12 日

【任务分析】

团购的火爆证明了 O2O 交易模式的可行，那么什么是 O2O 电子交易模式？除了团购，O2O 还应用在哪些领域？O2O 有哪些不同的模式？

【任务实施】

认识 O2O 电子商务的步骤如图 2-7 所示。

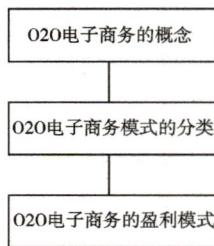

图 2-7　认识 O2O 电子商务的步骤

一、O2O 电子商务的概念

O2O 即 online to offline（在线离线或线上到线下），是指将线下的商务机会与互联网结合，让互联网成为线下交易的前台，这个概念最早来源于美国。O2O 的概念非常广泛，既可涉及线上，又可涉及线下，可以通称为 O2O。主流商业管理课程均对 O2O 这种新型的商业模式有所介绍及关注。2013 年 O2O 进入高速发展阶段，开始了本地化及移动设备的整合和完善。于是 O2O 商业模式横空出世，成为 O2O 模式的本地化分支。O2O 的重要性可见图 2-8。

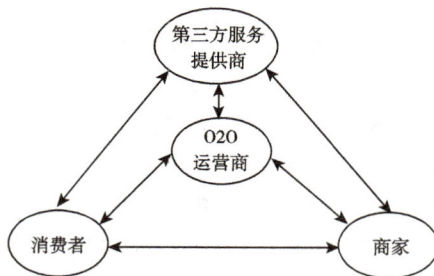

图 2-8　O2O 参与者角色

二、O2O 电子商务模式的分类

（一）团购网站模式

以美国著名的团购网站 Groupon 为代表，这种模式将线下商家的商品和服务的优惠信息发布于网站，消费者通过登录线上的团购网站获取这些信息并在线上挑选商品或服务并进行支付，然后在线下实体店获取商品或享受服务。当前，国内有部分学者认为，O2O 模式主要为以团购网站为代表的商业模式，即在线上完成商品或者服务的购买，在线下实现其消费的形式。

（二）二维码模式

商家提供二维码信息，消费者通过在线下用手机等移动端进行扫描获取商家信息实现在线购买商家产品或服务。这种模式与团购网站模式方向上相反，把线下引入线上，实现了从线下到线上的最快捷接入，省去了在手机上输入网址的不便。

（三）线上线下同步模式

O2O 电子商务的线上线下同步模式是指互联网电子商务模式的企业和商家，将商品和服务形式扩展到实体经济中，通过开设实体店等形式，实现线上线下同步发展的模式。在电子商务对传统实体经济形成巨大冲击的大背景下，尤其是在品牌服装行业，为了避免服装品专卖店沦为网店的试衣间，实体商家开始思考"后电商时代"的发展模式。2013年 6 月，苏宁电器开始宣布实行线上线下同价，线上线下同价能够真正实现零售业日常促销的常态化，促进零售运营从价格导向的促销，向顾客经营导向的服务转变，引导消费者关注商品综合价值而非价格和促销，消费者则会在购买前省去比价带来的不便。同时苏宁电器的网上商城苏宁易购并购了母婴产品运营商"红孩子"，并宣布将开设实体店，将线上排名靠前的商品引入线下，并保持线上线下同价和同步促销模式。消费者可以到实体店中通过扫描店内二维码的形式在线上下单，也可以在线上商城直接下单，到实体店提货，将线上和线下全面打通。目前国内的电子商务企业京东商城和聚美优品，都开始在国内和国外开拓了实体店的延伸形式。

（四）营销推广模式

O2O 电子商务的营销推广模式是指利用移动互联网，对传统线下实体经济形式进行网络营销和推广，以实现线上线下互动，促进线下销售的形式。2013 年在 O2O 领域炒得最火热的 O2O 营销模式就是"黄太吉煎饼"和"雕爷牛腩"。黄太吉煎饼是利用移动互联网，将实体店的产品和服务信息发布到微博、微信和相关的美食点评网站上，利用移动互联网平台实现消费者与商家的及时互动和信息反馈，对产品和服务进行改进，以完美的客户关系管理实现了口碑营销的效果。

三、O2O 电子商务的盈利模式

根据产品及服务流、信息流和资金流的结构，以及对不同参与者的描述和收益分析，一般来说，O2O 电子商务企业主要是通过以下几个方面获得盈利。

（1）产品或服务的差价。一是对于有形产品来说，通过 O2O 平台，减少了中间交易环节，省去了物流费用，大大降低了管理等多方面成本，整体提升了利润。二是对于服务产品来说，O2O 平台主要向消费者提供线下服务，提高了客户体验。产品或服务的差价是 O2O 收益的主要来源。

（2）网络广告收入。知名 O2O 运营商利用自己网站知名度和影响力，可以在网站的首页及其他页面投放其他企业的广告，从广告中获取收益。

（3）按商家销售付费。对于不同品类的商品，制定不同的付费比例。只有产生实际订单，带来销售收入，商家才支出佣金，因此，对商家相对风险小。

（4）收取会员费。对于面向中间交易市场的 O2O 商户参与电子商务交易，必须注册为 O2O 网站的会员，通过每年交纳一定的会员费的形式来享受网站提供的各种服务。

（5）其他收入来源。可通过价值链的其他环节实现盈利，如为业内厂商提供咨询服务收取服务费，向消费者提供增值服务，并收取一定的订阅费。

【相关知识】

一、O2O 的发展历程

O2O 模式早在团购网站兴起时就已经开始出现，只不过消费者更熟知团购的概念，团购商品都是临时性的促销，而在 O2O 网站上，只要网站与商家持续合作，那商家的商品就会一直"促销"下去，O2O 的商家都是具有线下实体店的，而团购模式中的商家则不一定。

O2O 电子商务模式需具备五大要素，即独立网上商城、国家级权威行业可信网站认证、在线网络广告营销推广、全面社交媒体与客户在线互动、线上线下一体化的会员营销系统。

一种观点是，一家企业能兼备网上商城及线下实体店两者，并且网上商城与线下实体店全品类价格相同，即可称为 O2O；另一种观点是，O2O 是 B2C 的一种特殊形式。

自 2008 年至今，中国政府为应对全球经济持续低迷，在不断深化市场经济体制的同时，提出了产业结构调整和企业转型，但国内劳动密集型的生产型企业固化经营思维无法做到，而互动交易模式（interactive trading mode，ITM）则将传统企业经营带入了信息化市场变革中。这也正是 ITM 之所以广受争议和关注的原因之一，但在 2013 年苏宁推行的"云商"模式的理念亦与 ITM 如出一辙。ITM 的主要影响是将传统零售业一味追求的规模化变革为小单元，犹如今天的街店移动电信充值店、营业厅或股票交易所。该模式的意义在于既保障了网购货品品质、诚信交易，建立健全电子商务的售后服务体系，又进一步推进了传统零售店面的信息化转型升级。

该模式的经营难度较大，企业须具备"二元经营思维"的战略理念，ITM 战略认为，当前的商业竞争不再是同业的产品、服务、品牌等层面的竞争，而是信息化时代的变革推进之争，步入信息化时代的未来企业要面对"双线竞争"，即"线上与线下"两大战略层面。因此，在 ITM 战略格局中，将线上经营者认证为 ITM 商户，将实体店转型升级为 ITM 服务店，使两者的商品、价格、服务、沟通和信息同步运行。例如，所有 B2B、B2C、C2C 等经营者认证 ITM 商户后，其在线上销售的商品发货至顾客指定的 ITM 服务店，服务店根据商户线上承诺为商品进行检验、修整、熨烫、擦拭、重新包装及出具"ITM 证明报告"等一系列售前、售中服务。

二、O2O 的行业形势

"O2O 掘金战"无人缺席，无论是雄心万志的移动互联网创业者，还是家大业大的老牌互联网公司，正像李开复所说，O2O 未来会改变中国，线上、线下一旦连起来，这是巨大的爆发式的力量。有数据显示，2011 年中国 O2O 市场规模为 562.3 亿元，2012 年达到了 986.8 亿元，增长率为 75.5%。

为此，中国最大的两家互联网公司腾讯、阿里巴巴都已经在 O2O 集兵布营，中国最大的传媒大鳄百灵时代传媒也加入了 O2O 行列中。这是互联网、地铁广告巨头从 PC 端、传统的面对面的直接交易转向移动端的实力较量，它们都要抓住 O2O 和生活服务类电商化的机会，无疑，O2O 是电商的未来形态之一。

不可否认，把商品塞到箱子里送到消费者面前，这个市场已经成熟。2010 年网上购物销售额达到 5 000 亿元，网购用户人均年投入 2 400 元。这个市场还有很大的潜力，但进入门槛已经很高了，从创业者到资本市场都在寻找电子商务的下一个模式。不过，对于创业者来说，仍需要谨慎。

我们发现，服务业的国内生产总值（GDP）占有率比制造业（生产那些能塞到箱子里的商品的行业）高，在将来的 5 年国家将进一步提升服务业的 GDP 占有量，如果把商品塞到箱子里送到消费者面前的网上销量有 5 000 亿元，那么生活服务类的网上销量会达到万亿元。

我们还可以发现，生活服务类商品在团购上更容易被消费者接受，事实也证明这种在线支付购买线下的商品和服务，再到线下去享受服务的模式很快地被接受。而且我们的团购平台从一天一款到一天多款，从一款卖一天到一款卖多天，从团商品到团服务，从一个城市辐射到全国。团购作为非常态下的电子商务形式，一定会趋向于商品多样化，最终走上生活服务类折扣商城的形式。

O2O 还将是传统线下零售企业实现电商化的一大选择。消费者随着线下零售连锁业的发展以及互联网、电商创新产品的出现，更多年龄更大、消费能力更强、对品质要求更高、商品品类需求更多样的消费者先是变成了网民，继而成为潜在的网购群体，只是他们形成新的心理障碍，对网购商品的真假、品质、体验差等存有担心。

传统线下零售企业一方面面临电商的竞争，一方面又有线下的门店优势。用 O2O 的方式，在构建自己电商平台的同时，更好地与线下的实体紧密结合，找到消除消费者网购障碍的方法，消费者仍然会被吸引，再次成为忠实的顾客。采用 O2O 营销模式，传统零售业有望与高速发展的纯电商站在同一条起跑线上。

【学习评价】

项目	内容		评价 （评价分为四个等次，分别为 4 优秀、3 良好、2 合格、1 不合格，请在下表中填入评价分值）		
	学习目标	评价项目	个人评价	小组评价	教师评价
知识	O2O 电子商务模式基本知识	O2O 电子商务模式的内容			
		O2O 电子商务模式的运行模式			
		O2O 电子商务模式的类别			
技能	了解 O2O 的应用	列举 O2O 主要应用的行业和形式			
		举例说明 O2O 和 B2C、B2B、C2C 的区别			
	总评				

【实践能力拓展】

一、案例

日本 AEON 超市的多方位 O2O 策略

日本 AEON 超市幕张新都心店，大胆地尝试不同的 O2O 做法，利用手机、APP、商场内的海报、装置、商品本身等方法和顾客互动，刺激消费，从而提高营业额。

第一，在超市里的蔬果卖场中，只要用手机对准卖场的海报拍摄，就能自动显示这些蔬果的相关资料和食谱。

第二，利用 APP 辨识在卖场内宣传影片和电子板的声音，就会跳出相关的内容和广告片。

第三，在红酒专卖店的品酒区内加入触控装置。顾客只需要将红酒的樽底放在触控装置上面，画面就会出现该红酒的各种数据以及在店内所放的位置，让顾客以互动的方式了解产品。而且结合一款酒类手机 APP 为顾客提供更多产品信息。顾客们只要利用装有该 APP 的手机就可以通过扫描包装看到一段该红酒的介绍，并可以链接到 AEON 的网上商店购买相关的产品。

二、案例分析

AEON 这样多方位的 O2O 策略可是下了重本的，但是这些做法很好地提升了购物体验，并与消费者产生互动，留住了消费者。

大数据将成为大势。在大数据时代，消费者趋于透明化。消费者及消费行为的大数据化，给企业与顾客建立关系提供了技术保障。可以说，"为产品找到滚雪球增长的顾客"，将成为企业销售的核心课题，而不是过去的渠道关系、终端关系、媒体关系。

三、实践困境讨论

O2O 电子商务的运营困境

（一）诚信机制不健全

O2O 作为网购消费的一种，与实体商品不同，当消费者预先为服务买单，一旦质量低于预期甚至极为低劣，消费者却因为无法"退货"而只能承受，最多发句牢骚。大多数人都经历过在服务业中"付款前是上帝，付款后不如小弟"的窘境。

O2O 不仅不能解决这一矛盾，甚至可能愈演愈烈。这是因为，传统的网购还有支付宝等中间人做过渡，当收到的商品不好时，可以申请退款退货等，对销售者有一定的制约。而对 O2O 来说，只能是先付钱才能进行消费，从某种程度上来说就是加大了维权的难度。

（二）线上与线下的不对等

线上与线下的不对等也是受到质疑的另一大原因。拿团购来说，消费者之所以选择先线上支付，然后到实体店购买商品或享受服务，就是看中了线上的优惠价格。如果两者的价格一致，则线上支付就没有任何意义；若线上价格低廉，但是到店后发现享受到的服务更加"低廉"，那么消费者必然会觉得受到了不公平的待遇，消费体验自然要大打折扣。消费者加入团购的目的就是为了以更低的价格享受到原本的服务。

与传统电子商务最大不同是，O2O 本身没有物流配送与商品质量，最大挑战来自消费者对线下服务实体的认可程度。但是，O2O 并不能掌握线下服务的质量，只相当于第三方中介，在中间起到协调作用。对于 O2O 模式而言，线下的主体多半是服务类型的行业，而服务类型行业存在很多不确定因素，因此如何保障线上描述与线下服务的一致性将是影响其快速发展的最致命的因素。

（三）商户审核机制不严格

很多商户都是渠道专员一个一个打电话拉过来的，很多商户起初都不知道是怎么回事，稀里糊涂就进来了，根本没有长期服务的打算，只是知道能带来客源就入驻，进入门槛又低，商户之间缺乏竞争机制。

（四）创新能力缺乏，消费者黏度低

团购模式只是 O2O 模式的一种，但很多 O2O 网站依旧按照团购模式的机制运营，缺乏本质上的认知和改革。平台订购方式单一，服务大同小异，经营过程中注重规模，没有提供多元化服务，线下商户的服务与线上不对等，造成消费者对网站的黏度低。

【情景实训】

实训主题：调查 O2O 交易模式。

实训目的：

（1）了解常用的 O2O 交易平台，掌握 O2O 的基本流程。

（2）提高对网上交易平台的分析选择应用能力。

实训内容：

（1）登录拉手网、美团网、大众点评网等 O2O 交易平台，了解交易过程。

（2）比较各交易模式的不同。

实训结果：

在实验结束时，教师根据实验结果文件检查并记录学生的实验完成情况，包括完成时间、完成质量等，并要求学生在课后按格式填写教师统一提供的"实验报告"电子版，在规定时间内提交电子版或纸面版，以供考评。

【教学策略研讨】

1. 如何组织 O2O 电子商务模式任务的教学工作？在 O2O 电子商务模式任务的教学中需要注意哪些问题？

2. 怎样提高 O2O 电子商务模式任务的实训效果？

模块三

电 子 支 付

任务一 认识电子货币

【学习目标】

1. 掌握电子货币的概念。
2. 了解电子货币发行和运行的流程。
3. 熟练掌握电子货币的分类。

【任务描述】

好用的卡片

某大学的小刘是一名来自贵州一个小县城的大学一年级新生。到学校不久，他打电话给远在贵州的爸爸，请他放心，他的钱保管得很好。

原来，在接到录取通知书后，按照学校提供的招商银行账号，小刘的爸爸汇入了他在学校所需的学费、生活费等费用。到学校以后，小刘领到了一张集学籍管理、学业管理、内部消费、图书借阅、就餐、医疗和存取款功能于一体的招商银行校园卡。利用这张卡，小刘交了学费、办了饭卡，还可以到小卖部买东西。

星期天，小刘和同学一块儿逛街，在商场买了一部手机。付款时，他高兴地发现该卡还可以在商场使用。售货员告诉他，他还可以在学校的自助存取款机上缴电话费，而不用去电信公司或者银行。这样，小刘基本上可以不用现金了。而且，这张集磁卡、IC卡于一体的校园卡还有一个特别的功能，可以在自助存取款机上将小额的钱从需要密码的磁卡上转到不需要密码的 IC 卡电子钱包上。这样，在食堂吃饭、小卖部买东西等进行小额消费时就免除了输密码联机验证的麻烦，而且卡即使丢了损失也不大。后来，小刘成为了网民一族，在网上购物时开通了招商银行网上支付功能，这样他既可以在线完成支付，也可以通过送货人员随身携带的手持卡读写设备刷卡结账，潇洒地体验电子商务了。

后来，小刘到广州的同学家里玩时了解到，买电、买水、买气、买油、就医等都可以通过刷卡结账。同学家虽然远在偏僻小区，但他们楼下就有一台自助存取款机，可以在电卡上只有 1 度电时从容地下楼充值电卡。同学的妈妈是个股民，告诉他，在炒股时IC 卡特别有用。如果看准一只股票，而卡里没有足够的钱时，可以及时从自己的账户转账，抢占买入时机，从而充分把握市场先机。同学的爸爸是个交通警察，也告诉小刘，现在实行收支两条线，司机可以用 IC 卡交罚款，记扣去的分；不但如此，司机到加油站加油时也可以通过加油站的自助刷卡设备进行缴费。

【任务分析】

1. 小刘使用的是哪种类型的电子货币？
2. 电子货币还有哪些类型？
3. 电子货币哪些特点优于传统货币？

【任务实施】

电子货币是指用一定金额的现金或存款从发行者处兑换并获得代表相同金额的数据，通过使用某些电子化方法将该数据直接转移给支付对象，从而能够清偿债务，认识电子货币的步骤如图 3-1 所示。

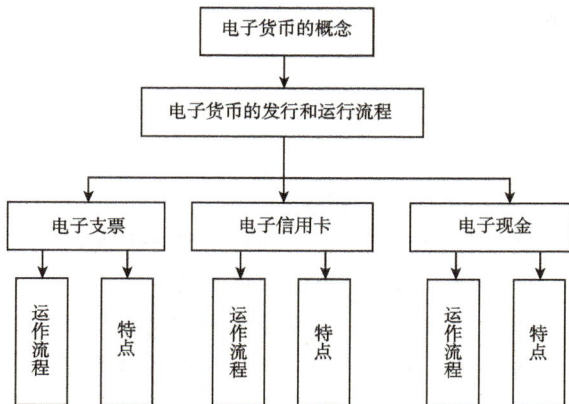

图 3-1　电子货币认识步骤

一、电子货币的发行和运行流程

电子货币发行和运行的基本运作流程的三个步骤如图 3-2 所示。

（一）发行

电子货币的使用者 X 向电子货币的发行者 A（银行、信用卡公司等）提供一定金额的现金或存款并请求发行电子货币，A 接受了来自 X 的有关信息之后，将相当于一定金额电子货币的数据对 X 授信。

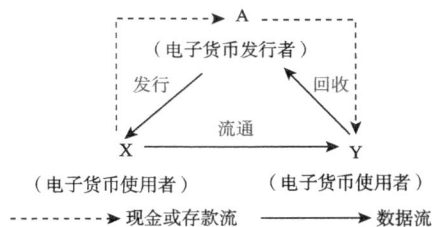

图 3-2 电子货币的发行

（二）流通

电子货币的使用者 X 接受了来自 A 的电子货币，为了清偿对电子货币的另一使用者 Y 的债务，将电子货币的数据对 Y 授信。

（三）回收

A 根据 Y 的支付请求，将电子货币兑换成现金支付给 Y 或者存入 Y 的存款账户。典型的有中介机构介入的电子货币发行和运行的运作流程如图 3-3 所示，在电子货币的发行者与使用者之间加入银行角色，复杂也更加安全。

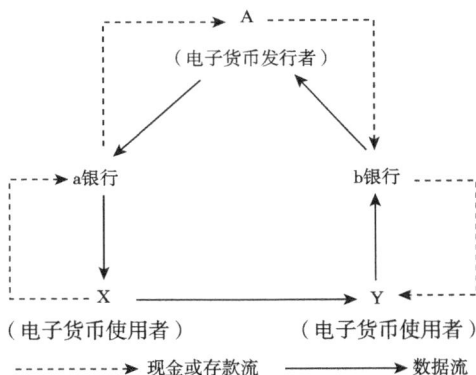

图 3-3 有中介机构介入的电子货币体系

二、电子支票

电子支票（electronic check）是客户向收款人签发的，无条件的数字化支付指令。它可以通过因特网或无线接入设备来完成传统支票的所有功能。电子支票的运作流程如图 3-4 所示。

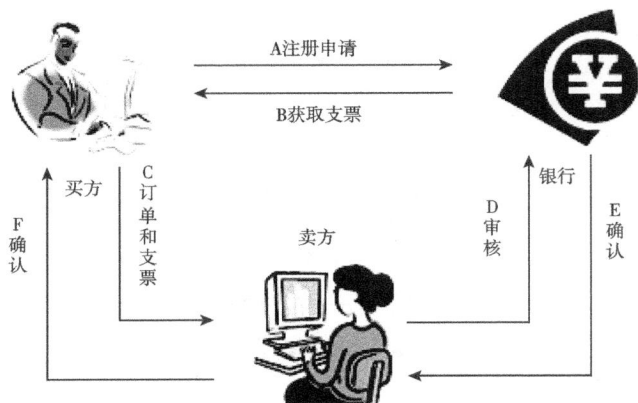

图 3-4　电子支票运作流程

案例 3-1

电子旅行支票

　　万事达电子旅行支票是纸质旅行支票的升级产品，客户在银行柜台将外汇存入电子旅行支票中，即可携带到中国大陆以外 210 个国家及地区的商户和 ATM 机使用。即买即得！不需要客户的任何信用记录！目前支持美元、欧元、英镑三个币种，有效期为自制作日起 5 年，到期免费更换。充值额度高，尽情 shopping！该产品有便捷、安全、可接受度高的特点。

　　适用客户：出国旅游、留学、移民以及商务考察的客户。

　　资料来源：白冬蕊. 电子商务概论. 北京：人民邮电出版社，2010

　　根据以上实例可以看出电子支票的优势如下。

　　第一，便捷性。

　　（1）即买即得。通常来说，申请信用卡一般需要一周到两周的时间，而电子旅行支票只需要到指定的代理网点申请办理就可以开通，存入资金后即可使用。

　　（2）可持有多张同一币种或不同币种电子旅行支票（需在额度范围内且符合外管规定）。

　　（3）回国后可结清余额或留做下次出国使用，有效期为印制起 5 年。

　　（4）可直接在全球 210 个国家及地区超过 3 000 万家万事达卡商户消费，全球 210 个国家及地区超过百万台 ATM 机上使用。

　　（5）万事达电子旅行支票全球客服热线提供 7×24 小时客户服务。

　　第二，安全性。

　　（1）无需随身携带大量现金，十分安全。

　　（2）不与银行账户关联，主要采用 PIN 码来进行信息的确认。

　　（3）密码和签名双重保护。

　　（4）遗失或被盗后可立即挂失，并免费补领新卡。在电子旅行支票的申领时，除了主卡外，还可以免费申请一张备用卡。备用卡拥有不同的卡号，在卡片遗失或是被盗后，可以通过电子旅行支票机构的服务电话冻结主卡，并激活备用卡来进行使用。此外，使用者还可以通过紧急补发或是紧急援助来获得临时的资金支持，而紧急服务是免费的。

（5）可在网站随时查询余额及交易记录。

（6）支付额度高于普通信用卡。特别是在海外支付学费、购买奢侈品等，额度较高的电子旅行支票使用起来更加方便。

（7）对公司安排差旅费也有帮助。例如，员工到海外出差，可以使用电子旅行支票来进行费用的控制和管理。

第三，ATM 取现手续费仅为 1%，不收取年费，外币卡币种与当地货币不一致时，货币转换手续费为 1.5%。

三、电子信用卡

中国人正在越来越多的拥有和使用信用卡。中国人民银行的数据显示，截至 2015 年年末，全国信用卡累计发卡已达 4.32 亿张，全国人均拥有信用卡 0.34 张，几乎相当于每个家庭拥有一张信用卡，中国信用卡授信总额为 7.08 万亿元，信用卡卡均授信额度 1.79万元，信用卡支付流程如图 3-5 所示。

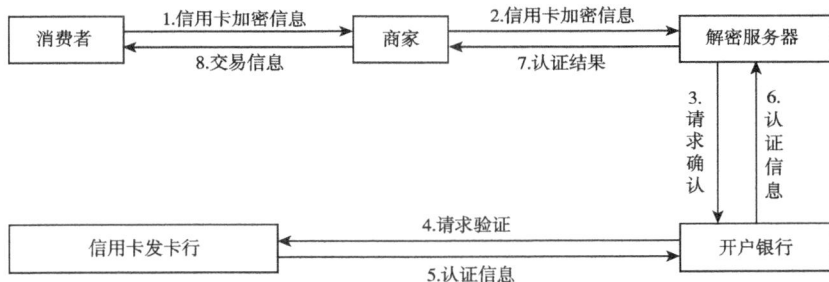

图 3-5 简单加密的信用卡支付流程

信用卡的最大的特点是同时具备信贷与支付两种功能。持卡人可以不用现金，凭信用卡购买商品和享受服务，由于其支付款项是发卡银行垫付的，银行便对持卡人发生了贷款关系，而信用卡又不同于一般的消费信贷。一般的消费信贷，只涉及银行与客户两者之间的关系，信用卡除银行与客户之外，还与受理信用卡的商户发生关系，这是一个三角关系。

四、电子现金

案例 3-2

不用现金的英国小城

斯温登是英国伦敦以西 120 千米处一个仅有 18 万居民的小城。这里的居民一直过着平静的生活，即使欧洲第一家半导体工厂在此诞生，也没有因此而打破它的平静。1996年 7 月，斯温登小城里发生了一件大事：万事达公司的电子现金卡 Mondex 取代了硬币和纸币成为这个城市的正式货币。这个消息立即传遍了全世界，使斯温登顿时成为了世人关注的焦点，小城也变得热闹起来。

在斯温登，从超市到大街小巷的杂货店，从地铁、公共汽车站到停车场，从书报亭到银行……人们只要把一张小小的塑料卡片插入电子收款机，既不需要在收据单上签字，也不需要等待用电脑或电话来核准，就可以把存在卡里的"钱"从一个账户转到另一个账户。小城里还安装有1 300部可用于为电子现金卡充值的电话。人们只需把电子现金卡插入电话机，然后拨通开户银行，输入卡片密码和需要存入的钱数就可以为它充值了。

提起电子现金，它是指用一定的传统现金或存款从金融机构兑换代表相同金额的数据，并以可读写的电子形式存储起来。而斯温登小城使用的电子现金卡就是一种能存储电子现金的智能卡，它嵌入了一个微处理芯片，存储有大量关于使用者的信息。使用智能卡购买商品和服务时，不再需要银行确认每笔交易。其实，电子现金还能纯粹以数字形式实现，即数字现金，存在于个人电脑上，与到现场购物用的电子现金卡不同，它主要用于网上购物。它们和信用卡的区别在于信用卡虽能给用户提供方便，但不能替用户保护隐私，而电子现金不仅使用方便，而且能保护用户的隐私，就像我们平时使用纸币那样，一般人不会知道用户的姓名、年龄等个人信息，起到保护个人隐私的作用。

资料来源：白冬蕊. 电子商务概论. 北京：人民邮电出版社，2010

电子现金又称为数字现金，是一种表示现金的加密序列，它可以用来表示现实中各种金额的币值，电子现金的基本流程如图3-6所示。

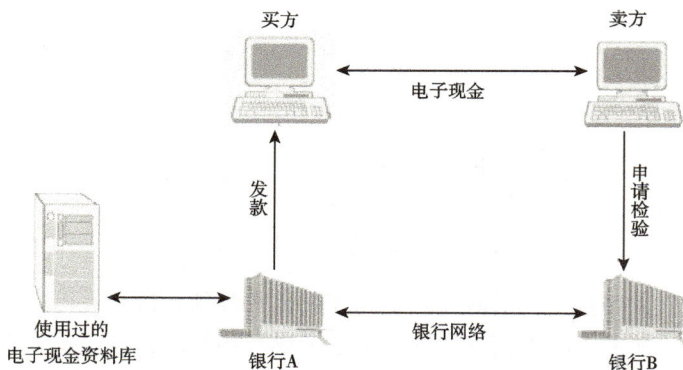

图3-6　电子现金的基本流程

电子现金的特点如下。

（1）匿名性。电子现金与信用卡应用型电子货币和电子支票的最大区别在于，可以实现结算的匿名性。首先，对信用卡应用型电子货币而言，因为需要通过第三者授信和垫付行为的介入，所以每次结算的付款人和收款人必须是特定的，该结算数据至少要由第三者保管一段时间。其次，对存款利用型电子货币而言，所有的结算处理均要通过管理存款的银行做改写账目的事务处理来完成。因此，每一次独立结算的资金来源和去向必然被银行所掌握。

与此相反，对电子现金而言，仅仅在结算的当事人之间进行脱线的分散处理，因此资金的流向不必由第三者管理和把握。这与使用现金的情况类似，所有关于结算的信息均无需第三者管理和掌握，而且现实中是可以实现的。虽然不能断言结算需要绝对的匿名性，但是，人们对具备匿名性的结算方法的偏好是大量存在的。因此，电子现金在这一点上占据优势。

（2）不可跟踪性。不可跟踪性是现金的一个重要特性。不可跟踪性可以保证交易的保密性，也就维护了交易双方的隐私权。除了双方的个人记录之外，没有任何关于交易已经发生的记录。因为没有正式的业务记录，连银行也无法分析和识别资金流向。也正是因为这一点，如果电子现金丢失了，就会同纸币现金一样无法追回。

（3）节省交易费用数字现金使交易更加便宜，因为通过互联网传输数字现金的费用比通过普通银行系统支付要便宜得多。为了流通货币，普通银行需要维持许多分支机构、职员、自动付款机及各种交易系统，这一切都增加了银行进行资金处理的费用。而数字现金是利用已有的互联网网络和用户的计算机，所以消耗比较小，尤其是小额交易更加合算。

（4）节省传输费用。普通现金的传输费用比较高。这是因为普通现金是实物，实物的多少与现金金额是成正比的，金额越大实物货币就越多。大额现金的保存和移动是比较困难和昂贵的。而且，数字现金流动没有国界。在同一个国家内流通现金的费用跟国际间流通的费用是一样的。

（5）风险小。普通现金有被抢劫的危险，必须存放在指定的安全地点，而且在存放和运输过程中都要由保安人员看守。保管普通现金越多，所承担的风险越大，在安全保卫方面的投资也就越大。

（6）支付灵活方便。数字现金的使用范围比信用卡更广。信用卡支付仅限于被授权的商店，而数字现金支付却不必有这层限制。

> **案例 3-3**

数字现金

和 Mondex 齐名的第二大电子现金是数字信息块实现手段（digicash）。与到现场购物用的 Mondex 不同，数字现金主要用于网上；另一个与 Mondex 的不同，是它现在还没有得到众多银行的广泛支持。

使用数字现金在网上进行交易，与使用 Mondex 不同。用户不必亲自到现场，坐在家里，整个交易过程就可以完成。例如，用户来到一个网络上的书店，看了网页中关于这本书的介绍和摘要，希望把书买下来，用户只要告诉对方数字现金号码，以及通联办法，网上书店就会把书寄来。

特别希望保守个人秘密的客户，往往喜欢利用数字现金之类的电子通货。因为，利用信用卡进行结算会留下记录，如果客户不愿意留下记录，使用电子通货就正好。

【相关知识】

一、电子钱包

案例 3-4

便捷的支付宝钱包

支付宝钱包是国内领先的移动支付平台，内置风靡全国的平民理财神器余额宝，还有还信用卡、转账、充话费、缴水电煤气费全部免费，有了支付宝钱包还能便宜打车、去便利店购物、售货机买饮料，更有众多精品公众账号提供贴心服务，目前用户已有 1 亿多人。下面是用户对支付宝钱包的评价。

"关于支付宝，大家都很熟悉，姐妹们对它既爱又恨，购物时觉得畅快淋漓，总是心情大悦；月底查账单时，又恨不得把自己拖出去枪毙！如果有时候我们想'秒杀'某件心仪已久的物品，又没有电脑在身边时，支付宝钱包就成了最好的选择。或许，我们因为忙碌而忘记了交手机费，一时又找不到营业厅交费面临被停机的风险，不要紧，支付宝钱包能轻松充值，及时到账，确保手机畅通，让你的工作与生活不停机；它还可以为他人充话费，让亲朋好友在紧急时刻能第一时间得到我们的帮助。有一次，我和朋友聊天，她说因为欠费家里的宽带被停了，营业厅已经下班，只能等第二天再去开通。我让朋友把宽带账号发给我，我用支付宝钱包轻松帮她交了宽带费用，朋友感叹自己真的落伍了。

"支付宝钱包的好处不仅仅如此。周末了，终于有时间和爱人一起逛逛街、看看电影，在美食诱惑下，我们迅速拿出手机，查找是否有团购信息，经济实惠地来一顿饕餮大餐。如果你忘记了信用卡还款，支付宝钱包可以直接做信用卡支付，它支持 30 余家银行的信用卡还款，更贴心的是，它还具备'还款日提醒'功能。支付宝钱包功能之多不胜枚举。你可以查看自己的支付宝支出，做好每月的理财；可以缴纳水电煤气费；可以给朋友转账而不需要手续费；还可以一种为国家福利事业做贡献的心态买彩票，如果能中个 5 元、10 元的，也算是我们生活中的娱乐小插曲了。

"不想落伍吗？赶紧拿出手机下载支付宝钱包，让我们一起体验更加便捷的现代生活方式。"

电子钱包是电子商务活动中网上购物顾客常用的一种支付工具，是在小额购物或购买小商品时常用的新式钱包。最近，电子钱包一直是全世界各国开展电子商务活动中的热门话题，也是实现全球电子化交易和因特网交易的一种重要工具，全球已有很多国家正在建立电子钱包系统以便取代现金交易的模式，目前，我国也正在开发和研制电子钱包服务系统。使用电子钱包购物，通常需要在电子钱包服务系统中进行。电子商务活动中的电子钱包的软件通常都是免费提供的，可以直接使用与自己银行账号相连接的电子商务系统服务器上的电子钱包软件，也可以从因特网上直接调出来使用，采用各种保密方式利用因特网上的电子钱包软件。顾客可以用电子钱包管理器（wallet administration）来改变保密口令或保密方式，用它来查看自己银行账号上的收付往来的电子货币账目、清单和数据。电子商务服务系统中还有电子交易记录器，顾客可以通过查询记录器查询全部交易记录，可以了解自己都买了什么物品，购买了多少，也可以把查询结果全部打印出来，也可以有选择地进行打印。

二、网上支付工具比较

银行卡支付、电子现金和电子支票的区别如表 3-1 所示。

表 3-1　网上支付工具的比较

支付类型	银行卡支付系统	电子现金	电子支票
事先/事后付款	事后付款	事先付款	事后付款
使用对象	银行卡持有人	任何人	在银行有账户者
交易风险	由发卡银行承担，当银行卡号被盗，可取消银行卡	由消费者自行承担电子现金丢失、被盗用、出错的风险	付款方可以止付有问题的付款指令或有问题的支票
交易凭据转换	直接由商户向银行查询持卡人账号	自由转换，不需要留下交易参与者的信息	电子支票或付款指令需要经过"背书"方能转让
在线检查	允许在线或离线检查	在线检查电子现金是否重复使用	在线检查方式运作
目前普及程度	是在线付款中最普及的形式	电子现金的未来缺乏国际性的金融网络支持	目前缺乏国际性的标准，法律制度有待建立
交易额度	与银行卡额度相同	电子现金的额度通常固定的	和传统支票相同，即不大于支票账户的现有余额
是否支持小额支付	每笔交易成本相对较高，不适合进行小额支付	可进行不同面额的电子现金交易与找零，适合进行小额支付	有些系统允许商户累计付款指令到一定金额再进行支付，这些系统适合进行小额支付
与银行的关系	交易信息中的银行卡号为持卡人在发卡银行的账号	电子现金从银行提取后，就与银行账号没有关系	由银行账号进行付款

【学习评价】

项目	内容		评价（评价分为四个等次，分别为4优秀、3良好、2合格、1不合格，请在下表中填入评价分值）		
	学习目标	评价项目	个人评价	小组评价	教师评价
知识	熟知不同电子货币	1.电子支票的使用环境			
		2.电子信用卡的范畴			
		3.电子现金的特点			
技能	1.申请招商银行"一卡通"	1.申请的步骤			
		2.申请的结果			
	2.识别 IC 卡和磁卡	1.外形及特性			
		2.是否需要联机使用			
	3.比较借记卡和贷记卡	1.外形			
		2.可否消费和透支			
	总评				

【实践能力拓展】

一、案例

招商银行电子货币应用

招商银行（www.cmbchina.com）推出的电子货币——"一卡通"被同业誉为我国银行业在个人理财方面的一个创举。

"一卡通"必须以真实姓名开户，具有"安全、快捷、方便、灵活"的特点。它的主要功能有：一卡多户、通存通兑、约定转存、自动转存、自助转账、商户消费、自动柜员机提款、自助存款机、查询服务、电话银行、手机银行、网上个人银行专业版、网上个人银行大众版、网上支付、银证转账、银基通、外汇买卖、自助贷款、自助缴费、代理业务、IP 电话及长话功能、神州行手机充值服务。目前，"一卡通"已可在网上直接申领，已开通网上直接申领业务的地区有：北京、广州、西安、武汉、上海、青岛、重庆、济南、福州、南昌、厦门。另外，可在境内外通用的"一卡通"金卡也已开始发行。在强大而先进的科技手段支持下，招商银行"一卡通"发卡量迅猛增长，已成为招商银行的拳头产品。

资料来源：宋文官. 电子商务概论. 北京：高等教育出版社，2008

运用本章所学知识，分析以下问题：

1. 电子货币应用的发展历程是怎么样的？
2. 如何正确地看待电子货币发展中的障碍？

二、案例分析

招商银行在我国商业银行采用电子货币进行网上支付方面，依靠其拳头产品"一卡通"，取得了领先地位，跑在了前面。但是和国外电子货币的应用情况相比，我国的电子货币应用仍然处于相对落后的状态。

从 1949 年美国商人弗兰克·麦克纳马拉创办世界最早的电子货币——大莱信用卡以来，电子货币的发展已经历时半个多世纪，在国外早已成为当代先进的支付手段和结算工具，成为社会文明和科技进步的一个重要标志。许多未来学者都预测，将来会出现一个无现金的社会，微软总裁比尔盖茨也认为，互联网的发展也许有一天会令传统商业银行丧失存在的价值，成为"21世纪的恐龙"。

而在我国，银行卡发行始于 1986 年中国银行的红棉卡，当时的银行卡在本行内尚不能够异地使用，更谈不上跨行通用。自从 1993 年"金卡工程"由中国人民银行牵头启动后，电子货币应用水平明显提高，初步建成了一个全国性的跨银行、跨地区的银行卡信息交换网络。

和国外相比，电子货币在我国发展依然缓慢。究其原因，一方面，归因于电子货币取代传统纸币还存在自身无法克服、与生俱来的缺陷，如技术上容易出现差错，持卡人必须支付一定的使用费，卡的丢失、伪造风险等。另一方面，电子货币使用过程中的安全性和个人信息隐私性问题、电子货币相关设备使用的难易性、支付时零售商接受电子货币的意愿等都会对消费者是否偏好使用电子货币产生很大的影响。此外，在我国，阻碍电子货币系统发展的另一个主要原因，就是在电子货币推广的初期没有采用普遍接受的电子货币国际技术标准，各发行机构的电子货币处理系统各自为政，采用非统一的业务规范和技术标准，这也是我国为实现电子货币发展而必须解决的一个关键问题。

三、实践困境讨论

（一）电子货币安全问题

涉及货币和支付手段的安全性而言，首先就是事前的不可复制性——价值的不可伪变造，其次是必须具有对不正当行为的可追踪能力，这二者必须是同一个体系化工程。对现金特性的继承，更是电子支付手段不断被大众接受的必要条件。现金的一个特征是面额就能直观的体现价值的大小，在使用时不需要事前烦琐的检查，加上体制的强制性而具有了最广泛的流通特权。不特定金融机构、不特定交易主体间都可实现直接支付和最终结算。

最后，就是现金最具有争议性的一面，即匿名性，因为纸币和硬币自身不会留下交易履历。电子支付手段能多大程度上对应这种需求？对于国内的新兴互联网贵族企业们而言估计还是个没有摆上桌面的课题。

（二）电子货币对金融政策的影响

与传统货币形式相比，电子货币除具有货币的一般属性外，还具有一些特有的属性。首先，电子货币的发行主体分散。除中央银行可以发行电子货币外，一般金融机构，甚至非金融机构都可以发行，造成了货币发行的"非中央银行化"。其次，各金融机构发行的电子货币都有其各自的特征，其价值主要依赖于各发行者自身的信誉和资产的担保，风险程度不一致从而出现货币的"异质性"。最后，较之传统的货币形式，电子货币突破了时空限制，大大降低了信息成本和交易费用。

中央银行控制短期利率是为了控制准备金需求，但是更重要的还是为了寻求准备金需求的稳定性以及准备金需求的变化的可预测性。实际上，很多国家即使法定准备金储备为零，中央银行为了兑现活期存款，都保存一定数额的准备金。因此确定出今后随着代替存款的电子货币的普及和不断发展，包括电子货币发行机构的普通金融机构的最终支付是否通过中央银行活期存款进行是非常重要的。

电子货币可以产生货币创造，也可能导致通货膨胀，但是否会受到制约被限制在一定程度呢？这是一个值得思考的问题。

【情景实训】
实训主题：电子货币功能。
课时：2 学时。

地点：机房。

实训目的：

（1）掌握电子货币的种类和特点。

（2）掌握电子货币在网上申请的过程。

（3）掌握电子货币的发行流程等。

（4）了解读卡、刷卡设备的组成和结构。

实训要求：

（1）通过电子货币发行公司等，了解主要电子货币及其支付方法和步骤。

（2）通过相关文献等，了解我国主要电子支付系统及建设情况。

实训内容与步骤：

1. 电子货币种类

上网登录电子货币发行公司，在网上了解电子钱包、电子现金、电子支票和信用卡等主要特点和功能。

2. 电子货币发行和申请

以信用卡为例，上网登录电子货币发行公司，登录中国银行网站，查询和了解电子货币的发行流程。以银行卡为例，在网上按照发行流程实际申请一张银行卡。

3. 用银行卡进行购物，了解电子货币的支付过程

在实验前，需要选择一个较大的商业银行，如中国工商银行，申请一张银行卡。

实训结果：

在实验结束时，教师根据实验结果文件检查并记录学生的实验完成情况，包括完成时间、完成质量等，并要求学生在课后按格式填写教师统一提供的"实验报告"电子版，在规定时间内提交电子版或纸面版，以供考评。

【**教学策略研讨**】

1. 如何有效开展本任务的课堂教学和实践教学？

2. 在本任务教学过程中，需要准备哪些教学用的材料或者教学工具？

任务二　选择网上支付方式

【**学习目标**】

1. 了解网银、第三方支付的使用过程。

2. 掌握网络银行的概念和分类。

3. 掌握第三方支付特点。

【任务描述】

网络化生活

国内曾进行过一场"72 小时网络生存测试",参赛者需要在封闭的房间内待上三天三夜,房间内没吃没喝,所有用品都只能通过互联网购买。当时国内电子商务才刚起步,参赛者下了购物订单,能成功送上门的货物却不多,参赛者就像现代版的"鲁滨逊漂流记"那样想方设法从互联网获得生存的物资,但时至今日,网络购物却已经成为很多网民生活中必不可少的一环。自三年前从 C2C 网站上以一半市场价购买到一个相机三脚架后,小王的网上购物瘾便一发不可收拾,不仅手机、数码产品从网上购买,甚至零食小吃都"网购",所有的网上开销都通过他的银行信用卡支付。小王每次出差、旅游要坐飞机时,所有的机票也都是通过航空公司的网站去买,起飞前一天的晚上再买机票也不迟,机票款也用信用卡来支付,支付成功后小王的手机便收到银行发来的提醒确认短信。网上购物、网上支付用得越多,小王对这种新的消费方式便越是依赖,现在小王家里的水费、电费都改用了网上支付,再也不用每个月去营业厅排队缴费了。今天,像小王这样"网络化生活"的年轻人不在少数。现在大家享受的是网络购物的便捷,而不再是昔日"鲁滨逊式"的生存烦恼,这一切都要归功于网上支付途径的日益完善。

资料来源:洪文锋. 电子支付你用了吗. 新快报,2010-10-13

【任务分析】

网络支付是采用先进的技术通过数字流转来完成信息传输的,其各种支付方式都是采用数字化的方式进行款项支付的;而传统的支付方式则是通过现金的流转、票据的转让及银行的汇兑等物理实体式流转来完成款项支付的。既然在网上支付更容易也更方便,那么网上支付的基本流程是什么?目前有哪些种类的网上支付形式呢?

【任务实施】

选择网上支付方式的步骤如图 3-7 所示。

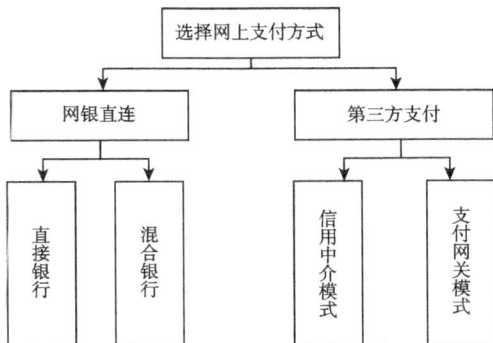

图 3-7　选择网上支付方式的步骤

目前,国内为电商平台提供支付服务的力量主要来两个方面:以国有银行、商业银行为主要代表的传统支付机构;以财付通、支付宝、易宝支付为代表的第三方支付。尽管传统支付机构仍然牢牢占据半壁江山，但是第三方支付以其便捷、灵活以及移动支付、扫码支付等创新力，越来越具有竞争力。以下分别阐述。

一、网上银行

网银交易流程如图 3-8 所示。

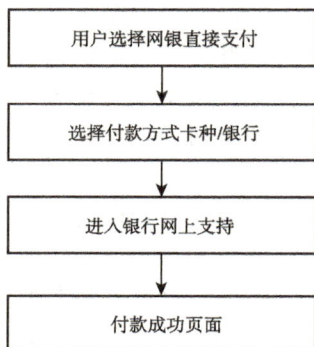

```
┌─────────────────────┐
│   用户选择网银直接支付    │
└─────────────────────┘
           │
           ▼
┌─────────────────────┐
│   选择付款方式卡种/银行    │
└─────────────────────┘
           │
           ▼
┌─────────────────────┐
│    进入银行网上支持      │
└─────────────────────┘
           │
           ▼
┌─────────────────────┐
│     付款成功页面        │
└─────────────────────┘
```

图 3-8　网银交易流程

网上银行目前有两种不同层次的模式。

第一种模式是传统银行业务的网络化，称为混合银行。现在除了已经网络化的存款、汇款、付款等业务外，外币买卖、信用卡业务、企业融资、房屋汽车贷款、购买保险和理财咨询服务也都逐步地在进入网络银行的服务范围。世界上许多著名的商业银行如花旗银行、大通曼哈顿银行、汇丰银行、美洲银行以及我国的各大银行如工商银行、中国银行、招商银行、建设银行等，都已经进行了银行业务的网络化改造工作；而几乎所有规模较大的商业银行都在国际互联网上建立了自己的站点。

第二种模式是建立全新的全部网络化的银行，称为直接银行，也可称之为虚拟的网络银行。它没有银行大厅和营业网点。美国安全第一网络银行是全球第一家完全通过国际互联网经营的独立银行。顾客通过国际互联网进入该行的站点，屏幕即刻显示出一幅银行大厅的画面。画面上设有："账户设置（account set up）"、"客户服务（customer service）"，以及"个人财务（personal finance）"三个主要服务柜台。此外还有供客户查询的"咨询台（information）"和"行长（president）"等柜台。安全第一网络银行为客户提供多种银行服务，如开户、存款、支付账单及各项转账服务，还有外币买卖、长期存款和信用卡服务，客户还可以在网络上申请房屋汽车贷款、购买保险、通过经纪人员买卖各项金融产品。银行每天会产生一次交易汇总表供客户查询及核对。如需提取现金，只要到附近的提款机利用金融卡操作即可。安全第一网络银行自开始营运以来，发展迅速，每月客户以 650 人的速度快速成长，然而该行的银行业务人员仅有 15 人。安全第一网络银行的股票上市当天便翻了一番，由每股 20 美元飙升到 41 美元。

案例 3-5

"阿里银行"获筹拟打造纯网络银行

9月29日，阿里、复星、万向等企业发起的浙江网商银行正式获筹，拟打造全流程网络经营模式，高管团队未定。

"我们申报的银行名称叫做网商银行，即互联网商业银行，我们期望能用互联网的技术、互联网的理念，尤其是互联网的信用，去提供适合小微企业和草根消费者的金融服务"，阿里小微金融服务集团人士说。

小微金融服务集团现更名为"蚂蚁金服"，该集团副总裁俞胜法对财新记者表示，希望该民营银行做全流程网络经营模式，无物理网点。由此，很多具体流程跟现有银行不一样，需要突破的地方很多，在筹备期间将跟监管层积极沟通。

"网商银行以互联网为主要手段和工具，全网络化运营，提供网络特色、适合网络操作、结构相对简单的金融服务和产品"，阿里前述人士表示。

据透露，阿里理想中的网络银行模式，则是完全依赖于互联网开展业务的网络银行，没有线下的物理网点。目前国内尚无先例，对于网络银行的相关法律法规亦是空白。电子合同和电子签名等创新都亟须相应的监管法规完善，目前监管对纯线上业务仍有限制，开户、信用卡和理财等业务仍需面签，互联网银行难以脱离网点。

资料来源：吴红毓然."浙江网商银行"获筹 拟打造纯网银行. 财新网，2014-09-29

二、第三方支付平台

第三方支付平台的经营模式大致分为两种：一种是第三方支付平台在具备与银行相连完成支付功能的同时，充当信用中介，为客户提供账号，进行交易资金代管，由其完成客户与商家的支付后，定期统一与银行结算，我们简称为信用中介型，以支付宝、财付通为代表，依托于大型电子商务交易平台。另一种是第三方支付平台与银行密切合作，实现多家银行数十种银行卡的直通服务，只是充当客户和商家的第三方的银行支付网关，我们简称为支付网关型，以易宝支付、快钱、银联在线等为代表。为了方便比较，下面以支付宝和银联在线为例，比较两者支付流程的特点。

（一）支付宝

支付宝网站由阿里巴巴公司创办，是支付宝公司针对网上交易而特别推出的安全付款服务，其运作的实质是以支付宝为信用中介，在卖家确认收到商品前，由支付宝替买卖双方暂时保管货款的一种增值服务。支付流程如图3-9所示。

支付宝提供个人服务及商家服务，支付宝实名认证同时核实会员身份信息和银行账户信息。通过支付宝实名认证后，相当于拥有了一张互联网身份证，可以在淘宝等电商网站上开店，增加支付宝账户拥有者的信用度。如果是公司，需要提供营业执照；如果是个人，需要提供身份证。阿里巴巴公司接到这些信息后，会在政府部门检查验证信息的真伪。只有真实的信息才可以通过验证。

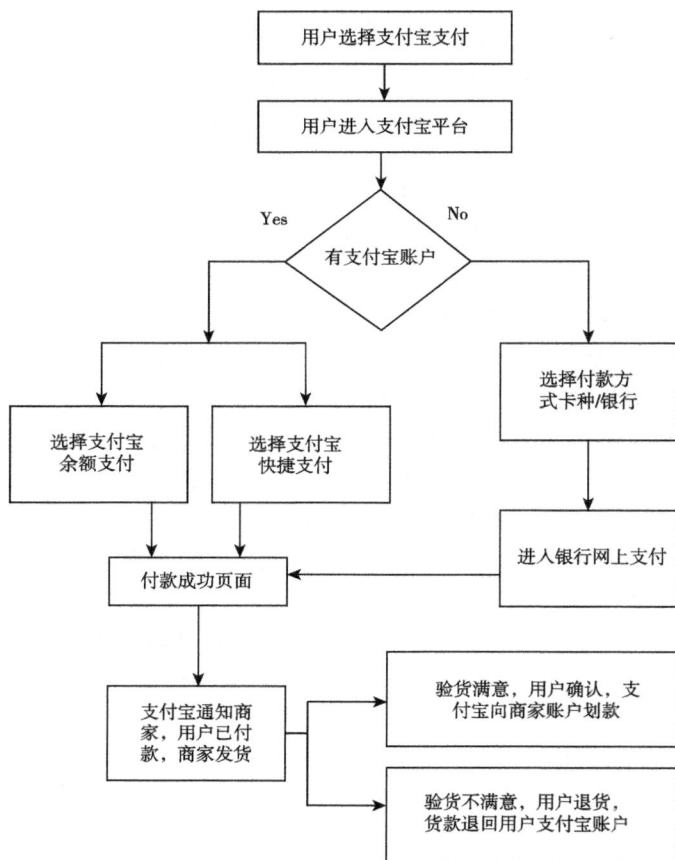

图 3-9　支付宝交易流程

通过验证后，将得到一个实名认证标志，这就将网络上虚拟的个人或企业变得真实了，每个人所进行的操作和他本人挂钩，起到了监督作用。实名认证的过程如图 3-10 所示。

（二）银联在线

银联在线是中国银联倾力打造的互联网业务综合商务门户网站，致力于面向广大银联卡持卡人提供"安全、便捷、高效"的互联网支付服务，属于支付网关模式的第三方支付平台。

银联在线依托具有中国自主知识产权、国内领先的银联 CUPSecure 互联网安全认证支付系统和银联 EBPP 互联网收单系统，构建了银联便民支付网上平台、银联理财平台、银联网上商城三大业务平台，为广大持卡人提供公共事业缴费、通信缴费充值、信用卡还款、跨行转账、账单号支付、机票预订、基金理财和商城购物等全方位的互联网金融支付服务。为了比较，以下列出其交易流程图和实名认证流程图，如图 3-11 和图 3-12 所示。

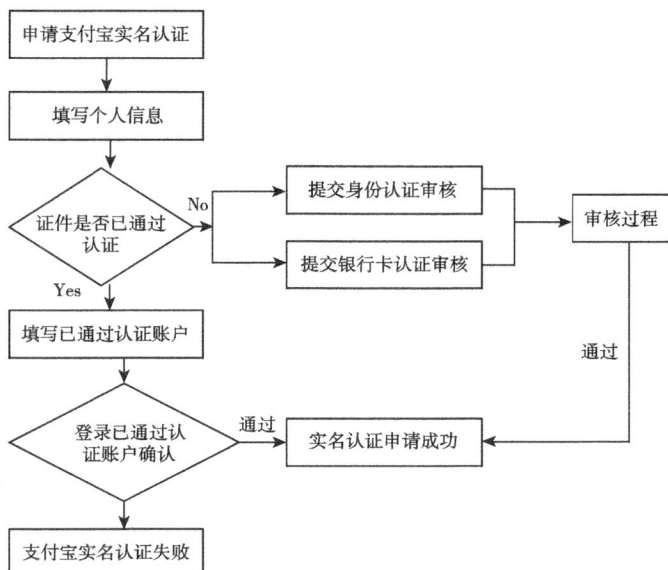

图 3-10 支付宝实名认证过程

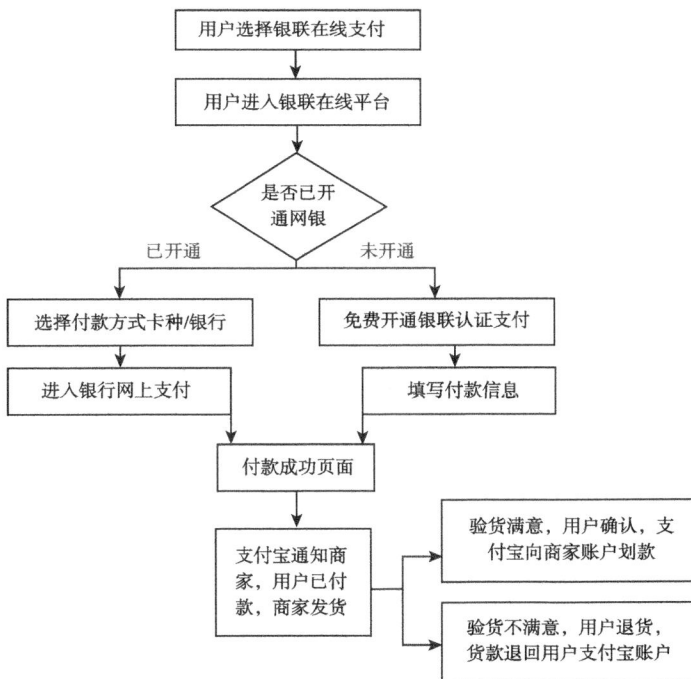

图 3-11 银联在线交易流程

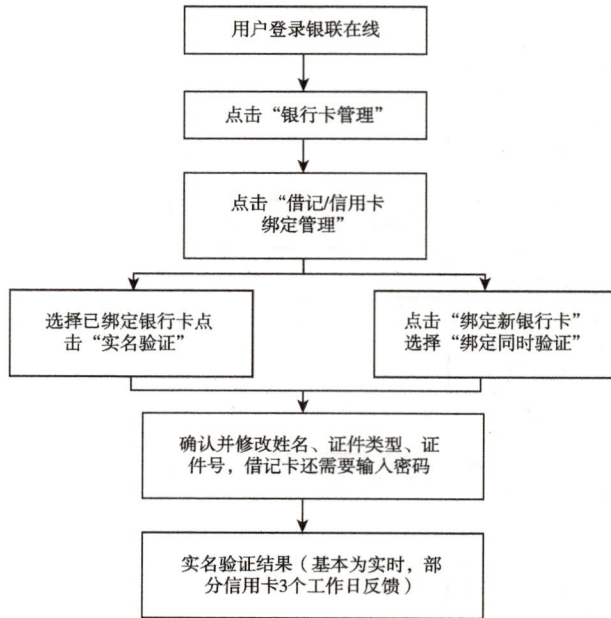

图 3-12   银联在线实名认证流程

【相关知识】

一、网上支付系统的构成

网上支付系统的构成主要由以下几个元素组成：互联网、客户、商家、客户开户行、商家开户行、支付网关、银行网络、认证中心，如图 3-13 所示。

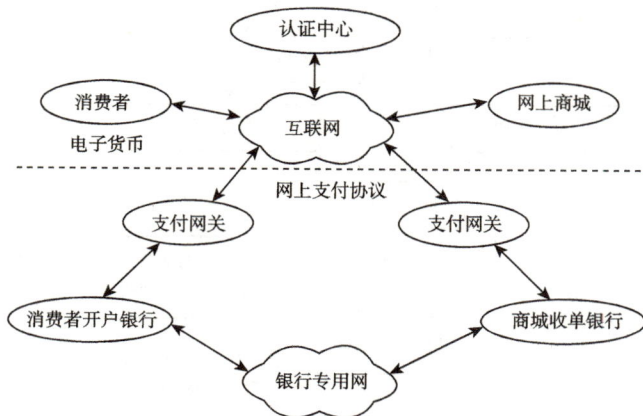

图 3-13   网上支付系统的构成

（1）消费者：在网上选定商品，确认订单后进入电子支付环节。消费者需要拥有电子支付工具。

（2）网上商城：电子支付的接受方。网上商城需要有各个银行的账号，网上商城可以搭建自己的支付平台，也可租用第三方支付平台。

（3）消费者开户银行。

（4）商城收单银行。

（5）银行专用网：银行之间进行通信和数据处理的专用网络，如中国国家金融通信网。

（6）支付网关：公用互联网平台和银行专用网之间的安全接口。

（7）认证中心：第三方公证机构，是电子商务市场的准入者和规范者。

二、网络银行的概念和基本业务

相对于有 400 多年历史的银行业，网络银行诞生至今不过短短几年的时间，但它的扩展速度却以几何级数增长，大有取传统银行业务方式而代之之势。

网络银行也称为网上银行、在线银行，是指利用互联网、企业内部网及相关技术处理传统的银行业务及支持电子商务网上支付的新型银行。它实现了银行与客户之间安全、方便、友好、实时的连接，可向客户提供开户、销户、查询、对账、行内转账、跨行转账、信贷、网上证券、投资理财以及其他贸易或非贸易的全方位银行业务服务。可以说，网上银行是在互联网上的虚拟银行柜台。

网络银行基本业务主要包括家庭银行（储蓄业务）、企业银行（对公业务）、信用卡业务、各种支付、特色服务、商务服务、信息发布，如图 3-14 所示。

图 3-14　招商银行网上银行首页

（1）家庭银行。家庭银行为用户提供方便的个人理财渠道，包括网上开户、账户余额与利息查询、交易历史查询、个人账户挂失、电子转账、票据汇兑等。

（2）企业银行。企业银行为企业或团体提供综合账户业务，如查阅本企业或下属企业账户余额和历史业务情况，在企业内部各单位之间划转资金，核对调节账户，进行账户管理，以电子支付方式支付职工工资，了解支票利益情况，支票挂失，将账户信息输出到空白表格软件或打印每日资产负债报告、详细业务记录表、银行明细表之类的各种金融报告或报表，通过互联网实现支付和转账等。

（3）信用卡业务。信用卡业务包括网上信用卡的申办、信用卡账户查询、收付清算等。

（4）各种支付。网络银行提供数字现金、电子支票、智能卡、代付或代收费等网上支付方式，以及各种企业间的转账或个人转账，如同一客户不同账号间的转账，包括活期转定期、活期转信用卡、信用卡转定期、银行账户与证券资金账户之间的资金互转等。

（5）特色服务。特色服务主要是指通过互联网向客户提供各种特色金融服务，如网上证券、期货、外汇交易、电子现金、电子钱包以及各种金融管理软件的下载等。

（6）商务服务。商务服务主要提供资本市场、投资理财和网上购物等子功能。在资本市场方面，除客户直接参与的现金交易之外的任何交易均可通过网络银行进行。在投资理财方面，客户可主动进入银行的网站进行金融账户等信息的查询以及处理自己的财务账目；也可由网络银行系统对客户实施全程跟踪服务。在网上购物方面，网络银行可以网上商店的形式向供求双方提供交易平台。

（7）信息发布。目前网络银行所发布的信息主要有：国际市场外汇行情、对公利率、储蓄利率、汇率、证券行情等金融信息，以及行史、业务范围、服务项目、经营理念等银行信息，客户可随时通过 Web 网站了解这些信息。

三、第三方支付的概念和特点

第三方支付平台是指平台提供商通过采用通信、计算机和信息安全技术，在商家和银行之间建立起连接，从而实现从消费者到金融机构、商家的货币支付、现金流转、资金清算、查询统计等问题。为商家开展 B2B、B2C 交易等电子商务服务和其他增值服务提供完善的支持。第三方支付平台的经营模式大致分为两种：一种是第三方支付平台在具备与银行相连完成支付功能的同时，充当信用中介，为客户提供账号，进行交易资金代管，由其完成客户与商家的支付后，定期统一与银行结算；另一种是第三方支付平台与银行密切合作，实现多家银行数十种银行卡的直通服务，只是充当客户和商家的第三方的银行支付网关。

第三方网上支付平台有如下特点。

（一）支持多种信用卡

第三方网上支付平台可以支持国内各大银行发行的银行卡和国际信用卡组织发行的信用卡。作为商户只需与其一次性接入打包好的支付接口相接，即可使用该支付平台支持的所有银行卡种进行网上收付款，并且可以随着平台升级而自动、免费升级，而不必单独和多家银行接洽、合作，很大程度上降低了企业运营成本。

（二）结算周期灵活

第三方支付平台手续费标准统一，且结算周期可根据商户需求设定，服务更加人性化。例如，网银在线提供的按天结算货款服务，实现了资金在支付平台的"零停留"，确保了商户资金的流畅运转。而银行的手续费、结算周期各家不一，商户要与多家银行分别结算，加大了财务管理方面的难度。

（三）后期服务良好

专业的第三方网上支付平台，可以确保商户在后期服务、支付过程中出现问题能够得到及时解决。但对于以存贷为主营业务的银行来说，网银只是其增值服务，对比投入与产出，中小企业似乎并不会受到银行的普遍重视。

（四）具有较高的公信度

第三方网上支付平台作为中立的一方，具有公信度。一旦发生交易纠纷，会对商家和消费者采取双向保护政策，在交易双方之间进行公平、公正的协调处理，确保双方合法利益得到最大限度的维护。

四、支付新形式

> **案例 3-6**

拉卡拉刷卡器

拉卡拉集团成立于 2005 年，是中国领先的互联网金融及社区电商公司，借助互联网技术，以便民服务及支付为手段，为商户及其用户提供包括支付、生活、电商、信贷在内的互联网金融服务及电子商务服务。拉卡拉是联想控股旗下的高科技金融服务企业，是第一批获得央行颁发的全国性全品类支付牌照企业之一。

（一）拉卡拉手机刷卡器

拉卡拉手机刷卡器是拉卡拉推出的自主知识产权的个人刷卡终端，拉卡拉手机刷卡器是一款通过音频进行数据传输的刷卡外设终端，支持 iPhone、HTC、小米等各类主流手机以及 iPad 产品。主要提供信用卡还款、转账汇款、在线支付等便民生活便利支付的金融服务。

（二）拉卡拉 MINI 家用型刷卡机

2010 年，拉卡拉自主研发并生产了针对家庭用户的拉卡拉 MINI 家用型刷卡机，已经进入数十万户家庭中。拉卡拉 MINI 家用型刷卡机一经推出就受到了用户的广泛欢迎，它安装简单、开通方便，只需一根电话线，便可足不出户办理还款、缴费、转账、充值等多种业务。拉卡拉 MINI 家用型刷卡机使金融业务办理不再受时间、空间限制，真正实现了便利支付从"百步之内"跨越到"弹指之间"。拉卡拉 MINI 家用型刷卡机还常被用在商务往来、馈赠亲友、客情礼品、员工福利上。

（三）蓝牙手机刷卡器

拉卡拉蓝牙手机刷卡器是首款通过蓝牙进行数据传输且支持金融 IC 卡的个人刷卡终端，兼容 iPhone、三星、小米等各类主流智能手机以及 iPad 产品。主要提供还款、转账、余额查询、充值缴费等便民金融服务。

采用最新蓝牙 4.0 无线，双模块技术，体验无"线"自由。支持带有银联标识的金融 IC 卡、磁条卡。内置双模块，兼容性高，完美适配主流智能手机和 iPad 产品。采用蓝牙芯片，支持 2.1~4.0 的蓝牙规范，提高了交易处理速度，增加了无线覆盖范围。通过银行卡检测中心权威认证，采用一机一密，一次一密的安全算法，确保交易安全。

【学习评价】

项目	内容		评价（评价分为四个等次，分别为 4 优秀、3 良好、2 合格、1 不合格，请在下表中填入评价分值）		
	学习目标	评价项目	个人评价	小组评价	教师评价
知识	掌握不同支付方式	1.网上银行的分类			
		2.第三方支付的特点			
技能	合理选择不同的支付方式	1.在招商银行进行"一卡通"和网上支付卡的资金划拨			
		2.选取购物网站购买商品，分别使用网银和第三方支付平台支付			
	总评				

【实践能力拓展】

一、案例

全球最大第三方支付平台 PayPal

PayPal（在中国大陆的品牌为贝宝），是美国 eBay 公司的全资子公司。1998 年 12 月由 PeterThiel 及 MaxLevchin 建立。是一个总部在美国加利福尼亚州圣荷西市的因特网服务商，允许在使用电子邮件来标识身份的用户之间转移资金，避免了传统的邮寄支票或者汇款的方法。PayPal 也和一些电子商务网站合作，成为它们的货款支付方式之一；但是用这种支付方式转账时，PayPal 收取一定数额的手续费。

PayPal 是倍受全球亿万用户追捧的国际贸易支付工具，即时支付，即时到账，全中文操作界面，能通过中国的本地银行轻松提现，解决外贸收款难题，成功开展海外业务，决胜全球。注册 PayPal 后就可立即开始接受信用卡付款。作为世界第一的在线付款服务，PayPal 是向全世界超过 2.2 亿的用户敞开大门的最快捷的方式。最大的好处是，注册完全免费，集国际流行的信用卡、借记卡、电子支票等支付方式于一身。帮助买卖双方解决各种交易过程中的支付难题。在跨国交易中超过 90%的卖家和超过 85%的买家认可并正在使用 PayPal 电子支付业务。2010 年 4 月 27 日，阿里巴巴公司和海外最大的第三方支付平台 PayPal 联合宣布，双方达成战略合作伙伴。2012 年 8 月 18 日，PayPal 正在与麦当劳合作测试移动支付服务,在法国的30家麦当劳餐厅部署了这一功能。在法国的试点项目中,麦当劳顾客可以通过麦当劳的移动应用订餐,或通过网上订餐,然后利用PayPal付款。PayPal发言人表示,参与试点的餐厅专门为这类用户开辟了一个服务台。2013年3月PayPal进入实体支付或导致利润下滑。

本质上,PayPal是一家第三方在线支付平台,和国内的支付宝一样,但其适用范围要比支付宝广泛很多,截止到2014年年底,PayPal在全球超过200个国家及地区拥有1.48亿个活跃用户,支持25种货币交易。

PayPal在业务发展初期实施免费服务,收入主要来自于用户的沉淀资金利息。PayPal在初期打开市场后,逐步通过成熟的支付模式和市场策略建立了行业主导地位,并开始对服务收费。其中,对商户和收款方的收费是最主要的收入来源,而个人始终是免费的。高级账户和企业存款装货的存取款和付款都不收费,只有当接受付款时需要支付费用,其费率根据交易量具体确定,而商户的规模与费率高低也直接相关。例如,外贸一站通服务收取2.4%~3.9%的手续费,同时收取提现手续费等其他费用。此外,PayPal还做货币市场基金代理,赚取基金管理费用。因此,PayPal以支付业务服务费和沉淀资金利息为主要盈利来源,同时开拓广告营销、咨询服务、电子商务服务以及其他金融增值服务类收入等多种盈利模式。

资料来源:翟丽丽. 电子商务案例教程. 北京:科学出版社,2014

运用本章所学知识,分析以下问题:

请总结一下,本案例中PayPal的成功主要源自哪些方面?

二、案例分析

PayPal的成功首先得益于先发优势。作为全球最早发展起来的支付企业,并且依靠最早的电子商务企业eBay,不论是在美国境内支付市场还是在全球支付市场,PayPal都已经占据了在线支付的先发优势,随后向产业链拓展,从原先的占领市场份额向行业解决方案发展,延伸商业服务,用户与商户积累进一步形成的资源优势。其次,持续创新能力是衡量电子商务企业在产品形态快速更迭的信息时代的生存关键,PayPal积极进行金融产品创新,加深业务领域的国际化。PayPal支付业务遍布世界绝大部分国家和地区,不断地推出新型的金融交易产品,丰富产品结构,具有全球品牌效应,在欧美普及率极高,并确立在线支付行业标准,拥有强大的品牌优势和竞争力。最后,PayPal具有技术服务优势。PayPal采用世界先进的、专有的防欺诈技术和模型,拥有完善的安全保障体系,创建安全、实时的全球支付解决方案,降低支付风险。另外,其适时适度的收购有助于快速拓展业务领域,增加新用户和提升用户黏性。

三、实践困境讨论

央行加码第三方支付监管引争议

央行日前向多家机构下发《支付机构网络支付业务管理办法》《手机支付业务发展

指导意见》草案征求意见，拟对第三方支付转账、消费金额进行限制，该草案是否应该实施引发巨大争议。

（一）部分观点支持出台，认为有利于防范风险

1. 从技术安全角度出发

《华尔街日报》称，这是央行在权衡支付平台对个人数据造成的风险问题。香港《信报财经新闻》称，据《2013 中国手机安全状况报告》指出，360 互联网安全中心共监测到 Android 用户平均每天恶意程序感染量达到 26.7 万人次，且第三方应用市场及各种论坛占比超过 60%，这个"第三方应用市场"显然应该包含第三方支付在内。央行对于第三方支付的刻意收紧，其小心设防其实并没有大错。《第一财经日报》称，线下支付有一整套成熟的机制，对消费者的保护也较为完善，但线上这方面目前还存在不足。北京高华证券认为，潜在新规旨在明确区分三类支付牌照/机构的业务范围，确保新的支付技术具备必要的安全和合规程序如防范洗钱等问题。英国《金融时报》称，从业务合规性以及潜在风险考虑，作为牵头互联网金融监管的核心部门，央行对明显涉嫌违反现有管理条例的做法予以叫停，于法于情，都可以理解。一财网称，此举将迫使第三方支付平台拿出更高标准的安全防范体系。

2. 从结束互联网金融"野蛮扩张"角度出发

《第一财经日报》援引支付公司人士评论称，支付机构的发展在某些方面也与央行的预期存在偏差。央行希望第三方支付机构能够更多地在金融基础设施缺乏的地方提供支付服务。但牌照下发后的这几年，支付机构却在抢占发达地区的市场。英国《金融时报》称，此次叫停预示着中国互联网金融业的"野蛮"扩张即将结束。此前，各家互联网企业纷纷趁着监管空白"跑马圈地"，对传统金融领域的渗透越来越深，但这种"进犯"看上去已经触及监管者的底线。于是，急剧扩张的互联网金融和谨慎的监管者之间，发生了第一轮交锋。中国广播网称，一直悬在半空的央行"监管之靴"正一只只落下，互联网金融将进入"规矩时代"。证券时报网称，有业内人士表示央行几乎采用一刀切的方式来限制，这是近 5 年来首次出现的收紧信号。

（二）部分观点质疑监管新政可能打击创新保护垄断

1. 质疑央行有意保护银联垄断"奶酪"

宏源证券研究所副所长易欢欢表示，这一波互联网金融的大热还是源自移动互联网、大数据、电商的渗透让消费者形成了爆发性的需求。既得利益者发现原有的体系这么脆弱、原有的客户壁垒如此之低，客户、数据、资金、信任在不断流失是最恐怖的。腾讯财经援引业内人士评论称，央行对互联网金融的发展一直持开放态度。此次出台这样的文件，必然是受传统既得利益者的压力。银联更像是央行管辖的直属企业，当银联与第三方支付企业发生冲突时，央行抉择难免受影响。随着第三方企业壮大成长，第三方企业和银联碰撞

会更多，央行将更为难，如何用改革之手突破利益之手是央行需要解决的问题。

2. 质疑此举与央行鼓励创新的表态不符

易观国际高级分析师张萌等指出，该草案对第三方支付行业带来的震撼强烈，不符合央行支持第三方支付企业创新的监管原则。《新京报》援引第三方支付人士评论称，"说好的鼓励创新哪去了？"互联网金融这样的新兴业态，不可能没有风险，但是因此过度强调风险，就会将我国金融创新扼杀掉。金融问题专家赵庆明表示，是到了该清晰甄别风险的时候了。银行面对竞争需要有平常心，银行和互联网企业应通过合作谋取共赢，不要让开放心态成为一种表态。财经作家余丰慧认为，央行自己没有"研究"清楚就一刀切叫停，这是对创新的扼杀及守旧保护。

3. 质疑转账、消费限额规定过死

《第一财经日报》援引支付公司人士评论称，对数额设限，央行的初衷应该是，将支付机构个人支付账户往小额消费账户上去定位。但在当前这个时代，这点额度根本不够用。《每日经济新闻》援引某大型第三方支付机构总裁评论称，目前的草案对于第三方支付过严，对支付机构做金融等业务会有很大影响。

【**情景实训**】

实训主题：电子支付调查分析。

实训目的：

（1）了解网购常用支付方式，掌握网上支付的基本流程。

（2）了解网络平台实现网上支付结算的基本原理，提高对网上支付平台的分析选择应用能力。

（3）理解第三方支付平台的功能和运作原理。

（4）了解国家对第三方支付平台的监管制度。

实训内容：

（1）在百度等搜索引擎上查到招商银行、中国银行、中国工商银行、中国建设银行等银行的网址，登录上述银行的网站，查看其开展的网上个人业务和企业业务（以个人银行为例，有账务查询、网上支付、转账汇款、自助缴费、外汇买卖、国债投资、证券服务、功能申请等）。

（2）登录当当网（http://www.dangdang.com）、易趣网（http://www.eachnet.com）、淘宝、凡客、麦考林等网站查看其支付方式（如货到付款、邮局汇款、银行卡支付、直接付费、银行电汇等，可列表）有哪些。

（3）分析支付宝、安付通、财付通应用领域、收费标准、安全保障措施（可列表）。

（4）分析 PayPal、银联电子支付、快钱、网银在线（http://www.chinabank.com.cn）应用领域、收费标准、安全保障措施（可列表）。

（5）了解国家对第三方支付平台的监管制度和移动支付运营情况。

实训结果：

在实验结束时，教师根据实验结果文件检查并记录学生的实验完成情况，包括完成时间、完成质量等，并要求学生在课后按格式填写教师统一提供的"实验报告"电子版，在规定时间内提交电子版或纸面版，以供考评。

【教学策略研讨】

1. 如何组织选择网上支付方式的教学？在此教学中应该注意哪些问题？
2. 个人、企业用户应按照何种原则选择网上支付方式？

任务三　了解移动支付

【学习目标】

1. 掌握移动支付的概念。
2. 了解移动支付的运营模式。

【任务描述】

移动支付能取代钱袋？

似乎一夜之间，大大小小的实体店一下子就和移动支付"联姻"了。超市、便利店、餐厅，这些本是钱包和银行卡的地盘，正逐渐被手机支付蚕食。与此同时，支付宝、微信支付、百度钱包等移动支付APP，也在通过一次次"厮杀"，抢占各种线下消费终端。

陈洁是一个普通的90后银行职员，昨天傍晚下班后，她约上几个同事，到一家牛排馆吃饭。

按照以往，她只要进门入座即可。但如今，进门前她会掏出手机，打开团购网站客户端，输入账号密码、下单、支付，人还没坐下，验证码就已经发到手机，她把手机交给营业员记下验证码后，接下来，只要坐等上菜就可以，而朋友之间的AA转账，也可以通过手机完成。翻开12月的记账单可以看到，陈洁周末去杭州买的往返火车票花了185元，吃喝玩乐花了800元，手机话费125元……乍一看也没什么，但深究一下却发现了不同：火车票是在12306客户端订的，手机话费是支付宝充值的，吃饭大多是团购的……在陈洁的手机里，几乎目前市面上流行的移动支付终端她这都有。

"移动支付已经改变了我们的支付方式，过去用现金买东西，现在是只要带个手机就成——你看，连理财都是直接通过余额宝搞定的。"陈洁说。上次打开钱包是什么时候？陈洁想了想说，应该一个星期前去早餐店吃饭花了5元钱。

资料来源：陈林建．朱玲巧．"移动支付"能否取代我的钱袋子．台州商报，2014-12-23

【任务分析】

智研咨询统计数据显示，截至2014年6月，我国使用网上支付的用户规模达到2.92亿人，较2013年年底增加3 558万人，半年度增长率12.3%。与2013年12月相比，我国手机支付增长迅速，用户规模达到2.05亿人，半年度增长率为63.4%，是整体网上支付市场用户规模增长速度的5.2倍，网民手机支付的使用比例由25.1%提升至38.9%。

1. 什么是移动支付?
2. 手机银行、支付宝、微信钱包、中国移动和包在运营模式上有什么不同?
3. 移动支付可以应用在哪些领域?

【任务实施】

了解移动支付的步骤如图 3-15 所示。

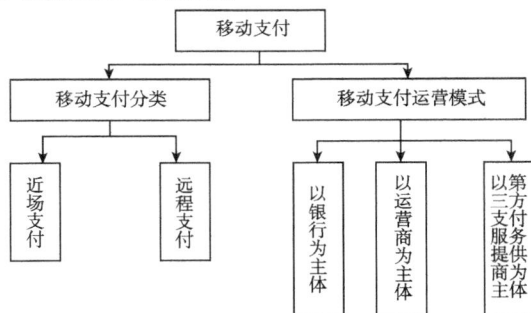

图 3-15 了解移动支付的步骤

一、移动支付分类

移动支付也称为手机支付,就是允许用户使用其移动终端(通常是手机)对所消费的商品或服务进行账务支付的一种服务方式。单位或个人通过移动设备、互联网或者近距离传感直接或间接向银行金融机构发送支付指令产生货币支付与资金转移行为,从而实现移动支付功能。移动支付将终端设备、互联网、应用提供商以及金融机构相融合,为用户提供货币支付、缴费等金融业务。

移动支付主要分为近场支付和远程支付两种,所谓近场支付,是指通过具有近距离无线通信技术的移动终端实现信息交互,进行货币资金转移的支付方式,如用手机刷卡的方式坐车、买东西等,很便利。远程支付是指通过移动网络,利用短信、GPRS 等空中接口和后台支付系统建立连接,实现各种转账、消费等支付功能的支付方式,如掌中付推出的掌中电商、掌中充值、掌中视频等属于远程支付,两者具体区别如表 3-2 所示。

表 3-2 移动支付分类比较

项目	远程支付	近场支付
依托技术	信息通信技术和移动互联网技术	近距离无线通信技术
支付场景	线上交易	线下支付
支付金额	无额度限制,由资金来源账户的金额和规定时间内限度决定	额度较小,国内目前相关产品对其账户余额均设有上限,最高 1 000 元
硬件安全级别要求	无特别要求,可使用移动网络本身的 SIM 卡授权	要求较高,需金融机构进行授权
资金账户	话费、银行账户和支付运营商提供的专门支付账户	使用支付运营商提供的专门支付账户居多,也使用银行账户
应用场景	电子化程度高,购买过程简单的产品、服务	价格较低,购买行为频繁的产品、服务

注:SIM, 即 subscriber identification module, 客户识别模块

二、移动支付运营模式

移动支付的主要参与者有消费者、移动运营商、银行、商家。目前常见的运营模式有以下几种。

（一）以银行为主体的运营模式

以银行为主体的运营模式如图 3-16 所示。

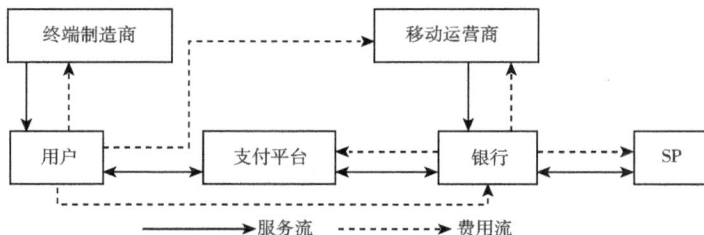

图 3-16　以银行为主体的运营模式
SP，即 service provide，服务提供者

1. 运营模式产业链组成结构

在该模式下，手机用户可以直接登录所在的银行账户进行交易。但用户必须支付三方面的费用：由移动运营商收取的数据流费用，由银行收取的数据费用，由银行、移动运营商、支付平台共同平分的服务费用。目前，中国工商银行已开展了手机支付业务，用户可以利用手机登录办理查询、转账以及缴费业务。

2. 运营模式特征

各银行只能为自己的顾客办理业务，对跨行的客户不受理支付业务；移动服务商为服务提供商，只提供信息的传递，不参与资金的流动；一旦用户转换到其他银行或者改变手机终端，都需要支付较大的转换成本。

3. 运营模式的优劣势

优势：避免了监管问题。劣势：①由于各银行只为本行用户提供相关服务，技术规范、业务规范的统一以及由此带来的银行间的互联互通成为问题。②银行资本实力有限，对最终用户影响较弱等问题。③只解决了移动支付转接平台运营的问题，而没有考虑移动支付应用平台的运营问题。

4. 运营模式的典型案例

这种模式的典型案例是中国工商银行推出的手机银行业务。工商银行的用户使用手机直接登录或发送特定格式的短信到银行的特服号码，银行按照客户的指令可以为客户办理查询、转账以及缴费等业务。

（二）以运营商为主体的运营模式

以运营商为主体的运营模式如图 3-17 所示。

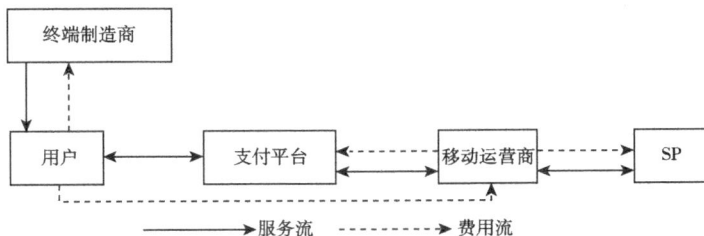

图 3-17 以运营商为主体的运营模式

1. 运营模式产业链组成结构

该模式主要通过运营商来推动整个手机支付产业链的发展。移动运营商以用户的手机话费账户或专门的小额账户作为手机支付账户，用户所发生的手机支付交易费用全部从用户的账户中扣减。

2. 运营模式特征

银行不参与支付活动，用户直接与移动运营商接触；技术成本比较低；移动运营商需要承担金融机构的责任和风险，不然会与国家的金融政策发生抵触。

3. 运营模式的优劣势

优势：①移动运营商拥有庞大的移动手机客户群。②具有较强的移动支付技术研发能力和设备采购、前期大规模投入所需的经济实力。③运转灵活方便，在通信话费账户直接支付的模式中，操作方便、成本低廉。劣势：①目前移动运营商自身的移动支付业务运作效率不高。②移动运营商过于强势的地位容易产生风险。

4. 运营模式的典型案例

该模式典型的例子是日本移动运营商 NTTDoCoMo 推广的 i-mode FeliCa 手机电子钱包服务，用户将 IC 卡插入手机就可以进行购物。i-mode FeliCa 使用的 IC 卡中安装了电子货币交易软件，用户拥有一个电子账户，可以购买电子货币充值，进行交易时费用直接从用户的电子账户中扣除，整个支付过程无须金融机构参与。

（三）以第三方支付服务提供商为主体的运营模式

以第三方支付服务提供商为主体的运营模式如图 3-18 所示。

1. 运营模式产业链组成结构

第三方支付服务提供商作为单独的经济实体处于产业链的核心环节，移动运营商和

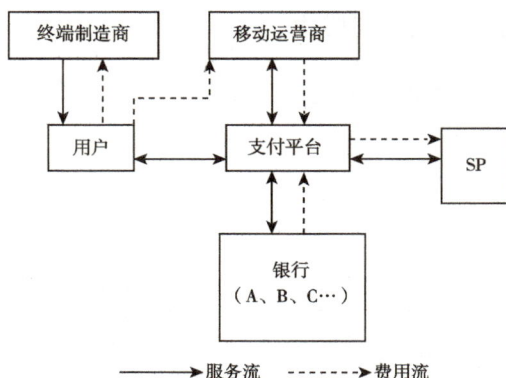

图 3-18　以第三方支付服务提供商为主体的运营模式

银行只是作为合作伙伴存在。第三方支付服务提供商的收益主要来自两个部分：一是向运营商、银行和商户收取设备和技术的使用费；二是与移动运营商以及银行就用户业务使用费进行分成。

2. 运营模式特征

产业价值链的结构比较灵活，第三方支付服务提供商可以与不同的银行成为战略伙伴，该模式下的顾客可以从属于不同的银行，且银行之间也是互联的；用户与银行之间的服务变得很简单，且价值链上的企业之间责、权、利明确。但该模式对第三方支付服务提供商的资金运转能力、市场管制能力、客户管理能力等要求比较高，一旦能力没有达到，那么整个价值链有可能会处于瘫痪状态。

3. 运营模式的优劣势

优势：高效且资源可复用。劣势：对第三方移动支付运营商的要求很高，包括市场推广能力、技术研发能力、资金运作能力等方面都要求具有很高的行业号召力和执行力。

4. 运营模式的典型案例

该模式最成功的案例是瑞典的 PayBox 公司在欧洲推出的手机支付系统。用户如果想使用该服务，需要去服务提供商处注册账号，并与自己的手机绑定。在购买商品后进行费用支付时，直接向商家提供用户的手机号码。商家向 PayBox 提出询问，经过用户确认后完成支付。第三方支付服务提供商的收益主要来自两个部分：一是向运营商、银行和商户收取设备和技术使用许可费用；二是与移动运营商以及银行就用户业务使用费进行分成。

【相关知识】

一、NFC 技术

随着近场行业标准、受理环境、应用场景、应用内容等基础条件的逐步成熟，近场支付将会迎来市场的爆发式放量。典型代表即近距离天线通信技术（near field communication，NFC），目前全球成功的案例为日本最大运营商 NTTDoCoMo 推行的手机钱包业务"Osaifu-Keitai"，2013 年其手机钱包用户渗透率已超过 70%。NFC 是目前近场支付的主流技术，它是一种短距离的高频无线通信技术，允许电子设备之间进行非接触式点对点数据传输。

当前我国移动支付市场正处在第二阶段向第三阶段转变的时期，二维码、声波、基于位置服务（location based service，LBS）等移动互联网交互技术只是 NFC 等近场支付方式全面推广完成前的过渡手段。常见的近场支付技术还包括 NFC、蓝牙、红外线等，NFC 支付优势明显，未来将居于主导地位，如表 3-3 所示。

表 3-3　近场支付技术比较

技术性能	低能耗蓝牙	红外线	NFC
终端普及率	高	高	较低
能耗	中	高	低
安全性	中，软件实现	低	高，硬件实现
传输距离	小于 50 米	小于 3 米	小于 0.1 米
传输速度	200 千字节/秒	115 千字节/秒	规划速率可达 868 千字节/秒
建立时间	3 毫秒	0.5 秒	0.1 秒
独立存储功能	无	无	有

在能耗方面，相对于低能耗蓝牙比红外线低，NFC 对能耗要求更低，即使在电池没电的情况下，具有 NFC 功能的手机依然可以通过其射频模块激发来完成电子支付。

在便捷性方面，红外线信号具有方向性，低能耗蓝牙建立时间很短，NFC 所需的建立时间也非常短，尤其适合地铁、公交等快速通过类应用场景。

在传输距离方面，NFC 小于 0.1 米，达到厘米级，而蓝牙和红外线的传输距离都在米级甚至十米级，较短的控制距离使 NFC 精确度较高，在近场支付中独具优势。

另外，在安全性方面，红外线保密性差，蓝牙通过软件加密，而 NFC 的卡或终端内置安全元件（secure element，SE），通过密钥认证来保证安全性。

由此我们可以看出，无论是功耗，还是便捷性、精确度，甚至还有安全性，NFC 都是目前最适合近场支付的一种技术，从技术评估的角度，NFC 将会成为近场支付的主流技术。

二、曾经的"未来支付"

（1）二维码支付：也就是所谓的"即拍即付"。打开手机上的支付客户端，其中有一项二维码识别的功能，它可以用来拍摄和识别印制在各种物体上的二维码商品信息，识别后，用户直接点击付款，完成交易，商品由快递员送到家里。

提供者——支付宝、PayPal。

（2）NFC 手机钱包：通过在手机中植入 NFC 芯片或在手机外增加 NFC 贴片等方

式，将手机变成真正的钱包。在付钱时，需要商户提供相应的接收器，这样，大家才能拿着手机去完成"刷一下"这个动作，便捷付款，整个过程很像是在刷公交卡。

提供者——Google、中国移动、NTTDoCoMo。

（3）摇一摇转账：大家都打开支付客户端，拿出手机"摇一摇"，对方的账号就自动跑到用户的手机上，接下来就是便捷的输入金额和收款付款了，简直是聚餐凑份子和水果摊小老板结账的利器。它背后的技术包括 GPS、蓝牙、重力加速感、NFC 等。

提供者——支付宝、PayPal。

（4）短信支付：短信支付由来已久，发送一串字符到指定号码就可完成手机充值等各种支付，而现在有了更多的演绎。例如，每个月到了水电缴费时，支付公司将自动发来短信，回复三个验证码，水电费就交完了，仅仅只需 3 秒，家里永不停电。

提供者——支付宝、联动优势。

（5）"地理围栏（Geo-fencing）"识别、"看照片"确认支付：当用户到达 A 咖啡厅 100 米的范围内，咖啡厅正在使用的支付应用会启动地理围栏技术，自动感知到用户的到来，调出用户的账户、名字和照片等资料，当然同时也会向用户发出通知。一旦用户收到通知，确认购买了一杯咖啡，到达咖啡厅后，用户只需要说出名字，收银员看着照片进行确认，确认成功，用户就可以按下支付确认键完成支付，就可以端着咖啡走了，很快用户还将收到一个推送通知，告知消费了多少钱并且得到一份电子发票。

提供者——Square。

（6）语音支付：电视广告中已经嵌入了特定的语音命令，而手机上则安装相应的支付应用。当用户在看电视时，把支付应用打开，它就能接收和识别广告里嵌入的语音波段，并主动询问用户是否需要购买此商品并完成付款。

提供者——万事达。

（7）图像识别支付：这种支付堪称信用卡版的"名片全能王"，它使用手机摄像头来读取信用卡信息，包括信用卡号码和到期日，接下来就可以发起收款。

提供者——硅谷创业公司 Card.io（被 PayPal 收购了）。

（8）超声波识别支付：这个功能其实还是一种"近场"的识别，但它利用的是超声波，让手机通过麦克风和扬声器就能完成一次近场"相认"，而不必依赖专用的芯片，不用改造用户的手机，用户体验就和所有"刷手机"付款的方式一致。

提供者——硅谷创业公司 Naratte、摩宝。

（9）随身刷卡器：随身刷卡器可以用来识别各种银行卡，从而实现随时刷卡消费或缴费的目的。刷卡器很小，呈正方形或长方形，可以轻松插入手机中的耳机插孔，安装后，打开应用就可以刷卡了。

提供者——Square、拉卡拉、盒子支付、快钱、乐刷。

（10）条码支付：这个支付方式更像是"条码收款"。通过安装支付客户端，用户的第三方支付账户可以生成为一个条形码，而收银员用条码枪在用户的手机上一扫，用户点下同意支付的按键，一次付款就完成了。

三、传统商业银行的移动支付

根据腾讯微信团队 2 月 19 日晚间发布的数据，2015 年春晚共摇出 5 亿元红包。这期间，全球共有 185 个国家的用户创出了超过 110 亿次"摇一摇"抢红包动作。而抢红包的高峰出现在除夕夜 22 时 34 分，这一分钟里便有 8.1 亿次摇一摇互动。

不少网友抢到红包之后非常开心。但在这场红包大战中，最大的赢家无疑是微信、QQ、支付宝等，这是一场对于移动支付市场的争夺战。腾讯负责人表示，红包就是各家为了抢夺移动支付市场，"以支付宝为例，以前是通过电子商务的方式让用户养成支付习惯，通过红包则可以找到吸引用户新的突破口和机会"。

抢红包最大的功劳就是培养了一批消费者和企业用户，有了移动支付的习惯，就会有许许多多的使用场景。以 QQ 彩票为例，如果用户抢到了彩票券，还需要绑定一张银行卡充值，才能投注。这就造成大量资金流出原来所在的银行，进入第三方支付平台，沉淀资金的数量肯定相当可观。

银行如何应对被蚕食的市场？

有关报告显示，2014 年，银行票据业务量的笔数和金额分别下降 16.56% 和 6.16%。银行卡发卡量增速放缓 2.1 百分点。每台 ATM 对应的银行卡数量较 2013 年年末下降 0.95%；每台 POS 机对应的银行卡数量较 2013 年年末下降 21.72%。银行卡交易金额同比增速放缓 16.01 百分点；全国银行卡笔均消费金额同比下降 12.55%。

移动支付如火如荼，对传统银行等金融机构的传统支付结算方式带来的冲击将会越来越大。支付结算作为银行三大主体业务地位岌岌可危，这个蛋糕份额正在急剧下降，直接动了传统银行的奶酪。

有鉴于此，商业银行也不甘落后地加入战局。羊年春节，浦发银行信用卡成为唯一与支付宝红包合作的银行。浦发银行在 2 月 12 日、14 日两天，以独家专场合作银行的身份，通过支付宝渠道向所有消费者公开发出 1 000 万个红包。

对于此次许多银行和互联网企业合作推出红包活动的做法，一位股份制银行人士直言，目前不少消费者已经养成了移动端使用金融服务的习惯，以红包吸引眼球的推广方式，势必进一步带动大批客户绑定和使用相应银行卡进行各类支付。但正所谓术业有专攻，在金融专业性和安全性方面，商业银行具备优势。

其实，不仅仅是商业银行，与移动支付相关的各方，都应该在安全性与易用性之间找到一个平衡点，为移动支付的长远发展奠定基础。

【学习评价】

项目	内容		评价（评价分为四个等次，分别为 4 优秀、3 良好、2 合格、1 不合格，请在下表中填入评价分值）		
	学习目标	评价项目	个人评价	小组评价	教师评价
知识	移动支付的不同方式	1.移动支付中的技术			
		2.两种不同的移动支付的特点			

续表

项目	内容		评价 （评价分为四个等次，分别为4优秀、3良好、2合格、1不合格，请在下表中填入评价分值）		
	学习目标	评价项目	个人评价	小组评价	教师评价
技能	熟练使用移动支付方式	1.选取有代表性的不同移动支付网站，比较其区别			
		2.移动支付和传统电子支付的区别			
	总评				

【实践能力拓展】

一、案例

线下商店为何也爱移动支付？

十足便利店是台州较早使用支付宝钱包的线下零售店，经过前期"热身"，"双十二"当天，十足台州地区200多家门店总交易笔数将近11.1万单，其中通过支付宝交易的占了六成多。用扫码交易最大的一笔535.8元，买了香烟、沐浴露、方便面等，最小的一笔，则是"刷"了一根五毛钱的棒棒糖。

问问店员对于扫码支付是一种什么态度，得到的答案几乎一致。不管是20多岁的刚入职的员工还是四五十岁的阿姨大叔，都十分肯定扫码支付的便捷性，每个人都表示自己非常乐于使用扫码支付来为顾客结账，因为再也不用费劲找零，再也不用担心假币，而且扫码支付，一扫而过，整个过程只需要几秒钟，效率出奇的高。

资料来源：江继超. 移动支付推广见成效，线下商户最爱移动支付. http: //net. yesky. com/internet/413/42330913. shtml，2014-12-16

二、案例分析

线下商店使用移动支付是否仅省去找零钱一项优势呢？远非如此。

（一）费率问题

最重要的一项影响到商户切身利益的是刷卡和扫码支付的费率问题。我们都知道如果买东西的时候我们选择刷卡支付，那么每笔交易商户都要付给银行一定的手续费，大约在1%~3%。虽然看起来不多，但是对于超市这类低成本运营的卖场显得尤为重要。但是目前扫码支付的费率仅为0.6%左右，比银行POS机的费率低很多。

（二）聚合用户问题

传统商户门店作为线下入口，是商家吸纳消费者、提供商品和服务体验、完成交易的核心场所。对于已选购商品或服务的消费者，使用传统的现金收款、刷银行卡消费等方式，都存在很大的弊端，那就是商家与消费者之间基本上就变成了"一锤子买卖"，商家好不容易招揽的用户，交易结束，连接也就消失了。

利用支付这一刚需，传统商家也能构建移动互联网入口和出口的 O2O 闭环，通过将用户聚合到商家自己的用户运营平台中，与消费者真正实现长期、持续、实时的连接，才更能提供延伸性的增值营销和服务。对消费者来说，移动支付作为目前相对便利（只需携带智能手机）的支付方式，一方面，"打车大战""抢红包"等活动已经培养了用户移动支付的习惯；另一方面，消费者在支付过程中因利益或场景驱使能更快接入商家的公众平台，对商家而言聚合用户无疑更有效。

三、实践困境讨论

（一）"移动支付"带来"风险移动"

随着移动支付的进一步普及，手机用户针对手机网银类、第三方支付类、电商类、团购类、理财类这五大手机购物支付类 APP 的下载量在迅猛增长。其中，手机支付购物类软件共有 364 款，其下载量占全部软件下载量的 30.38%。腾讯移动安全实验室统计，在五大类手机支付购物类软件中，共有 320 款软件被植入恶意病毒代码。其中，电商类 APP 感染病毒的软件款数占 39.69%，位居第一。同时，腾讯移动安全实验室对截获的 82 805 个手机支付类病毒进行了详细分析，并在国内率先发布了手机支付病毒的 13 大特征，其中排名靠前的是静默联网、删除短信、发送短信、读短信、开机自启动。另外，二维码成支付病毒传播关键渠道。为什么移动支付才刚刚进入"上升期"，就备受各方的争议，问题就出在这些短板上，移动支付光是把支付本身做好还远远不够，其带来的"风险移动"也是亟待解决的问题。

（二）远程支付技术和 NFC 之争

远程支付技术需要使用 APP 与网络浏览器，NFC 则要求用户持手机接触读卡器，或者把手机拿到距离接收设备很近的地方（通常为 4~20 厘米），以建立无线连接。NFC 技术被应用于谷歌钱包（Google Wallet），并得到移动运营商的大力支持，因为它被运营商视为自身对支付流程及所产生手续费保有控制权的一条途径。

NFC 技术反对者认为该技术并无存在必要，远程配置设备在需要时也可以拿到读卡器附近使用。而且 NFC 也不如远程设备方便，远程设备可以在商店里任何地方读取信息，店员能够获得很大的自由，不必一直待在柜台后面。

IT 咨询公司 Gartner 客户服务部全球研究总监沈哲怡（Sandy Shen）表示："（手机网络）运营商正在积极推广 NFC 技术。这一技术为它们提供了向服务提供商和其他应用提供商收费的途径。如果运营商推出基于网络的支付服务，它们自己将变成银行或零售商的媒介。"

现有移动技术的用户很抵触 NFC 技术。在线支付行业领跑者 PayPal 的总裁大卫·马库斯（David Marcus）警告称，NFC 技术会降低购物过程的效率，影响到购物体验，因为使用者必须到店里一个特定的支付点去付款。

NCR 公司西欧业务副总裁本·盖尔（Ben Gale）表示："移动支付领域挤满了各路人马，而且整个行业缺乏统一的标准，未来 18 个月将展开一场角逐。"

【情景实训】

实训主题：调查移动支付系统。

实训目的：

了解各种移动电子支付系统的特点以及如何实现移动电子支付。

实训内容与步骤：

第一，比较以下移动支付系统的特点、优缺点、前景。

（1）基于 SMS 移动支付系统。

（2）基于 WAP 的移动支付系统。

（3）基于 i-mode 的移动支付系统。

（4）基于 USSD 的移动支付系统。

（5）基于 J2ME 的移动支付系统。

（6）基于 NFC 的移动支付系统。

（7）基于 RFID 技术的移动支付系统。

第二，找一家针对手机用户的购物网站，列举该网站提供的支付方式，体验手机支付的过程。从消费者角度分析手机支付过程（含现场支付、远程支付）中存在哪些安全风险，如何防范。

第三，找一家提供手机银行服务的银行网站，如招商银行、工商银行等，查看目前手机银行提供哪些服务；如何开通手机银行服务；针对手机银行服务提供的安全机制有哪些；服务过程是否安全，为什么。

实训结果：

在实验结束时，教师根据实验结果文件检查并记录学生的实验完成情况，包括完成时间、完成质量等，并要求学生在课后按格式填写教师统一提供的"实验报告"电子版，在规定时间内提交电子版或纸面版，以供考评。

【教学策略研讨】

1. 在认识移动支付教学过程中，可以使用哪些实践手段？

2. 如何有效地使学生将本节课知识与日常生活相结合？

模块四

电子商务与物流运作

任务一　认识物流管理与电子商务的关系

【学习目标】

1. 掌握物流、物流管理的概念。
2. 了解认识物流管理与电子商务的关系。
3. 熟练掌握电子商务物流模式。

【任务描述】

UPS 的物流信息管理

美国联合包裹速递服务公司（UPS Express）于 1907 年在美国华盛顿州成立，是世界上最知名的物流企业之一。它所拥有的物流技术处于世界领先地位，能为全球客户提供在线采购和网上包裹跟踪服务，UPS 建成了每天能对 1 300 多万份文件和包裹进行及时跟踪与查询的系统。只要用户计算机安装了 UPS 提供的专用软件，当客户输入运单后，即可马上通过 UPS 国际快递跟踪系统获得最新的邮件信息。事实上，UPS 早在 1991~2001 年就投入了约 110 亿美元，建设了物流数据通信网络。UPS 为什么要建立庞大的数据通信网络？

【任务分析】

电子商务与物流关系紧密，一方面，电子商务对物流活动产生了重大的影响。在电子商务不断发展的情况下，物流业应采取信息的发展策略，进而促进物流的发展；另一方面，物流对电子商务的影响也是不可忽视的。可以说，物流业是电子商务的支点及其正常运作的保障。下面分三方面说明电子商务与物流之间的关系。

1. 电子商务对物流的影响是什么？
2. 物流是实现电子商务的保证吗？
3. 电子商务物流模式有哪些？

【任务实施】

物流概念传入我国主要有两条途径：一是 20 世纪 60 年代末直接从日本引入"物流"这个名词，并沿用"physical distribution"这一英文称谓；另一条途径是 20 世纪 80 年代初，物流随着欧美的市场营销理论传入我国。欧美的"市场营销"教科书中，几乎毫无例外地都要介绍 physical distribution，使我国的营销领域逐渐开始接受物流观念。20 世纪 80 年代后期，当西方企业用 logistics 取代 physical distribution 之后，我国和日本仍把 logistics 翻译为"物流"，有时也直译为"后勤"。1989 年 4 月，第八届国际物流会议在北京召开，"物流"一词的使用日益普遍。因此，"物流"称谓是一个不得不坚持的错误。我国在引进物流概念的过程中，为了将 logistics 与 physical distribution 区分开来，也常常将前者称为"现代物流"，而将后者称为"传统物流"，如表 4-1 所示。

表 4-1　传统物流与现代物流的区别

区别项目	传统物流	现代物流
范围与边界	重视销售物流与生产物流	强调供应、生产、销售、消费等全过程的"大物流"
系统概念	重视运输、储存、包装、装卸、流通加工、信息等构成要素的系统最佳	强调物流系统与其他经营系统的"大系统"最佳
性质与地位	企业或组织体的"后勤""内部事务"；成本支出项目	企业或组织体的"先锋""外部事务"；价值创造事业
目标与理念	效率与成本的均衡	效率、成本、服务与效益的均衡
服务对象	企业或组织体内部	企业或组织体外部顾客
功能定位	节约成本的"手段"与"策略"	扩大销售、增加利润的"战略"

下面分四步认识物流管理与电子商务关系，如图 4-1 所示。

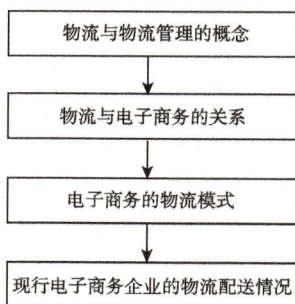

图 4-1　认识物流管理与电子商务关系的步骤

一、物流与物流管理的概念

（一）物流

物流是指利用现代信息技术和设备，实现合理化服务模式和先进的服务流程。物流是随商品生产的出现而出现，随商品生产的发展而发展，所以物流是一种古老的传统的经济活动。

物流是由"物"和"流"两个基本要素组成。物流中的"物"是指一切可以进行物理性位置移动的物质资料，它通常与以下几个概念相关。

物资：泛指物质资料，较多指工业品生产资料。物资是"物流"中"物"的组成部分之一。

物料：是生产领域中的一个专门概念。生产企业中除最终产品之外，在生产领域流转的一切材料（不论是生产资料还是生活资料），如燃料、零部件、半成品、外协件，以及生产过程中必然产生的边、角、余料、废料及各种废物等统称为"物料"，它是物流中"物"的一部分。

货物：是交通运输领域中的一个专门概念。交通运输领域经营的对象分为"物"和"人"两大类，除"人"之外，"物"统称为货物。它是物流中"物"的主要部分。

商品：商品和物流的"物"是互相包含的。商品中的一切可发生物理性位移的物质实体都是物流研究的"物"（即不包括无形商品和"不动品"）。物流的"物"有可能是商品，也有可能是非商品。

物品：有形物的通称。

（二）物流管理

物流管理是供应链活动的一部分，是为了满足客户，对商品、服务以及相关信息从产地到消费地的高效、低成本流动和储存，进行规划、实施与控制的过程。物流管理的内容包括三个方面的内容：对物流活动诸要素的管理，包括运输、储存等环节的管理；对物流系统诸要素的管理，即对其中人、财、物、设备、方法和信息六大要素的管理；对物流活动中具体职能的管理，主要包括物流计划、质量、技术、经济等职能的管理等。"物流"泛指物质资料实体在进行社会再生产过程中，在空间有目的的（从供应地向接收地）实体流动过程。它联结生产和消费，使货畅其流，物尽其用，促进生产不断发展，满足社会生产、消费的需要。

（三）物流的构成要素

根据我国的物流术语标准，物流活动由物品的包装、装卸搬运、运输、储存、流通加工、配送、物流信息等工作内容构成，以上内容也常被称为"物流的基本功能要素"。

包装活动，大体可以分为工业包装和商业包装两大类，具体包括产品的出厂包装，生产过程中制成品、半成品的包装以及在物流过程中的换装、分装、再包装等。工业包装纯属物流的范畴，它是为了便于物资的运输、保管，提高装卸效率和装载率而进行的。

装卸搬运活动，是指为衔接物资的运输、储存、包装、流通加工等作业环节而进行的，以改变"物"的存放地点、支承状态或空间位置为目的的机械或人工作业过程。运输、保管等物流环节的两端都离不开装卸搬运活动，在全部物流活动中只有装卸搬运伴随着物流全过程的始终。

运输活动，目的是改变物品的空间移动。物流组织者依靠运输克服生产地与需求地之间存在的空间距离问题，创造商品的空间效用。运输是物流的核心，在许多场合，人们甚至把它作为整个物流的代名词。

储存活动，也称为保管活动，是为了克服生产和消费在时间上的不一致所进行的物流活动。物品通过储存活动以满足用户的需要，从而产生了时间效用。

流通加工活动，又称为流通过程中的辅助加工。流通加工是在物品从生产者向消费者流动的过程中，为了促进销售、维护产品质量、实现物流的高效率所采取的使物品发生物理和化学变化的加工过程。

配送活动，是按用户的订货要求，在物流据点完成分货和配货等作业后，将配好的货物送交收货人的物流过程。

物流活动中大量信息的产生、传送和处理为合理地组织物流提供了可能。物流信息对上述各种物流活动的相互联系起着协调作用。物流信息包括与上述各种活动有关的计划、预测、动态信息，以及相关联的费用情况、生产信息、市场信息等。

案例 4-1

海尔零部件供应商在送货时，产品的外包装上都贴有海尔物流标准的物流标签。物料标签的内容包括物料号、送货数量、订货单号、供应商名称等，每种内容除了用数字或字母标注外，还必须配有准确的条码信息。这样，海尔物流员工在收货时通过扫描产品的物料标签，可以实时将信息传递到 ERP 系统中，实现接单收货。同时还能够根据 ERP 采购订单信息进行自动判断，对不符合的信息自动筛选，避免人为因素对收货操作的干扰。

二、物流与电子商务的关系

（一）物流是电子商务的重要组成部分

电子商务的本质是商务，商务的核心内容是商品的交易，而商品交易会涉及四个方面，即商品所有权的转移、货币的支付、有关信息的获取与应用、商品本身的转交。也就是商流、资金流、信息流、物流。其中信息流既包括商品信息的提供、促销行销、技术支持、售后服务等内容，也包括如询价单、报价单、付款通知单、转账通知单等商业贸易单证，还包括交易方的支付能力、支付信誉等。商流是指商品在购、销之间进行交易和商品所有权转移的运动过程，具体是指商品交易的一系列活动。资金流主要是指资金的转移过程，包括付款、转账等过程。在电子商务环境下，这四个部分都与传统情况有所不同。商流、资金流与信息流这三种流的处理都可以通过计算机和网络通信设备实现。物流，作为四流中最为特殊的一种，是指物质实体的流动过程，具体是指运输、储存、配送、装卸、保管、物流信息管理等各种活动。对于少数商品和服务来说，可以直接通过网络传输的方式进行配送，如各种电子出版物、信息咨询服务等。而对于大多数商品和服务来说，物流仍要经由物理方式传输。过去，人们对物流在电子商务中的重要性认识不够，对于物流在电子商务环境下会发生的变化也认识不足，认为对于大多数商品和服务来说，物流仍然可以经由传统的经销渠道。但随着电子商务的进一步推广与应用，物流能力的滞后对其发展的制约越来越明显。物流的重要性对电子商务活动的影响被越来越多的人所注意。

（二）物流是实现电子商务的保证

物流作为电子商务的重要组成部分是实现电子商务的重要保证。离开了现代物流，电子商务过程就不完善。

1. 物流保证生产的顺利进行

无论在传统的贸易方式下，还是在电子商务下，生产都是商品流通之本，而生产的顺利进行需要各类物流活动的支持。生产的全过程从原料的采购开始，便要求有相应的供应物流活动将所采购的材料到位，否则，生产就难以进行；在生产的各工艺流程之间，也需要有原材料、半成品的物流过程，即所谓的生产物流，以实现生产的流动性；部分余料、可重复利用的物资的回收，也需要所谓的回收物流；废弃物的处理需要废弃物物流。可见，整个生产过程实际上包含了系列化的物流活动。合理化、现代化的物流，能通过降低费用从而降低成本、优化库存结构、减少资金占压、缩短生产周期，保障了现代化生产的高效运行。相反，缺少了现代化的物流，生产将难以顺利进行，无论电子商务是多么便捷的贸易形式，仍将是无米之炊。

2. 物流服务于商流

在商业活动中，商品所有权在购销合同签订的同时，便由供方转移到了需方，而商品实体并没有因此而到达需方。在电子商务条件下，顾客通过网络购物，完成了商品所有权的交割过程，但电子商务活动并未结束，只有商品和服务真正到达顾客手中，商务活动才告终结。在整个电子商务中，物流实际上是以商流的后续者和服务者的姿态出现的。没有现代化的物流，轻松的商务活动只会退化为一纸空文。

3. 物流是实现以"顾客为中心"理念的根本保证

电子商务的出现，在最大程度上方便了最终消费者。他们不必到拥挤的商业街挑选自己所需的商品，而只要坐在家里，上网浏览、查看、挑选，就可以完成购物活动。但试想，他们所购商品迟迟不能到货，或商家送货非自己所购，那消费者还会上网购物吗？物流是电子商务实现以顾客为中心理念的最终保证，缺少现代化物流技术与管理，电子商务给消费者带来的便捷等于零，消费者必然会转向他们认为更为可靠的传统购物的方式上。

三、电子商务的物流模式

根据电子商务的发展情况和电子商务条件下物流的特点，结合国外发达国家的经验，我国企业在电子商务条件下可采取的物流模式主要有以下几方面。

（一）企业自营物流模式

企业自营物流是指企业自身经营物流业务，组建全资或控股的子公司完成企业物流配送业务。对于已开展普通商务的公司，可以建立基于因特网的电子销售商务系统，同时可以利用原有的物资资源承担电子商务的物流业务。拥有完善流通渠道包括物流渠道的制造商或经销商开展电子商务业务，比互联网服务提供商（internet service provider, ISP）、因特网内容提供商（internet content provider, ICP）或因特网经营者为从事电子商务而开辟销售渠道和物流系统更加方便。国内从事普通销售业务的公司主要包括制造商、批发商、零售商等。制造商进行销售的倾向在 20 世纪 90 年代表现得比较明显，从专业分工的角度看，制造商的核心业务是商品开发、设计、制造，但越来越多的制造商不仅拥有庞大的销售网络，而且还有覆盖整个销售区域的物流配送网，国内大型制造商的生产人员可能只有 3 000~4 000 人，但营销人员却有一万多人，制造企业的物流设施普遍要比专业物流公司的物流设施先进。这些制造企业完全可以利用原有的物流网络和设施支持电子商务业务，开展电子商务不需要新增物流、配送投资。对这些企业来讲，比投资更为重要的是物流系统的设计和物流资源的合理规划。

（二）第三方物流模式

第三方物流随着物流业的发展而发展，是指为适应电子商务发展而采用的一种全新的物流模式，又称物流代理，是物流专业化的重要形式。物流业发展到一定阶段必然会出现第三方物流，且它的占有率与物流业的水平之间有着非常紧密的相关性。第三方物流的发展程度反映和体现着一个国家物流业发展的整体水平。现代意义上的第三方物流是一个约有 10~15 年历史的行业。第三方物流是现代物流服务发展的趋势所在，第三方物流作为我国物流业发展过程中一种新型的管理模式，已经过近几年实践的检验，并在实践中不断发展完善：①物流业务的范围不断扩大。一方面，商业机构和各大公司面对日趋激烈的竞争，不得不将主要精力放在核心业务上，将运输、仓储等相关业务环节交由更专业的物流企业进行操作，以求节约和高效；另一方面，物流企业为了提高服务质量，也在不断拓宽业务范围，提供配套服务。②提供客户定制的物流服务。很多成功的物流企业根据第一方、第二方的谈判条款，分析、比较自理的操作成本和代理费用，灵活运用自理和第三方两种方式，提供客户定制的物流服务。③物流产业的发展潜力巨大，具有广阔的发展前景。第三方物流已经成为适应电子商务的一种全新的物流模式。这种集成模式的发展，来自电子商务成功的经验，并加快了物流一体化的发展进程。

（三）物流一体化

物流一体化是以物流系统为核心的由生产企业经由物流企业、销售企业直至消费者供应链的整体化和系统化。它是在第三方物流基础上发展起来的新的物流模式。在这种模式下，物流企业通过与生产企业建立广泛的代理或买断关系，与销售企业形成较为稳定的契约关系，从而将生产企业的商品或信息进行统一处理后，按部门订单要求配送到店铺。这种模式还表现为用户之间广泛交流供应信息，从而起到调剂余缺、合理利用、共享资源的作用。在电子商务时代，这是一种比较完整意义上的物流配送模式，国内海尔集团的物流配送模式基本上达到了物流一体化模式的标准。

（四）物流联盟模式

物流联盟（logistics alliance）是指两个或两个以上的经济组织为实现特定的物流目标而采取的长期联合与合作，其目的是实现联盟参与方的"共赢"。物流联盟具有相互依赖、核心专业化及强调合作的特点，是一种介于自营和外包之间的物流模式，可以降低前两种模式的风险。物流联盟是为了达到比单独从事物流活动更好的效果而使企业间形成相互信任、共担风险、共享收益的物流伙伴关系。企业之间不完全采取导致自身利益最大化的行为，也不完全采取导致共同利益最大化的行为，只是在物流方面通过契约形式形成优势互补、要素双向或多向流动的中间组织。联盟是动态的，只要合同结束，双方又变成追求自身利益最大化的单独个体。

四、现行电子商务企业的物流配送情况

（一）B2C 电子商务物流配送

B2C 的电子商务是指商业机构对消费者的交易。B2C 电子商务企业，如凡客诚品、京东商城、淘宝商城、当当网和苏宁易购，虽然都是经营着 B2C 电子商务业务，但其企业规模及企业类型不同，使得其电子商务物流配送模式采用的策略也是不一样的，这里我们主要分析自营物流、第三方物流和共同配送三种模式。

目前大多 B2C 电子商务企业是中小规模的企业，如果选择自建物流配送网络，一方面需要投入大量的资金、设备和人力，这对这些企业来说难以承受。另一方面，其业务量小，自建物流网络容易出现业务不足的现象，其效用难以得到最大程度的发挥，对于这些企业来说，共同配送模式较适合，可以找类似的企业共同投资建立物流配送网络，成立专门的物流公司或者委托某家电子商务企业代管物流配送网络。对于综合实力较强、规模较大的 B2C 电子商务企业，可以考虑实行自建物流配送网络和物流外包相结合。

（二）C2C 电子商务物流配送情况

C2C 电子商务是指消费者对消费者的交易，目前主要是淘宝网，其主要业务在于网上零售商品，目前它也是国内比较大的拍卖网站，也是全亚洲最大的购物网站。与淘宝网合作的物流公司包括顺丰速运、圆通速递、中通速递、中通物流、宅急送、韵达快递等，这些物流公司各有特色，服务质量、价格都有差别，而客户总把这些公司与淘宝网联系在一起，若有客户在物流环节受到不公平的待遇，客户会很直观的觉得是淘宝网的问题，而这些问题实际上是物流公司自身存在的问题，尽管淘宝网也致力于让客户享受更好的物流服务，但它却很难改变这个现状。

案例 4-2

业内人士认为，电子商务行业的竞争关键在于如何提升用户的体验，而京东商城在布局大物流的同时，也从细微处着眼。除了已经推出的预约配送、限时达、次日达等服务，也推出了"天气自动提醒"，即通过庞大的物流网络保证消费者所购商品及时配送，又在"最后一公里"的配送体验上为用户考虑周到。京东物流事无巨细，处处以用户体验为先的服务态度值得电子商务企业借鉴学习。

【相关知识】

一、电子商务化物流服务

如果将电子商务的物流需求仅仅理解为门到门运输、免费送货或保证所订的货物都送货的话，那就错了。因为电子商务需要的不是普通的运输和仓储服务，它需要的是物流服务。而物流与仓储运输存在比较大的差别，正是因为传统的储运服务无法全方位地为电子商务服务，才使得电子商务经营者感到物流服务不到位、太落后等。那么电子商务经营者需要的是什么服务呢？答案是，除了传统的物流服务外，电子商务还需要增值性的物流服务。

二、电子商务下物流管理的内容

电子商务下的物流是伴随着电子商务技术和社会需求的发展而出现的。由于电子商务所独具的电子化、信息化、自动化等特点，以及高速、廉价、灵活等优势，使得电子商务下的物流在其运作、管理等方面也有别于一般物流。电子商务下的物流管理，包括对电子商务下的物流系统、物流过程、物流技术、物流费用的管理，还包括电子商务下的物流管理方法。

三、电子商务物流的流程合理化

物流的各种功能是相互联系的，只有整体考虑和综合管理物流流程中的各个子系统，才能有效推进物流流程的合理化。电子商务物流流程的合理化主要体现在以下三个方面。

（1）确保电子商务的正常运转。通过调整物流流程，适当配置仓库和配送中心，实现运输、装卸和仓储自动化；通过合理配置计算机网络系统，确保商务信息的正确分类、传递和提示，以减少商品在整个流通过程中不必要的时间和费用的浪费。

（2）大幅度降低物流成本和费用。通过调整物流流程，提高作业效率，减少运输费用和仓储包装费用，从而达到降低成本的目的。

（3）压缩库存。库存控制是电子商务物流流程合理化的重要内容。库存控制的方法是通过采用电子商务手段在满足客户需求的前提下把库存控制在合理的范围内。

【学习评价】

项目	内容		评价 （评价分为四个等次，分别为4优秀、3良好、2合格、1不合格，请在下表中填入评价分值）		
	学习目标	评价项目	个人评价	小组评价	教师评价
知识	1.掌握物流及物流管理的概念 2.理清物流和电子商务中的关系	1.物流的基本要素 2.物流管理的内容 3.物流在电子商务中作用			
技能	了解国内物流末端的现状	1.列出国内现有的物流企业 2.列出国内现有的快递企业			
	总评				

【实践能力拓展】

一、案例

"戴尔"的物流电子商务化

戴尔公司是商用桌面 PC 市场的第二大供应商，其销售额每年以 40%的增长率递增，是该行业平均增长率的两倍。年营业收入达 100 亿美元的业绩，使它位居康柏、IBM、苹果和 NEC 之后位居第五位。戴尔公司每天通过网络售出的电脑系统价值逾 1 200 万美元，面对骄人的业绩，总裁迈克尔·戴尔简言地说，这归因于物流电子商务化的巧妙运用。

（一）戴尔公司电子商务化物流取得的效果

戴尔公司的日销量超过 1 200 万美元，但其销售全是通过国际互联网和企业内部网进行的。在日常的经营中戴尔公司仅保持两个星期的库存（行业的标准是刚超过 60 天），存货一年周转 30 次以上。基于这些数字，戴尔公司的毛利率和资本回报率分别是 21%和 106%。戴尔公司实施电子商务化物流后取得的物流效果是：①1998 年成品库存为零；②零部件仅有 2.5 亿美元的库存量（其盈利为 168 亿美元）；③年库存周转次数为 50 次；④库存期平均为 7 天；⑤增长速度是市场成长速度的四倍；⑥增长速度是竞争对手的两倍。

（二）戴尔公司电子商务化物流的八个步骤

在戴尔的直销网站（http：//www.dell.com）上，提供了一个跟踪和查询消费者订货状况的接口，供消费者查询已订购的商品从发出订单到送到消费者手中全过程的情况。戴尔对待任何消费者（个人、公司或单位）都采用定制的方式销售，其物流服务也配合这一销售政策而实施。戴尔的电子商务销售有八个步骤：①订单处理；②预生产；③配件准备；④配置；⑤测试；⑥装箱；⑦配送准备；⑧发运。

戴尔的物流从确认订货开始。确认订货是以收到货款为标志的，在收到用户的货款之前，物流过程并没有开始，收到货款之后需要 2 天时间进行生产准备、生产、测试、包装、发运准备等。戴尔在我国的福建厦门设厂，其产品的销售物流委托国内的一家货运公司承担。由于用户分布面广，戴尔向货运公司发出的发货通知可能十分零星和分散，但戴尔承诺在款到后 2～5 天送货上门，同时，在中国对某些偏远地区的用户每台计算机还加收 200～300 元的运费。

二、案例分析

戴尔公司给我们开创了电子商务化物流的先河，如何实现电子商务化物流是目前企业所面临的问题，而能否提供电子商务化物流增值服务现在已成为衡量一个企业物流是否真正具有竞争力的标准。

（1）电子商务化物流使戴尔公司既可以先拿到用户的预付款，待货运到后货运公司再结算运费（运费还要用户自己支付），戴尔既占压着用户的流动资金，又占压着物流公司的流动资金，按单生产又没有库存风险。戴尔的竞争对手一般保持着几个月的库存，而戴尔的库存只有几天，这些因素使戴尔的年均利润率超过 50%。当然，无论什么销售方式，首先必须对用户有好处。

戴尔的电子商务型直销方式对用户的价值包括三条：一是用户的需求不管多么个性化都可以满足；二是戴尔精简的生产、销售、物流过程可以省去一些中间成本，因此戴尔的价格较低；三是用户可以享受到完善的售后服务，包括物流、配送服务，以及其他售后服务。

（2）戴尔公司的骄人业绩归因于电子商务化的巧妙运用。它具体方案的实施给我们提供了重要经验。第一，决定戴尔直销系统成功与否的一个关键是要建立一个覆盖面较大、反应迅速、低成本的物流网络和系统。通过国际互联网和企业内部网进行销售，减少库存，加快资金周转，提高资本回报率，这样才能在竞争中占有优势地位。第二，透明度高，消费者可以查询已订购的商品从发出订单到送至消费者手中全过程的情况，使消费者更加放心、称心和舒心。第三，采取"按单生产"，没有库存风险，又可满足消费者不同需要。这种生产经营方式可以省去一些中间成本，降低价格，提高竞争力。

（3）戴尔公司发展电子商务也会遇到其他电子商务企业所面临的同样的问题。一方面用户众多，分布面广，订单量少，使物流成本过高；另一方面采用期货方式，交货期过长。戴尔公司通过开展增加便利性的服务、加快反应速度的服务、降低成本的服务、延伸服务、将供应链集成在一起的服务，有效地克服电子商务面临的难题，为其他电子商务公司提供了可借鉴的经验。

（4）电子商务化物流对戴尔公司的好处及隐患。如果戴尔按照承诺将所有的订货都直接从工厂送货上门，就会带来两个问题：第一，物流成本过高，如果用户分布的区域很广，订货量又少，则这种系统因库存降低减少的库存费用是无法弥补因送货不经济导致的运输及其他相关成本上升而增加的费用的，可能在某些重要的销售市场设立区域配送中心是必要的。这样可能会使库存成本上升，但交货期缩短。第二，交货期过长。传统的销售渠道是消费者面对现货，而在戴尔的销售方式下，用户面对的是期货。此时，消费者看重的是名牌企业，因而有可能等待，但这并不是消费者期望的事情，所以像戴尔这样依赖准确的需求预测、电话订货或网上订货，然后再组织生产和配送的模式，实际上蕴藏着较大的市场、生产及物流风险，不是很容易办到的。

三、实践困境讨论

跨境电商物流业务困境

海关总署在 2014 年 3 月 6 日发布署科函〔2014〕59 号文件，关于跨境贸易电子商务服务试点网购保税进口模式有关问题的通知。这一系列利好政策对中国跨境电商的发展影响颇深。伴随着中国跨境电商市场的发展和各项政策的出台，中国跨境电商从业者如雨后春笋，呈现出繁荣景象。阿里巴巴国际版、诚商网、敦煌网、易唐网、兰亭集势、中国制造网等第三方跨境电子商务平台纷纷涌现，天猫、京东商城等企业设立了海外版网站，有的企业在海外积极筹建自营仓库，支付宝、PayPal 等提供便捷的支付平台，DHL、EMS 等物流企业积极推出企业定制化的快捷服务。在开展跨境电商物流业务时，也遇到一些前所未有的困难与风险。

（一）物流成本高

物流成本一般为总成本的 30%～40%，但是中国跨境电商的物流成本则更高。由于涉及跨境贸易和跨境物流，物流的产业链和环节更长，包括国内物流、国内海关、国际运输、国外海关、国外物流等多个环节，尤其是海关和商检，操作难度和风险更高，无形中增加了中国跨境电商的物流成本。

（二）运输及配送周期长

根据 FocalPrice 的客户满意度调查，发现客户对跨境电商较大的抱怨集中在物流方面，而物流周期长又是客户抱怨的重点。跨境贸易自身的特点使得物流的产业链和环节更长，加上清关和商检的周期，导致中国跨境电商物流周期要远远长于国内电商物流。在跨境物流上，运输与配送时间问题突出，短则半个月一个月，长则数个月，遇到购物旺季，如圣诞节，物流时间会更久。许多电商止步于物流配送，加上清关和商检的时间，跨境物流的周期则更久，这已成为制约中国跨境电商发展的一道屏障。

（三）政治、文化、法律、海关等风险

依据波特的 PEST 模型，政治环境和社会环境的影响颇深。跨境电商涉及跨国交易，无法回避当地的政治、知识产权、区域习惯、政策变化等因素。乌克兰政变、越南政局动荡、巴西高赋税高福利、伊斯兰国家宗教信仰、东南亚排外政策和地方保护主义等诸多因素，对中国跨境电商物流都会产生较深的影响。

（四）汇率风险

跨境贸易涉及汇率兑换的问题。当一国货币贬值或升值时，税率就会发生变化，从而间接导致跨境电商利润的缩减。以卢布为例，自 2013 年起，卢布兑美元和人民币的汇率下降，货币持续贬值。中国跨境电商在网上交易时用卢布结算，回款却是人民币，因

为卢布的持续贬值，导致从事对俄业务的中国跨境电商利润下滑。

（五）退换货物流难以实现

我国跨境电商物流环节多、涉及面广，整个物流链条的各节点都会产生退换货物流，退换货也是困扰跨境电商的一大难题。电子商务的自身特点导致退换货比例高、物流周期长、货品质量问题、货品的丢失、海关和商检的风险。

【情景实训】

实训主题：电子商务物流调查。

课时：2 学时。

地点：机房。

实训目的：

（1）了解国内外物流业与发展历程现状。

（2）了解物流在电子商务发展中的作用。

（3）了解国内外物流企业如何在网上开展物流、配送业务。

实训要求：

（1）通过查找资料，寻找我国物流业与国际物流业发展水平的差距。

（2）查询全球知名企业如沃尔玛、戴尔、海尔的物流运作模式。

（3）我们常见到的顺丰、申通、圆通、中远物流、中铁物流、中海物流、宝供物流、德邦、UPS 等企业，分别属于国有、民营、外资物流中的哪一种呢？三种不同的物流企业各自的优劣势是什么？

（4）查找常见的电子商务网站，如京东、天猫、凡客、聚美优品、亚马逊等，它们采用的物流模式是什么？比较电子商务企业自营物流和采用第三方物流的优劣势。

以下物流网站供参考：

UPS 企业：http：//www.ups.com.cn/zh/default.aspxups。

宝供物流：http：//www.pgl-world.com/。

顺丰速运：http：//www.sf-express.com/cn/sc/。

中国邮政速递物流：http：//www.ems.com.cn/。

中远集团：http：//www.cosco.com/。

嘉里大通物流：http：//www.kerrylogistics.com/sch/main/index.jsp?FromURL=web&langc=true。

中铁快运：http：//www.95572.com/jsp/index.jsp。

海尔物流：http：//www.ihaier.com/。

实训结果：

在实验结束时，教师根据实验结果文件检查并记录学生的实验完成情况，包括完成时间、完成质量等，并要求学生在课后按格式填写教师统一提供的"实验报告"电子版，在规定时间内提交电子版或纸面版，以供考评。

【教学策略研讨】

1. 如何有效开展本任务的课堂教学和实践教学？
2. 在本任务教学过程中，需要准备哪些教学用的材料或者教学工具？

任务二 分析电子商务环境下的物流配送

【学习目标】

1. 熟悉物流配送流程。
2. 能选择、评价电子商务物流配送模式。
3. 掌握物流配送中心运作类型。

【任务描述】

物流配送案例

佳佳是某中等职业学校物流专业三年级的学生，目前在一家电子商务公司郑州物流配送中心实习。最近该公司接到一批客户订单。据物流中心的汇总，该批订单的配送信息如表 4-2 所示。

表 4-2 订单配送信息

商品名称	商品数量	单价/元	发货方向	收货人
七匹狼袜子	20 双	10	黑龙江	王达
白手套	100 副	2		李胜
鳄鱼皮衣	20 件	800	内蒙古	张江
特步运动鞋	100 双	200		朱四
阿迪达斯裤子	100 条	300	西藏	钱凡

【任务分析】

客户钱凡要求货物到达西藏拉萨的营业网点之后自己去提货，其他客户都要求送货上门。公司常年与顺丰速运、天地华宇、宅急送、新邦物流等公司合作。佳佳所在的公司将如何处理这批订单呢？在物流配送中心，这些商品是怎样一步步操作，最终送达客户手中的呢？

1. 分析物流配送流程。
2. 选择合适的电子商务物流配送模式。

【任务实施】

电子商务环境下的物流配送的步骤如图 4-2 所示。

一、电子商务配送的含义和特征

电子商务物流配送是指物流配送企业采用网络化的计算机技术和现代化的硬件设

```
┌─────────────────────────────┐
│      电子商务配送的含义和特征      │
└─────────────────────────────┘
              │
              ▼
┌─────────────────────────────┐
│       电子商务物流配送流程        │
└─────────────────────────────┘
              │
              ▼
┌─────────────────────────────┐
│       物流配送中心运作类型        │
└─────────────────────────────┘
```

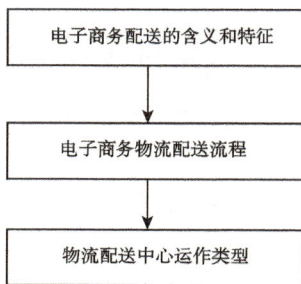

图 4-2　分析电子商务环境下的物流配送的步骤

备、软件系统及先进的管理手段，针对客户的需求，根据用户的订货要求，进行一系列分类、编码、整理、配货等理货工作，按照约定的时间和地点将确定数量和符合规格要求的商品传递到用户的活动及过程。这种新型的物流配送模式带来了流通领域的巨大变革，越来越多的企业开始积极搭乘电子商务快车，采用电子商务物流配送模式。与传统的物流配送相比，电子商务物流配送具有以下特征。

（一）虚拟性

电子商务物流配送的虚拟性来源于网络的虚拟性。通过借助现代计算机技术，配送活动已由过去的实体空间拓展到了虚拟网络空间，实体作业节点可以虚拟信息节点的形式表现出来。实体配送活动的各项职能和功能可在计算机上进行仿真模拟，通过虚拟配送，找到实体配送中存在的不合理现象，从而进行组合优化，最终实现实体配送过程达到效率最高、费用最少、距离最短、时间最少的目标。

（二）实时性

虚拟性的特性不仅能够有助于辅助决策，让决策者获得高效的决策信息支持，还可以实现对配送过程实时管理。配送要素数字化、代码化之后，突破了时空制约，配送业务运营商与客户均可通过共享信息平台获取相应配送信息，从而最大限度地减少各方之间的信息不对称，有效地缩小了配送活动过程中的运作不确定性与环节间的衔接不确定性，打破以往配送途中的"失控"状态，做到全程的"监控配送"。

（三）个性化

个性化配送是电子商务物流配送的重要特性之一。作为"末端运输"的配送服务，所面对的市场需求是"多品种、少批量、多批次、短周期"的，小规模的频繁配送将导致配送企业的成本增加，这就必须寻求新的利润增长点，而个性化配送正是这样一个开采不尽的"利润源泉"。电子商务物流配送的个性化体现为"配"的个性化和"送"的个性化。"配"的个性化主要是指通过配送企业在流通节点（配送中心）根据客户的指令对配送对象进行个性化流通加工，从而增加产品的附加价值；"送"的个性化主要是指依据客户要求的配送习惯、喜好的配送方式等为每一位客户制订量体裁衣式的配送方案。

（四）增值性

除了传统的分拣、备货、配货、加工、包装、送货等作业以外，电子商务物流配送的功能还向上游延伸到市场调研与预测、采购及订单处理，向下延伸到物流咨询等。

二、电子商务物流配送流程

电子商务的发展为人们提供了便捷的交易渠道，但电子商务快捷、高效、低成本等特性的实现，还需要强大的线下实体商品配送系统来支撑。因此发展先进的电子商务物流配送是打破物流约束瓶颈、促进电子商务高效发展的重要支撑手段。电子商务配送流程是在信息驱动下开展实体作业，因而与传统的物流配送活动相比，具有更高的效率和服务质量。

在电子商务条件下，物流配送可以分为三个具体的流程，即订单处理流程、进货处理流程和退货处理流程。下面就这三个流程进行系统的介绍。

（一）订单处理流程

订单处理在配送中心的业务运作中占有十分重要的地位，它既是配送业务的核心，又是配送服务质量得以保障的根本条件。随着科学技术的进步和信息传输手段的提高，订单传输的方式也更加先进，采用电子化、网络化方法进行传递，条码技术、射频技术、电子数据交换系统的使用，可及时将订货信息传输给配送中心。配送中心接到客户的订单后，要对订单进行处理，按作业计划分配策略，分组释放。订单处理程序如下。

（1）检查订单。检查客户的订单是否真实有效，即确认收到的订货信息是否准确可靠。

（2）顾客信誉审查。由信用部门审查，确认顾客的信誉。

（3）将顾客的订单集合、汇总，并按一定的分类标准进行分拣。

（4）打印订单分拣清单。列明拣出商品的项目，并将清单的一联票据交库存管理部门。

（5）库存管理部门确定供应订货的仓库，并向仓库发出出货指示。

（6）仓库接到相关出库通知后，按分拣要求拣货、包装、贴标签，将商品交运输部门。

（7）财会部门记录有关的账务。市场销售部门将销售记入有关销售人员的账户，库存管理部门调整库存记录，当库存不足时，可通过安排新的生产或向供应商发出采购订单，补充库存。

（8）配送中心向顾客传递发货单。

（9）运输部门组配装车，安排货物运输，将货物送至收货地点，同时完成送货确认。

在电子商务条件下，以上部分过程可通过计算机网络实时完成。

（二）送货处理流程

配送中心在完成拣选工作后，要对发出的货物进行出货检查，然后将发出的货物交给运输部门或委托运输商送货。

装车时，对于配送数量达不到货车的载运负荷或不满货车有效容积的客户的货物要进行配装，即将不同客户不同种类的货物进行合理组配，搭配配载。

对于配送货物种类繁多、装车数量较多的情况，可采用计算机进行组配。

商品配装后，按照所确定和规划的最佳运输路线及送货客户的先后次序，将货物交至顾客手中。

（三）退货处理流程

退货处理是售后服务中的一项任务，应该尽可能地避免，因为退货或换货会大幅度地增加成本，减少利润。

三、物流配送中心运作类型

（一）物流配送中心按运营主体的不同，大致有四种类型

1. 以制造商为主体的配送中心

这种配送中心里的商品100%是由自己生产制造，用以降低流通费用、提高售后服务质量和及时地将预先配齐的成组元器件运送到规定的加工和装配工位。从商品制造到生产出来后条码和包装的配合等多方面都较易控制，所以按照现代化、自动化的配送中心设计比较容易，但不具备社会化的要求。

2. 以批发商为主体的配送中心

商品从制造者到消费者手中之间的传统流通有一个环节叫批发。一般是按部门或商品类别的不同，把每个制造厂的商品集中起来，然后以单一品种或搭配向消费地的零售商进行配送。这种配送中心的商品来自各个制造商，它所进行的一项重要的活动是对商品进行汇总和再销售，而它的全部进货和出货都是社会配送的，社会化程度高。

3. 以零售商为主体的配送中心

零售商发展到一定规模后，就可以考虑建立自己的配送中心，为专业商品零售店、超级市场、百货商店、建材商场、粮油食品商店、宾馆饭店等服务。社会化程度介于前两者之间。

4. 以仓储运输业者为主体的配送中心

这种配送中心最强的是运输配送能力，地理位置优越，如港湾、铁路和公路枢纽，可迅速将到达的货物配送给用户。它提供仓储储位给制造商或供应商，而配送中心的货物仍属于制造商或供应商所有，配送中心只是提供仓储管理和运输配送服务。这种配送中心的现代化程度往往较高。

（二）从物流配送的模式上来看有三种主要类型

1. 集货型配送模式

该种模式主要针对上家的采购物流过程进行创新而形成。其上家生产具有相互关联性，下家互相独立，上家对配送中心的储存度明显大于下家，上家相对集中，而下家分散具有相当的需求。同时，这类配送中心也强调其加工功能。此类配送模式适于成品或半成品物资的推销，如汽车配送中心。

2. 散货型配送模式

这种模式主要是对下家的供货物流进行优化而形成。上家对配送中心的依存度小于下家，而且配送中心的下家相对集中或有利益共享（如连锁业）。采用此类配送模式的流通企业，其上家竞争激烈，下家需求以多品种、小批量为主特征，适于原材料或半成品物资配送，如机电产品配送中心。

3. 混合型配送模式

这种模式综合了上述两种配送模式的优点，并对商品的流通全过程进行有效控制，有效克服了传统物流的弊端。采用这种配送模式的流通企业，规模较大，具有相当的设备投资，如区域性物流配送中心。在实际流通中，多采取多样化经营，降低了经营风险。这种运作模式比较符合新型物流配送的要求（特别是电子商务下的物流配送）。

【相关知识】

一、快递和物流

快递与物流都是将货物从一个地方运送到另外一个地方，但是两者并不同，有较大的区别。快递是一种特殊形态的物流，但是目前，快递这个词语与物流这个词语已经发生较大的区别。那么，快递与物流究竟有什么区别呢？

（1）运送大容积的货物，一般选择物流合适；运送小物件的货物，选择快递比较合适。

（2）快递业务主要为个人服务，物流一般为企业服务。例如，网上购物，我们一般都是用的快递运送，而如果是一个企业，一次性要运送大批的货物，这时就需要用物流了。

（3）相比较而言，快递费用较贵些，物流费用较便宜些。这是由两种不同的服务内容决定的。如果运送一箱子矿泉水用快递的话，那么，很明显仅快递费用就跟成本差不多了。

（4）物流按体积收费，快递一般按照重量收费。

（5）快递一般是送货上门，而物流一般不直接将货物送上门，他们一般是将货物运送到目的地后，然后由客户自提。

（6）一般而言，快递运货的时间较快些，物流运送的货物较慢些。因为快递是全国联网的，只要收到货物后即会按照既定的流程发送，而物流一般需要等到货物达到一定的量后才开始运送。

（7）大的快递公司在全国有很多的服务网点，每个省、每个市、每个县、甚至每个乡都有自己的公司网点，而物流公司则没有这么多网点，它们一般仅在比较大的地区设点。

二、新型物流配送中心特征

根据国内外物流配送业发展情况，在电子商务时代，信息化、现代化、社会化的新型物流配送中心可归纳为以下几个特征。

（1）物流配送反应速度快。新型物流配送服务提供者对上游、下游的物流配送需求的反应速度越来越快，前置时间越来越短，配送时间越来越短，物流配送速度越来越快，商品周转次数越来越多。

（2）物流配送功能集成化。新型物流配送着重于将物流与供应链的其他环节进行集成，包括物流渠道与商流渠道的集成、物流渠道之间的集成、物流功能的集成、物流环节与制造环节的集成等。

（3）物流配送服务系列化。新型物流配送除强调物流配送服务功能的恰当定位与完善化、系列化，除了传统的储存、运输、包装、流通加工等服务外，还在外延上扩展至市场调查与预测、采购及订单处理，向下延伸至物流配送咨询、物流配送方案的选择与规划、库存控制策略建议、货款回收与结算、教育培训等增值服务；在内涵上提高了以上服务对决策的支持作用。

（4）物流配送作业规范化。新型物流配送强调功能作业流程、作业、运作的标准化和程序化，使复杂的作业变成简单的易于推广与考核的运作。

（5）物流配送目标系统化。新型物流配送从系统角度统筹规划一个公司整体的各种物流配送活动，处理好物流配送活动与商流活动及公司目标之间、物流配送活动与物流配送活动之间的关系，不求单个活动的最优化，但求整体活动的最优化。

（6）物流配送手段现代化。新型物流配送使用先进的技术、设备与管理为销售提供服务，生产、流通、销售规模越大、范围越广，物流配送技术、设备及管理越现代化。

（7）物流配送组织网络化。为了保证对产品促销提供快速、全方位的物流支持，新型物流配送要有完善、健全的物流配送网络体系，网络上点与点之间的物流配送活动保持系统性、一致性，这样可以保证整个物流配送网络有最优的库存总水平及库存分布，运输与配送快捷、机动，既能铺开又能收拢。分散的物流配送单体只有形成网络才能满足现代生产与流通的需要。

（8）物流配送经营市场化。新型物流配送的具体经营采用市场机制，无论是企业自己组织物流配送，还是委托社会化物流配送企业承担物流配送任务，都以"服务—成本"的最佳配合为目标。

（9）物流配送流程自动化。物流配送流程自动化是指运送规格标准、仓储货、货箱排列装卸、搬运等按照自动化标准作业，商品按照最佳配送路线等。物流配送管理法制化。宏观上，要有健全的法规、制度和规则；微观上，新型物流配送企业要依法办事，按章行事。

【学习评价】

项目	内容		评价 （评价分为四个等次，分别为 4 优秀、3 良好、2 合格、1 不合格，请在下表中填入评价分值）		
	学习目标	评价项目	个人评价	小组评价	教师评价
知识	1.掌握物流作业流程 2.新型配送中心的特征	1.物流的作业流程 2.配送中心的作用 3.新型配送中心的特征			
技能	评估物流配送中心（选取一家物流配送中心）	1. 评估物流配送模式与流程 2. 评估配送中心运作方式			
	总评				

【实践能力拓展】

一、案例

亚马逊是怎么赚钱的？

世界最著名的电子商务企业——亚马逊是怎么盈利的？

原来它用五年时间，将物流成本降低了近一半！同时利用这种物流成本优势，以减免运费的方式，打击竞争对手，扩大销售额和市场份额，以发挥规模效应，从而进一步降低物流成本。电子商务企业用虚拟的网络店面代替了实体店面，虽然节约了店面租金，却增加了物流成本。"物流执行成本"（包括运输、订单处理、仓储、收发货和退换货等成本）已成为电子商务企业除销货成本外的最大支出。以当当网为例，2010 年前九个月毛利润率为 22%。其中营销费用、技术费用和一般管理费合计占总销售收入的 9.3%，但仅"物流执行成本"一项就占到销售收入的 13%，致使公司前三季度（加上其他业务收益后）净利润率仅为 1%。亚马逊在 20 世纪 90 年代，"物流执行成本"也一度占到总成本的 20%，目前下降到 10% 左右，但仍占总销售收入的 8.5%（亚马逊最大的成本是"销货成本"，由于在销货成本的基础上确定售价，因此其销货成本占销售收入的比例一直保持在 80% 左右。至于其他成本，占总销售收入的比例较小）。由此可见，物流成本的降低对电子商务企业非常关键。亚马逊当初之所以能扭亏为盈，其关键因素也是物流成本的降低。1999~2003 年，亚马逊重新整合物流体系，使外部运输成本占销售收入的比重，从 13.8%下降到 9.7%，"订单执行成本"（主要是呼叫中心运营、订单处理、仓储、收发货及支付系统成本）占销售收入的比重，从最高时的 15%下降到 9.1%。另外从利润数据来看，亚马逊从 1995 年成立到 2002 年实现盈利，这期间，"产品目录的成熟和规模效应"及"运输成本的下降"分别贡献了 3.5 个点的毛利润率，推动毛利润率上升了 7 百分点；同时，"订单执行成本"的下降，也贡献了 5 个点的利润率，再加上商誉等无形资产摊销和重组成本等非经营性成本的大幅降低，使亚马逊的营业利润率从-30%上升到 0%。因此，从经营的角度看，亚马逊的扭亏主要来自于物流成本和支付成本的下降。

二、案例分析

（一）亚马逊的物流模式：超大物流中心

亚马逊的物流促销，成为了电子商务行业的经典案例。与国内企业深度介入物流运输环节不同，亚马逊的配送环节全部外包。美国境内部分外包给美国邮政和 UPS，国际部分外包给基华物流 CEVA、联邦快递等。

亚马逊如何加强对物流环节的掌控呢？

答案就是大规模建设"物流中心"。截至 2009 年年底，亚马逊在美国本土拥有物流仓储中心约 110 万平方米，在海外则达到 53 万平方米。上述物流中心，除了为亚马逊自己的货物提供收发货、仓储周转服务外，也为亚马逊网站上代销的第三方卖家提供物流服务。无论是个人卖家还是中小企业，都可以把货物送到较近的亚马逊物流中心，亚马逊按每立方英尺（1 立方英尺=0.028 317 立方米）每月 0.45 美元收取仓储费（相当于每立方米每月人民币 106 元）。客户下单后，亚马逊的员工就会负责订单处理、包装、发货、第三方配送及退换货事宜，并按每件货物 0.5 美元或每磅（1 磅=0.453 6 千克）0.4 美元收取订单执行费。目前，由第三方销售的商品占到亚马逊总销量的 30%，活跃的卖家有 190 万个，通过亚马逊系统配送的货物达 100 多万种。通过物流中心，亚马逊将分散的订单需求集中起来（不仅是信息集中，也是货物集中），再对接 UPS、基华物流等规模化物流企业，以发挥统筹配送的规模效应。规模化的平台也为现代科技的应用提供了空间。2006 年，亚马逊选定"伯灵顿北方圣达菲物流"BNSF Logistics 作为其美国本土的"物流管理解决方案"提供者，通过进一步优化物流体系，降低物流成本。

（二）亚马逊模式的启示：用物流中心提高行业集中度

亚马逊模式的核心，是用物流中心聚合订单需求，以对接大型物流企业，发挥规模效应。在国内，由于尚不具备 UPS、联邦快递这类真正具有规模优势的现代物流企业，因此，许多电子商务公司选择了"自建物流队伍"。但从国际物流行业的发展趋势看，"规模化"和"专业化"是行业发展的必然方向，自建物流队伍不仅会面临"重资产"的压力，而且较长时期内物流成本也难以对抗专业化的物流公司。所以，电子商务公司要突破物流瓶颈，根本途径不是全盘自建物流体系，而是用规模化的物流中心，聚合海量货物，进而培植规模化的物流企业，最终，通过规模效应的发挥降低物流成本。

三、实践困境讨论

（一）城市末端物流面临的困境

快递员几乎每天都会遇到若干顾客不在家，无法按时收货的情况，快递员就只能将物品带回第二天再重新派送，甚至重复好几次才能派发出去，这就增加了快递人员的无效的派送任务量，也增加了错派或丢件的概率，由于货物被一次又一次的带回重派，还有可能导致货损率的上升。

加之一轮又一轮的狂欢促销，导致快递员投递任务量突增的情况，有些甚至达到平时派送任务的 5 倍左右，也将直接引起更大的丢货风险。因此有些快递人员就采取了只将货物送到小区门口或楼下，有些甚至未经许可就将包裹放到物业，再发短信通知等，不能有效地做到"门到门"，引发了很多顾客的不满；即便如此，由于派送任务量突增，还是不可避免地会引发比平常高达几倍的错派、丢件、损件事件等，导致顾客极大的不满，也会引起电子商务企业、顾客和物流公司之间的纠纷。

与此类似，快递人员在为高校用户派件时也遇到了很多问题。第一，为了维持正常教学秩序，办证学生的各方面的安全，几乎所有的学校都禁止快递人员进校派件，所以在高校的学生享受不到非常便利的"门-门"快递服务。第二，当学生上课或者外出时，快递到了，让学生只能在规定的时间内去取，如果学生没能在规定的时间内取到包裹，快递人员会将包裹重新带回，有时候要往复多次，也会导致无效的派送任务量增大，以及丢件、错派和货损率的明显增大，最终直接引起学生客户不满意，投诉增多的现象。

（二）农村末端物流面临的困境

对于广大农村的电子商务末端物流领域，今日民营快递企业几乎都未涉及。但随着我国"三农"建设的进一步深入，家电下乡，计算机和通信网络的进一步普及，网购这种便捷又便宜的购物方式也会受到越来越多的农村网友的青睐。我国农民约占中国人口总数的 2/3，尽管他们的人均消费能力不及城市居民高，但就总体消费能力而言，足以让涉足农村快递业务并收费合理的民营快递企业产值迈上一个大的台阶。再加上外出打工或工作的人群，亲情网购也需要快递来完成。因此不难想象未来农民因为 B2C 电子商务会产生多么大的快递业务需求。

【情景实训】

实训主题：物流管理模拟实验报告。

课时：2 学时。

地点：机房。

实训目的：

（1）将所学知识运用到实际操作中来，并掌握运输与配送管理教学软件的使用方法。

（2）熟悉分拨中心配送管理流程。

实训要求和内容：

使用教学管理软件实施本次实训，软件中由公司总经理、调度中心、仓库中心、运输中心四个角色来模拟现实的物流公司在一个模拟的市场环境中的实际操作。学生成立物流单位，各单位在同一个市场下竞争来完成订单。通过路线优化、运输配送、仓储规划、危险处理，加强实际业务操作能力。由教师控制和调整市场环境的各种因素来增加各物流公司操作难易度来增强学生实验兴趣，使学生增强市场应变能力，同时使学生能更好地在实验的过程中与实际所学的物流知识相结合。

实训结果：

在实验结束时，教师根据实验结果文件检查并记录学生的实验完成情况，包括完成时间、完成质量等，并要求学生在课后按格式填写教师统一提供的"实验报告"电子版，在规定时间内提交电子版或纸面版，以供考评。

【教学策略研讨】

1. 如何有效开展本任务的课堂教学和实践教学？

2. 在本任务教学过程中，需要准备哪些教学用的材料或者教学工具？

任务三 研究电子商务中的物流信息技术

【学习目标】

1. 掌握 EOS、RFID 在物流中的应用。

2. 了解条码技术、EDI、GPS 技术的应用。

【任务描述】

光明乳业的现代物流配送

跻身世界乳业十强是上海光明乳业的远景目标，而成为物流企业和食品行业内冷藏物流的航空母舰则是其物流事业的最终目标。

光明乳业的物流事业部发现，公司的 ERP 系统主要作用在处理销售订单业务，无法完整控制企业对销售订单的履行。

光明乳业委托上海意贝斯特信息技术有限公司开发移动商务集成系统，工作流程得到了调整。乳制品的特点是保鲜度要求高，特别是新鲜牛奶，保质期短、温度控制严格、即产即配配送时间要求高、配送时间和配送点多、配送量大等。因此对配送系统的实时性和处理能力有很高的要求，如新鲜牛奶当日生产当日送，产品的实际产量会有一定的动态变化。因此光明乳业利用上海博科咨询有限公司的第三方物流信息系统很好地解决了这一问题。该系统将收到的客户信息进行自动分析，然后制订出最合理的配送方案，完成自动配送后，系统打印配货单，交仓库配货发货，再由公司的配货车将货物送到各送奶站、超市等。

资料来源：宋文官. 电子商务概论（2）. 北京：高等教育出版社，2008

【任务分析】

在电子商务环境下，由于经济的一体化趋势，当前物流正向全球化、信息化、一体化发展，而电子商务的趋势之一就是能大大简化企业的业务物流，降低企业的运作成本，而电子商务下企业成本优势的建立和保持必须以可靠和高效的物流运作作为保证。光明乳业的决策者正是利用电子商务技术，建立一个良好信息处理和传输系统，从而大大降低了企业的成本。同时良好的现代化的配送中心不仅实现了内部的信息网络化，而且增加了配送货物的跟踪信息，从而大大提高了企业的服务水平。

1. 有哪些物流信息技术？

2. 电子商务环境下，这些物流信息技术有哪些新应用？

【任务实施】

根据物流的功能以及特点，物流信息技术包括计算机技术、网络技术、EOS、条码技术、RFID 技术、EDI 技术、GPS 等。电子商务中的物流信息管理学习过程如图 4-3 所示。

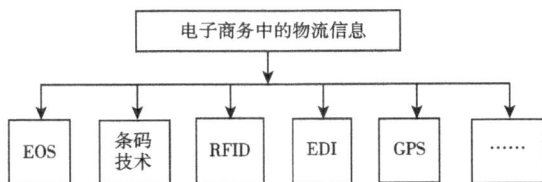

图 4-3 电子商务中的物流信息管理学习过程

一、EOS

EOS（electronic ordering system）即电子订货系统，是指不同组织间利用通信网络和终端设备以在线联结方式进行订货作业与订货信息交换的体系。EOS 是将批发、零售商场所发生的订货数据输入计算机，即刻通过计算机通信网络连接的方式将资料传送至总公司、批发商、商品供货商或制造商处。因此，EOS 能处理从新商品资料的说明直到会计结算等所有商品交易过程中的作业，可以说 EOS 涵盖了整个商流，如图 4-4 所示。

二、条码技术

条码技术诞生于 20 世纪 40 年代，但是在近 20 年才得到实际应用和迅速发展。在欧美、日本条码技术已得到普遍应用，而且正在世界各地迅速推广和普及，其应用领域还在不断推广与扩大。条码技术是在计算机应用实践中产生和发展起来的一种自动识别技术。为我们提供了一种对物流中货物进行标识和描述的方法。条码是现实销售时点信息

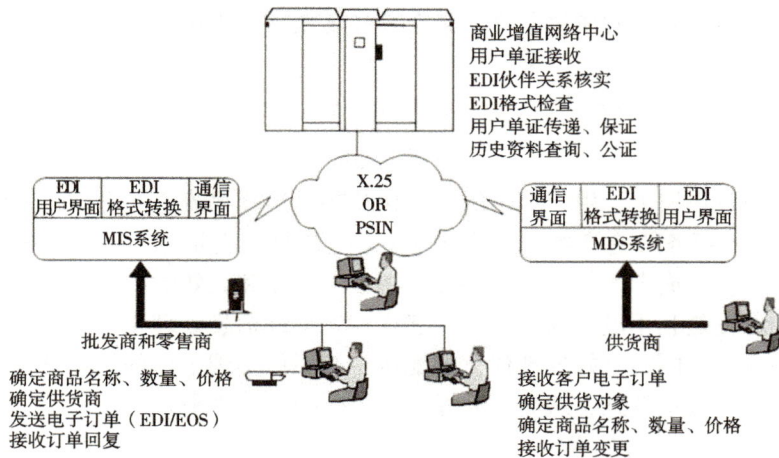

图 4-4　EOS 的构成

MIS，即 management information system，管理信息系统；MDS，即 multipoint distribution system，多点分布系统

（point of sale，POS）系统、EDI 系统、电子商务、供应链管理技术的基础，是物流管理现代化、提高企业管理水平和竞争力的重要技术手段。条码技术在物流管理上的应用有以下几方面。

（一）运输管理

在企业采用了运输管理系统之后，运送到相同地点的货物信息可以十分迅速的调出运用条码技术，可以对运输票据进行有效的管理，知道货物如何装载和搭配可以快速的得出货物在什么时间、由什么车辆、在什么地方以及运往哪里等，从而货物运输的安全性就大大增强了。在系统间相互联网了之后，运输车辆的返程、货物如何搭配都可以便捷的计划好，从而提高运输效率。

（二）生产管理

在生产任务上粘贴条形码标签，任务单跟随相应的产品进行流动，然后每一生产环节开始时，用生产线条码终端扫描任务单上的条形码，更改数据库中的产品状态最后产品下线包装时，打印并粘贴产品的客户信息条形码，从而实现对各工序产品数据的采集和整个生产过程的跟踪。在产品下线时，产品标签打印并粘贴在产品包装上明显的位置，产品标签将成为跟踪产品流转的重要标志。

（三）物料管理

物料管理是企业资源计划的重要内容，条形码可以作为生产状态的标识，准确确定目前物料的消耗与供给情况，条形码对物料的标识为建立产品档案奠定了基础，通过条形码反映的数据，管理者可以很容易地得知某一成品的各组成部分的来源与批次，这些数据可以作为物料管理的反馈输入，形成物料管理环型控制的环节。

（四）仓储管理

在出入库过程中，条码可以加快出入库的速度，也能减少出入库操作的差错；在库存盘点方面，利用条码技术后，就有可能采用自动化技术，如终端扫描仪，所有盘点数据就会记录在扫描仪中，并可以很方便地导入管理系统中去；在库存管理中，条码的主要作用在于货物保证，条码技术不仅可以标识物品，也可以标识货位，在扫描了货位条形码和货物条形码后，再完成上下架的过程，就可以确保货物的货位信息总是准确的。

（五）货物配送

配送前将配送商品的资料和客户订单资料下载到条形码终端中，到达配送客户后，打开移动终端，调出客户相应的订单，然后根据订单情况挑选货物并验证其条形码标签，确认配送完一个客户的货物后，移动条形码终端会自动校验配送情况，并做出相应的提示。

三、RFID 技术

RFID 是通过射频信号自动识别对象来获取相关数据，是一种非接触的自动识别技术，可用于各种恶劣环境，可以替代条码射频识别技术在物流管理上的应用有以下几方面。

（一）仓储管理

将 RFID 技术用于智能仓库货物管理，在仓库中货物流动的信息管理可以通过 RFID 完全有效解决。RFID 不仅可以增加处理货物的效率，还可以掌握货物的全部信息。具体操作步骤如下：由于在仓库中心的计算机系统里储存着所有的条形码信息，每个货物上都贴有条形码，所以通过条形码，每个货物的信息都能在计算机里查到。在货物需要通过的仓库大门边上贴上射频标签，叉车上则放上天线和读写器，当货物被运走的时候，计算机中心就可以通过另一个读写器知道货物被放在哪个拖车上。这样管理中心处可以确定货物位置、识别货物、了解到生产和发送了多少产品。

（二）在集装箱跟踪管理上的应用

超高频 RFID 技术具有识别距离长、识别物体速度高、系统成本低等特点，因此成为利用集装箱和托盘跟踪技术的最理想手段。在集装箱管理上的应用，是把集装箱或托盘上粘贴或镶嵌上标签，标签在集装箱或托盘上，伴随着走完集装箱的整个生命周期。通过入口处的额悬空读头、安装在叉车上的读头等来读取标签，实时信息在显示器上被显示出来或者直接进入数据库。

四、EDI 技术

EDI 技术是指使用一种商定的标准来处理所涉及的交易或信息数据的结构，商业或行政交易事项，从计算机到计算机的电子传递。各合作单位之间，通过 EDI 技术进行数据的交换与对接，把这个作为应用基础进行物流作业活动的方法优点在于各方面有着标准的格式和处理方法，可以最大程度节约成本，减少资源浪费，提高整个供应链的运作效率。

（一）发货业主方面

在接到订货业主的要货计划后，发送货物业主就可以下达发货指令，及时地分拣货物，打印好货物的条形码并贴在货物的包装箱上，之后顾客会接到发货业主通过 EDI 发送的货物的数量、品种等信息，收货业主可以制订好货物接收计划，发货业主也可以根据顾客的需要及时调整工作安排。同时运输业主也会收到运送货物的品种、数量等信息，运输业主可以预先制订车辆的配货计划，做到未雨绸缪。

（二）物流运输业主方面

因为发货业主在货物上贴上了物流条形码，运输业主在取运货物的时候，可以利用扫描议读取货物条形码，核对之前的运输数据，做到准确无误。货物在运输业主的物流中心会得到进一步的整理、包装等，运输业主通过 EDI 向收货业主发送订单的详细信息。在完成运输之后，货物运输业主通过 EDI 技术向发货业主确认合作完毕并咨询运费等信息。

（三）收货业主方面

在收货业主收到货物之后，扫描货物上的物流条形码，从而与之前订货的信息做一个核对与确认，做好入库的相关手续，货物入库通过 EDI 技术向发货业主发送确认收货的信息。

五、GPS 技术

GPS 具有在海、陆、空进行全方位实施三位导航与定位能力。GPS 在物流领域可以应用于汽车船舶等的自定位、跟踪调度，也可用于铁路运输管理、军事物流等。GPS 在物流管理上的应用如下。

（一）在车辆使用方面

车辆信息被运输公司开放给合作客户，车和货的及时信息客户就能自己查询到。客户能从网上了解到车辆的分布和运作情况，自己可以找到适合的车辆，这样就减少了不必要的中间环节，减少了很多的工作量，同时大大加快了车辆的使用效率。货物发出了之后，发货方通过手机或者互联网可以了解到货物运输过程中的具体情况，如到达的位置、运行情况等，运输时效得到了保障。

（二）接货方

发货方将自己的车辆信息完全开放给接货方之后，接货方就可以了解到货物在运输过程中的具体情况和运输所需要的时间以及何时到货，接货方就可以提前安排接收、存储甚至销售等，大大加快了接货方的工作效率。

（三）运输公司

运输公司对车辆的监控和合理配载，可以减少车辆空驶率，节约资源，降低公司运作成本。将信息开放给客户之后，客户得到了方便，运输公司也省去了很多中间环节，提高了公司在客户心中的地位，可谓是双赢。

>>> 案例 4-3 >>>

沃尔玛物流

沃尔玛主要涉足零售业，是世界上雇员最多的企业，沃尔玛主要有沃尔玛购物广场、山姆会员店、沃尔玛商店、沃尔玛社区店四种营业方式。物流信息化使得众多分销商（无论其是否有从属关系）都将面对一个组织或中心。由于物流中心是一个高度信息化的机构，因此任何来自市场以及生产厂商的需求都将在这里通过信息系统的广泛应用而得到快速响应，沃尔玛成功的奥秘就是——物流现代化。沃尔玛是全球第一个发射物流通信卫星的企业，物流通信卫星使得沃尔玛产生了跳跃性的发展，很快就超过了美国零售业的龙头——凯马特和西尔斯。沃尔玛从乡村起家，在战略上以大中小城市为主。沃尔玛通过便捷的信息技术急起直追，终于获得了成功。建立全球第一个物流数据的处理中心，沃尔玛在全球第一个实现集团内部 24 小时计算机物流网络化监控，使采购库存、订货、配送和销售一体化。沃尔玛物流如何借助信息技术，20 世纪 70 年代沃尔玛建立了物流的信息系统 MIS，也叫管理信息系统，这个系统负责处理系统报表，加快了运作速度。20 世纪 80 年代与休斯公司合作发射物流通信卫星，1983 年的时候采用了 POS 机，全称 point of sale，就是销售时点信息系统。1985 年建立了 EDI，即电子数据交换系统，进行无纸化作业，所有信息全部在电脑上运作。1986 年的时候它又建立了 QR（quick response），称为快速反应机制，对市场快速拉动需求。凭借这些信息技术，沃尔玛如虎添翼，取得了长足的发展。

【相关知识】

物联网技术

一、物联网技术的出现

物联网是 2005 年正式出现的一个概念，一经提出便在全球范围内引起了很高的效应，并且被称为第三代信息技术革命。物联网技术不是平白无故的受到大家的追捧，而是物联网技术的出现确实使许多复杂的工作变得简单高效。以 RFID 技术为例，据有关资料数据显示，到 2008 年为止，仅仅三年时间，RFID 技术的应用规模在全球范围内已经达到了 52.9 亿美元。如此快速的发展，显示了市场对物联网技术的需求。

二、物联网技术在我国的发展趋势

物联网技术在我国的发展具有很大的优势，这首先是因为我国互联网技术发展速度越来越快，发展水平越来越高，其次，因为我国的传感网技术的研究一直处于世界前列，在此领域，我国算是主导国家之一，拥有大量的专利和话语权。最后，我国已经自主开发出高性能的物联网芯片，这标志着物联网的核心技术部分已经被攻克。

三、物联网技术的应用前景

物联网的出现为现代智能化技术的产生提供了可能，因此，物联网技术的应用十分广泛，如智能家居系统、智能医疗、交通、物流、环保等现代生活的方方面面。其工作原理如图 4-5 所示。

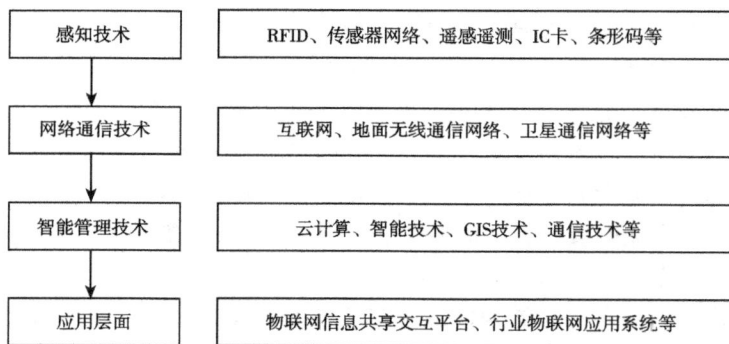

感知技术	→	RFID、传感器网络、遥感遥测、IC卡、条形码等
网络通信技术	→	互联网、地面无线通信网络、卫星通信网络等
智能管理技术	→	云计算、智能技术、GIS技术、通信技术等
应用层面	→	物联网信息共享交互平台、行业物联网应用系统等

图 4-5　物联网技术下的现代物流信息管理系统技术结构示意图
GIS，即 geographic information system，地理信息系统

【学习评价】

项目	内容		评价（评价分为四个等次，分别为4优秀、3良好、2合格、1不合格，请在下表中填入评价分值）		
	学习目标	评价项目	个人评价	小组评价	教师评价
知识	掌握物流信息技术	1.条码技术 2.RFID 技术 3.GPS 技术 4.EDI 技术			
技能	利用实验室配置设备熟悉物流技术	1.条码的分类与使用 2.RFID 的种类与应用 3.GPS 定位的使用方法 4.EDI 系统的原理与应用			
	总评				

【实践能力拓展】

一、案例

信息技术能否消除牛鞭效应

有人说，信息技术是可以消除牛鞭效应的。例如，在企业内部采用 ERP 和进阶生产规划及排程系统（advanced planning and scheduling，APS）系统，在企业间采用供应链管理（supply chain management，SCM）系统，运用 Internet/EDI 技术，开展电子商务，对各信息系统进行集成，实现企业间的业务数据集成和信息共享，应用供应链协同技术使供应链上下游企业间业务流程整合，共同协作开展业务，都能有效地消除牛鞭效应。此外，消除牛鞭效应最重要的因素是上下游企业间建立紧密的伙伴关系，只有在供需双方相互信任，利益共享和风险共担的基础上，才能公开各自的业务数据，共享信息和业务过程，也只有在企业达成这种伙伴关系的前提下，利用先进的信息技术和信息管理系统，才能有效地解决各种因素的影响，真正地消除牛鞭效应。

二、案例分析

这里给出一个利用信息管理技术来消除牛鞭效应的实例。雀巢公司与家乐福公司在确立了亲密伙伴关系的基础上，采用各种信息技术，由雀巢为家乐福管理它所生产产品的库存。

雀巢为此专门引进了一套供应商管理库存（vendor managed inventory，VMI）信息管理系统，家乐福也及时为雀巢提供其产品销售的 POS 数据和库存情况，通过集成双方的管理信息系统，经由 Internet/EDI 交换信息，就能及时掌握客户的真实需求。为此，家乐福的订货业务情况为：每天 9：30 以前，家乐福把货物售出与现有库存的信息用电子形式传送给雀巢公司；在 9：30~10：30，雀巢公司将收到的数据合并至供应链管理系统中，并产生预估的订货需求，系统将此需求量传输到后端的 APS/ERP 系统中，依实际库存量计算出可行的订货量，产生建议订单；在 10：30，雀巢公司再将该建议订单用电子形式传送给家乐福；然后在 10：30~11：00，家乐福公司确认订单并对数量与产品项目进行必要的修改之后回传至雀巢公司；最后在 11：00~11：30，雀巢公司依照确认后的订单进行拣货与出货，并按照订单规定的时间交货。这样，由于及时地共享了信息，上游供应商对下游客户的需求了如指掌，无须再放大订货量，有效地消除了牛鞭效应。

三、实践困境讨论

RFID 的应用困境

从 RFID 在我国物流领域的应用来看，尽管企业在物流管理上实现了信息化，管理水平登上一个新的台阶，但是许多企业在应用 RFID 的过程中还存在一些问题。主要表现为以下三个方面。

（一）缺乏统一的标准体系

企业所构建的管理系统大都是为本身自用的，基本上是本企业或单位就可以实现完全控制。企业各自构建一套设备、频率、操作和编码标准体系，彼此是封闭的，缺乏相互联系。

（二）政府在 RFID 上的推动作用还没有得到很好的体现

RFID 的优势是建立在信息共享机制之上的，信息共享的链条越长，RFID 就越有用武之地。而信息共享的背后是利益的共享，即供应链机制。因此，可以说培养 RFID 的市场是一个培养供应链的过程，也就是我国产业的集约化过程，这就需要政府引导企业实现这一过程。

（三）企业自身如何根据自身需要构建系统

尽管电子标签的成本已经明显降低，但大部分企业为了节约成本，并不打算对全部管理过程应用 RFID，而是采用"条形码＋电子标签"的方式进行管理，这就使企业面临着如何根据自身实力和管理需求来构建系统的问题。

【情景实训】

实训主题：RFID 实训。

课时：2 学时。

地点：机房。

实训目的：

（1）了解 RFID 电子标签的种类、结构。

（2）了解 RFID 的工作原理和工作流程。

（3）了解 RFID 相关设备，学会使用简单的 RFID 设备。

实训要求和内容：

（1）RFID 标签的结构：内置发射天线、芯片、电池。

（2）RFID 标签的工作原理及工作流程。

（3）无线射频识别设备的使用。

（4）RFID 标签的结构，实践 RFID 工作的操作流程。

实训结果：

在实验结束时，教师根据实验结果文件检查并记录学生的实验完成情况，包括完成时间、完成质量等，并要求学生在课后按格式填写教师统一提供的"实验报告"电子版，在规定时间内提交电子版或纸面版，以供考评。

【教学策略研讨】

1. 如何有效开展本任务的课堂教学和实践教学？

2. 在本任务教学过程中，需要准备哪些教学用的材料或者教学工具？

模块五

电子商务交易安全

任务一　电子商务安全技术运用

【学习目标】

1. 掌握数据加密、解密的工作原理。
2. 理解常见安全认证技术。
3. 能够申请、使用个人数字证书。

【任务描述】

安全事故

真是黑色星期五，电子商务事业部的小丁接完客户的电话不禁冒出了一身冷汗。原来，部门发给一个客户的附带公司银行账号的邮件竟然被篡改，好在对方留了个心眼，打电话重新确认，才没有把贷款错付给别人。这个安全事故给了电子商务事业部一个惨痛的教训，也让小丁和同事们的安全危机意识增强了许多。为了更好地保障电子商务活动的顺利进行，避免再次出现类似的安全事故，王经理明确要求，现阶段的主要任务就是利用加密、认证等安全技术手段，将网上商务往来的安全措施落实到位。

公司王经理要给客户发送一封带有重要商业机密的电子邮件，又担心这样的邮件会被商业竞争对手或网络黑客窃取，他找到小丁，要求小丁将这封邮件进行加密后再发送出去，并进行身份认证。

【任务分析】

1. 电子商务中数据加密、解密的基本原理是什么？
2. 如何进行身份认证呢？

【任务实施】

在传统交易过程中，买卖双方是面对面的，因此较容易保证交易过程的安全性和建立起信任关系。但在电子商务过程中，买卖双方是通过网络来联系的，甚至彼此可能远隔千山万水，也可能近在咫尺，因而建立交易双方的安全和信任关系相当困难。电子商务参与方都面临不同的安全问题，需要完整的安全体系加以保障。电子商务的安全交易体系如图 5-1 所示。

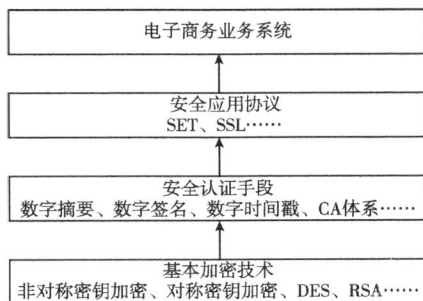

图 5-1　电子商务安全交易体系

SET，即 secure electronic transaction，安全电子交易协议；SSL，即 secure sockets layer，安全套接层协议；DES，即 data encryption standard，数据加密标准；RSA，由研发人 Ron Rivest、Adi Shamir、Leonard Adleman 的名字首字母组合成

一、基本加密技术

案例 5-1

　　某高校进入了期末考试前期，教师要纷纷准备期末考试题，张老师和王老师同出一门课程试卷，他们协商由一位老师先来出题，最后两个老师再交换意见。张老师通过 email 的方式把 A、B 卷两份试题以附件的方式发送，邮件主题注明"内部资料，请勿传阅"，谁料，在考试当天发现试题泄漏了。

　　加密技术目的是为了防止合法接受者之外的人获取信息系统中的机密信息，是实现信息保密性的一种重要手段。所谓信息加密技术，就是采用数学方法对原始信息（通常称为"明文"）进行再组织，使得加密后在网络上公开传输的内容对于非法接受者来说成为无意义的文字（加密后的信息通常称为"密文"）。通过解密过程得到原始数据（即"明文"）。加密和解密过程依靠两个元素，缺一不可，这就是算法和密钥。算法是加密或解密的一步一步的过程。在这个过程中需要一串数字，这个数字就是密钥。

　　由此可见，在加密和解密的过程中，都要涉及信息（明文、密文）、密钥（加密密钥、解密密钥）和算法（加密算法、解密算法）这三项内容。

　　传统的密码体制所用的加密密钥和解密密钥相同，形成了对称式密钥加密技术。在一些新体制中，加密密钥和解密密钥不同，形成非对称式密码加密技术。

　　密码系统的一般构成如图 5-2 所示。

（一）对称密钥加密

　　加密密钥和解密密钥是通用的，即发送方和接收方使用同样密钥的密码体制，也称为"传统密码体制""通用密钥密码体制"。可以采用各种不同的算法，构成各种不同

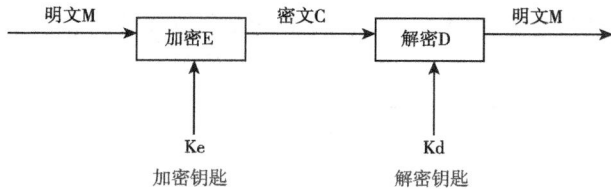

图 5-2　密码系统的构成

类型的密钥。例如，最古老的"凯撒密码"算法，是在古罗马时代使用的密码方式。由于无论是何种语言文字，都可以通过编码与二进制数字串对应，所以经过加密的文字仍然可变成二进制数字串，不影响数据通信的实现。

现以英语为例来说明使用凯撒密码方式的通用密钥密码体系原理。例如，凯撒密码的原理是，对于明文的各个字母，根据它在 26 个英文字母表中的位置，按某个固定间隔 n 变换字母，即得到对应的密文。这个固定间隔的数字 n 就是加密密钥，同时是解密密钥。例如，cryptograsphy 是明文，使用密钥 $n=4$，加密过程如图 5-3 所示。

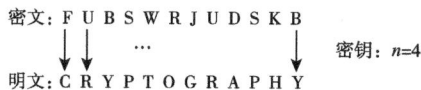

图 5-3　凯撒密码

在通用密码体制中，目前得到广泛应用的典型算法是 DES 算法。DES 是由"转置"方式和"换字"方式合成的通用密钥算法，先将明文（或密文）按 64 位分组，再逐组将 64 位的明文（或密文），用 56 位（另有 8 位奇偶校验位，共 64 位）的密钥，经过各种复杂的计算和变换，生成 64 位的密文（或明文），该算法属于分组密码算法。

DES 算法可以由一块集成电路实现加密和解密功能。该算法是对二进制数字化信息加密及解密的算法，是通常数据通信中，用计算机对通信数据加密保护时使用的算法。DES 算法在 1977 年作为数字化信息的加密标准，由美国商业部国家标准局制定，称为"数据加密标准"，并以"联邦信息处理标准公告"的名称，于 1977 年 1 月 15 日正式公布。使用该标准，可以简单地生成 DES 密码。

（二）非对称密钥加密

传统的加密方法是加密、解密使用同样的密钥，由发送者和接收者分别保存，在加密和解密时使用，采用这种方法的主要问题是密钥的生成、注入、存储、管理、分发等很复杂，特别是随着用户的增加，密钥的需求量成倍增加。在网络通信中，大量密钥的分配是一个难以解决的问题。

公开密钥密码体制的加密密钥 Ke 与解密密钥 Kd 不同，只有解密密钥是保密的，称为私人密钥（private key），而加密密钥完全公开，称为公共密钥（public key）。该系统也称为"非对称密码体制"，如图 5-4 所示。当然，对于从加密密钥破解出解密密钥的过程必须设计得足够复杂，以至难以实施。迄今为止的所有公钥密码体系中，RSA 系统是最著名、使用最广泛的一种。

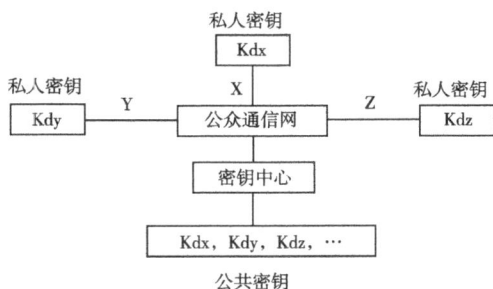

图 5-4 非对称密钥加密

RSA 算法研制的最初理念与目标是努力使互联网安全可靠,旨在解决 DES 算法秘密密钥的利用公开信道传输分发的难题。而实际结果不但很好地解决了这个难题;还可利用 RSA 来完成对电文的数字签名以对抗电文的否认与抵赖;同时还可以利用数字签名较容易地发现攻击者对电文的非法篡改,以保护数据信息的完整性。

二、安全认证手段

(一)数字摘要

数字摘要(digital digest)也称安全 Hash(散列)编码法(secure Hash algorithm,SHA)或 MD5(MD, standards for message digest),由 Ron Rivest 所设计。数字摘要就是采用单项 Hash 函数将需要加密的明文"摘要"成一串固定长度(128 位)的密文,这一串密文又称为数字指纹(finger print),它有固定的长度,而且不同的明文摘要成密文,其结果总是不同的,而同样的明文其摘要必定一致,具体流程如图 5-5 所示。

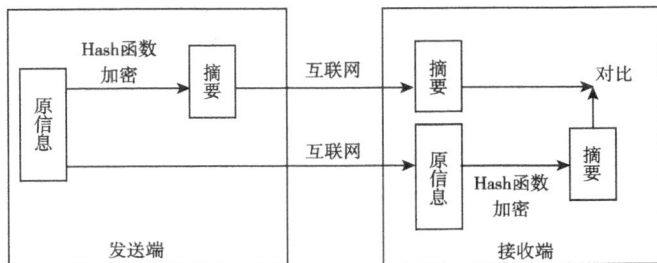

图 5-5 数字摘要流程

(二)数字签名

在书面文件上签名的作用有两点:一是因为自己的签名难以否认,从而确认了文件已签署这一事实;二是因为签名不易仿冒,从而确定了文件是真的这一事实。数字签名(digital signature)与书面文件签名有相同之处,也能确认以下两点。

第一，信息是由签名者发送的。

第二，信息自签发后到收到为止未曾做过任何修改。

这样数字签名就可用来防止电子信息因易被修改而有人伪造；或冒用他人名义发送信息；或发出（收到）信件后又加以否认等情况发生。其原理如图 5-6 所示。

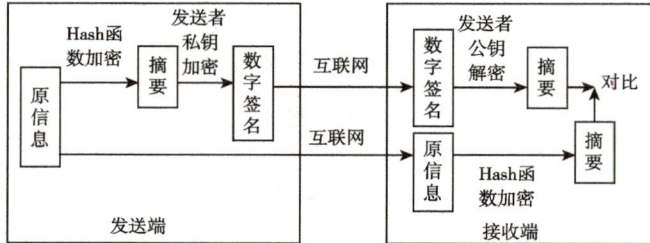

图 5-6　数字签名

（三）数字时间戳

在各种政务和商务文件中，时间是十分重要的信息。在书面合同中，文件签署的日期和签名一样均是十分重要的防止文件被伪造和篡改的关键性内容。

在电子文件中，同样需对文件的日期和时间信息采取安全措施，而数字时间戳服务（digital time-stamp service，DTS）就能提供电子文件发表时间的安全保护。

一般来说，数字时间戳产生的过程为：用户首先将需要加时间戳的文件用 Hash 算法运算形成摘要，然后将该摘要发送到 DTS。DTS 在加入了收到文件摘要的日期和事件信息后再对该文件加密（数字签名），然后送达用户，具体流程如图 5-7 所示。

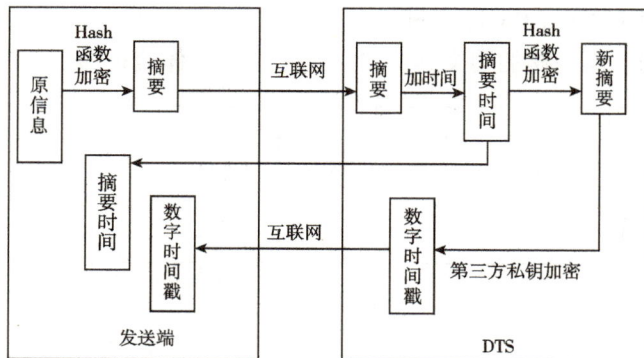

图 5-7　数字时间戳

数字时间戳是一个经加密后形成的凭证文档，它包括三个部分：一是需加时间戳的文件的摘要；二是 DTS 收到文件的日期和时间；三是 DTS 的数字签名。

（四）CA 证书的申请、安装、使用

1. 免费数字证书的申请安装操作

访问中国数字认证网（http：//www.ca365.com）主页，选择"免费证书"栏目的"根CA 证书"，如图 5-8 所示。如果是第一次使用他们的个人证书需要先下载并安装根 CA 证书。

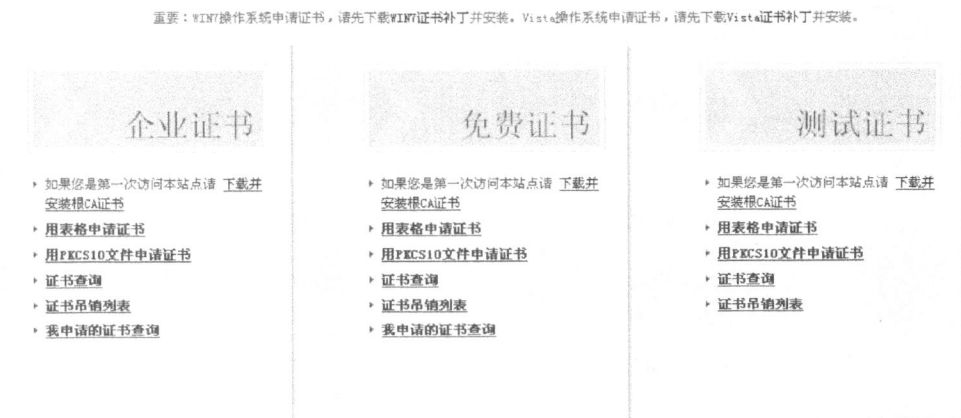

图 5-8　中国数字认证网主页

（1）下载并安装根证书。只有安装了根证书的计算机，才能完成网上申请的步骤和证书的正常使用。出现"下载文件–安全警告"对话框，点击选择打开"rootFree.cer"。在弹出的对话框中点击"安装证书"按钮，根据证书导入向导提示，完成导入操作。

（2）在线填写并提交申请表。选择"免费证书"栏目的"用表格申请证书"，填写申请表（图 5-9）。用户填写的基本信息包括名称（要求使用用户真实姓名）、公司、部门、城市、省份、国家地区、电子邮箱（要求邮件系统能够支持邮件客户端工具，不能填写错误，否则会影响安全电子邮件的使用）、证书期限、证书用途（本实验要求选择"电子邮件保护证书"）、密钥选项（可以选择"Microsoft Strong Cryptographic Provider"）、密钥用法（可以选择"两者"）、密钥大小（填写"1024"）等，其他项目默认（图 5-10）。注意要勾上"标记密钥为可导出""启用严格密钥保护""创建新密钥对"三项，"Hash 算法"（可以选择"SHA-1"）。提交申请表后，出现"正在创建新的 RSA 交换密钥"的提示框，确认将私钥的安全级别设为中级。

系统继续提示"正在创建新的 RSA 交换密钥"，单击"确定"按钮，进行上述步骤后，系统提示安装证书。完成操作后，一张属于申请者个人的数字证书已经生成，如图 5-11 所示。

您当前的位置： 免费证书 -> 用表格申请证书

名称：	CA数字证书	✓ 输入正确
公司：		请输入
部门：		请输入
城市：		请输入
省：		请输入
国家(地区)：	CN	请输入
Email：	tears_3@sina.cn	请输入邮箱
网址：		请输入

证书用途： ☐ 客户身份验证证书 ☑ 电子邮件保护证书 ☐ 代码签名证书 ☐ 时间戳签名证书 ☐ 通用证书

证书吊销方式： ● 集中吊销 ○ 单独吊销

档案： ● 开放（允许您的证书在网上公开检索） ○ 不开放（不允许您的证书在网上公开检索）

保存　　　重置

图 5-9　表格申请证书

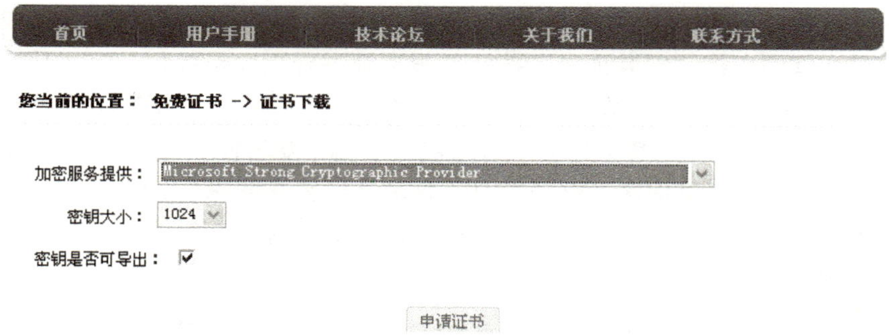

首页	用户手册	技术论坛	关于我们	联系方式

您当前的位置： 免费证书 -> 证书下载

加密服务提供： Microsoft Strong Cryptographic Provider

密钥大小： 1024

密钥是否可导出： ☑

申请证书

图 5-10　证书下载

（3）下载安装数字证书。提交申请表后，证书服务器系统将立即自动签发证书。用户点击"下载并安装数字证书"按钮开始下载安装证书，直到出现"安装成功！"的提示。下面是申请的免费数字证书，如图 5-12 所示。

（4）数字证书的查看。在微软 IE6.0 浏览器的菜单栏"工具"→"Internet 选项"→"内容"→"证书"中，可以看到证书已经被安装成功。双击证书查看证书内容，如图 5-13 所示。

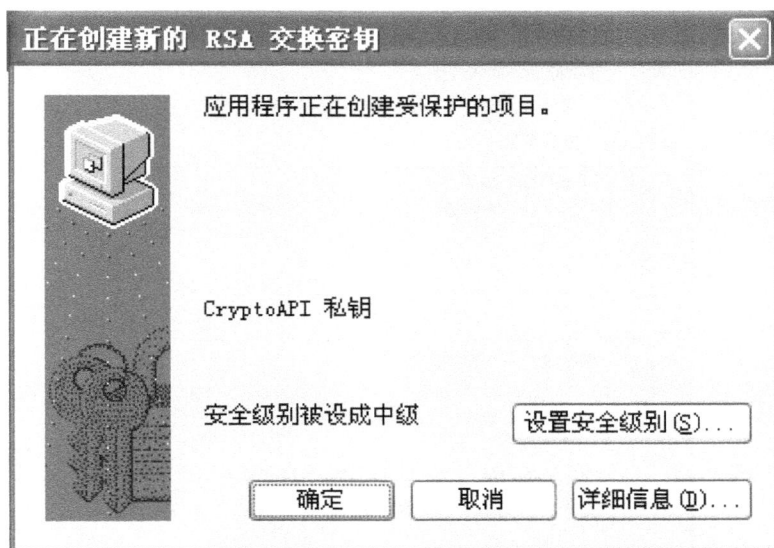

图 5-11　创建新的 RSA 交换密钥

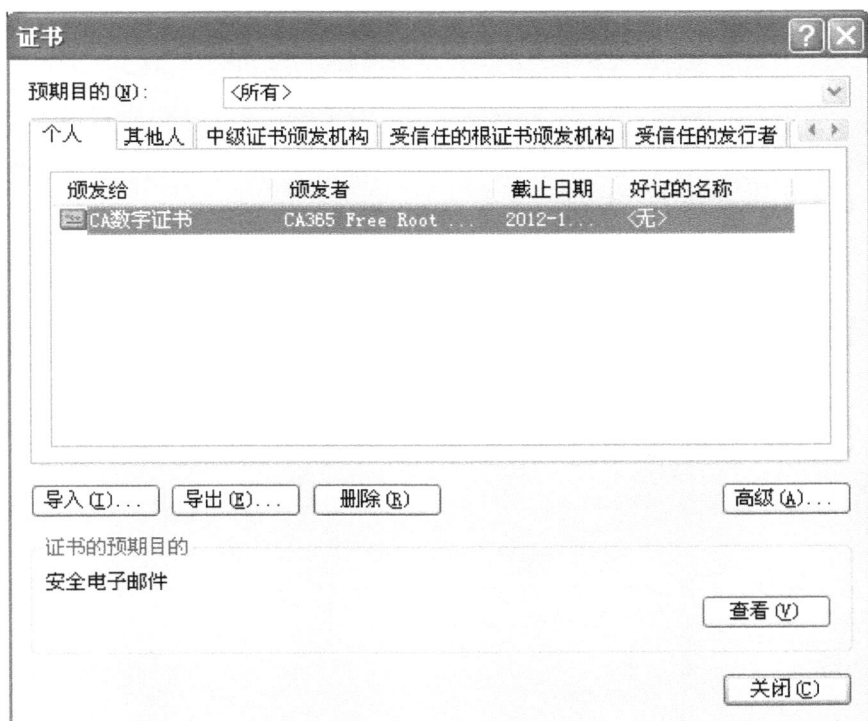

图 5-12　下载安装证书

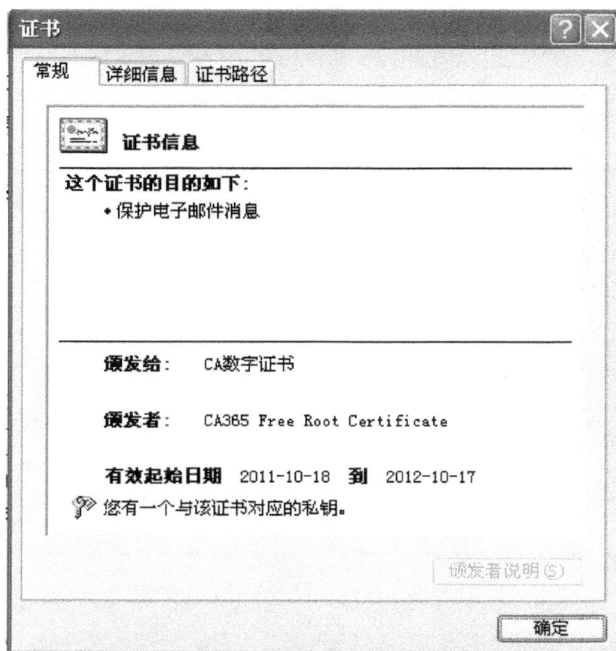

图 5-13　查看证书

选择并双击个人数字证书，可查看证书的信息。就好像检查身份证一样，如果要查看数字证书"持有人"的详细信息，打开"详细信息"选项卡，就可以看到具体的日期、地址等。如图 5-14 所示。

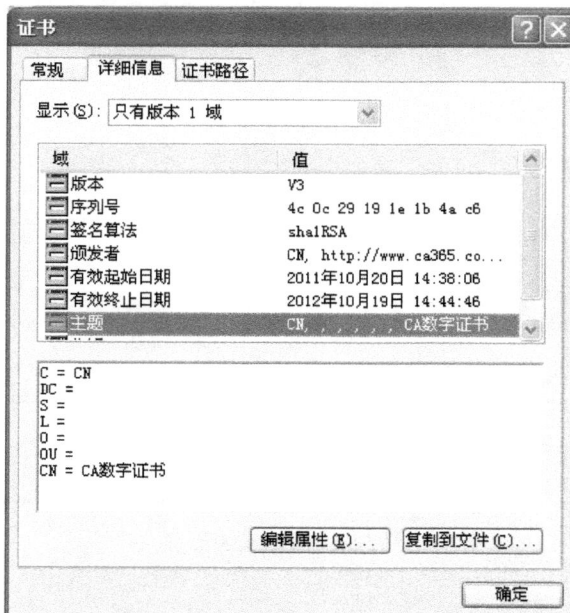

图 5-14　查看数字证书的详细信息

2. 利用数字证书对电子邮件进行数字签名、加密和发送

使用 Foxmail 可以对电子邮件进行加密和数字签名。对电子邮件进行签名需要一个属于自己的数字证书，而要对电子邮件进行加密则需要拥有对方的数字证书。

（1）自己从网上下载 Foxmail6.5，并安装。

（2）配置 Foxmail，建立自己的账号，请注意在配置时查看是否为"在服务器上保留邮件备份"。

（3）在 Foxmail 中设置数字证书，如图 5-15 所示。

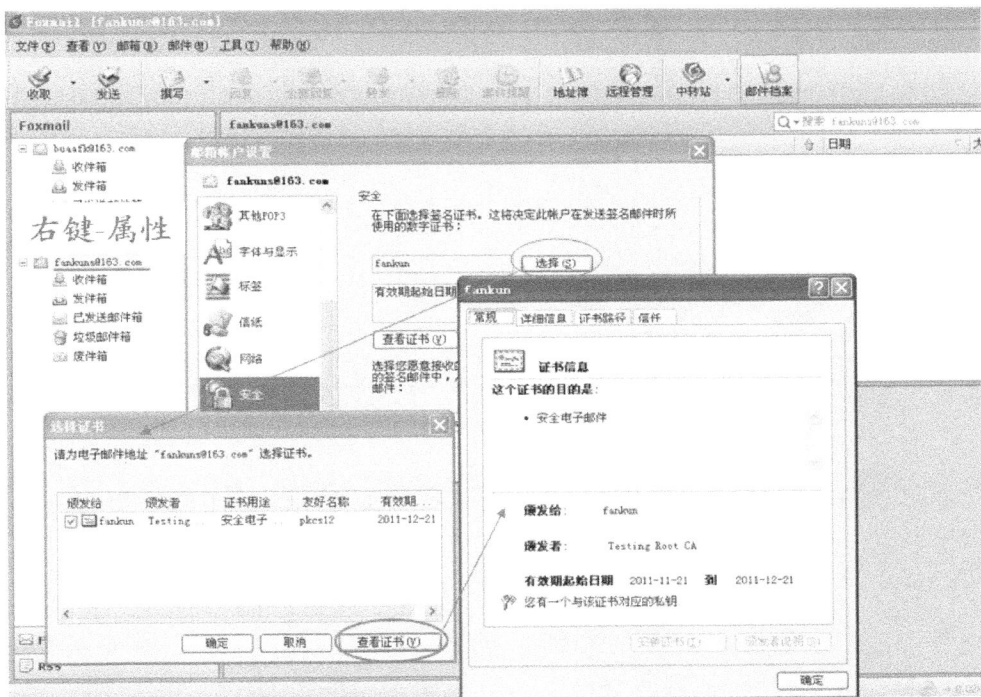

图 5-15　在 Foxmail 中设置数字证书

（4）使用 Foxmail 发送带有数字签名的电子邮件，如图 5-16 所示。

（5）收到带有数字签名的电子邮件。当收件人收到并打开有数字签名的邮件时，将看到"数字签名邮件"的提示信息（用户可以设置下次不提示该信息），按"继续"按钮后，才可阅读到该邮件的内容。若邮件在传输过程中被他人篡改或发信人的数字证书有问题，页面将出现"安全警告"提示，如图 5-17 所示。

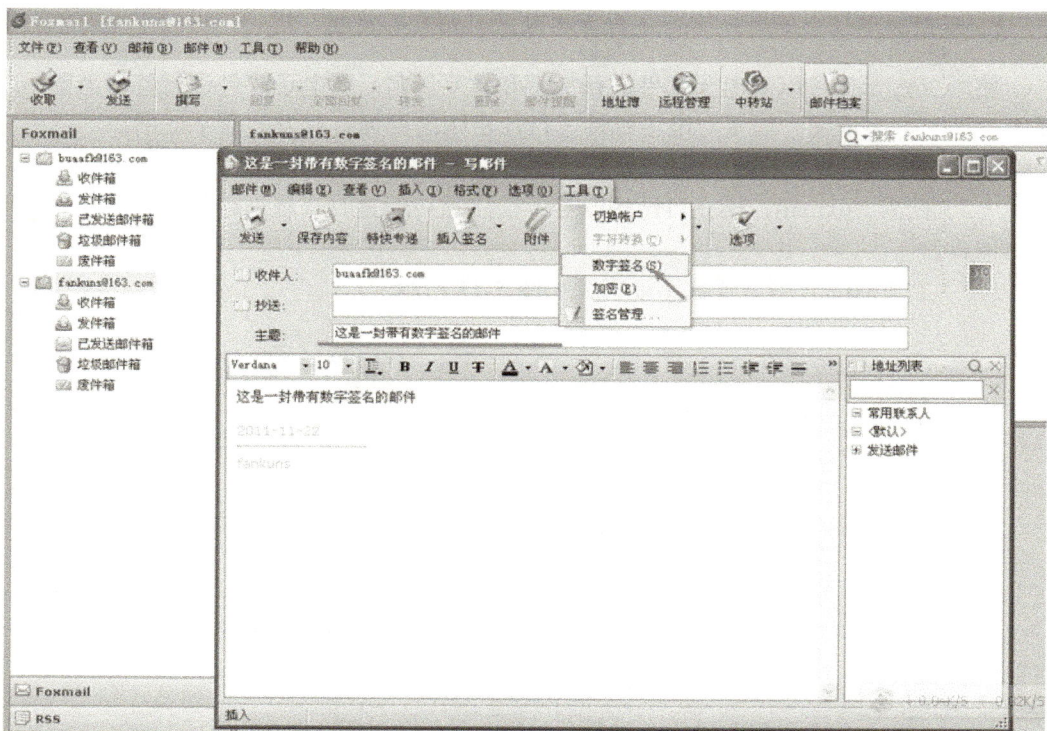

图 5-16　使用 Foxmail 发送带有数字签名的电子邮件

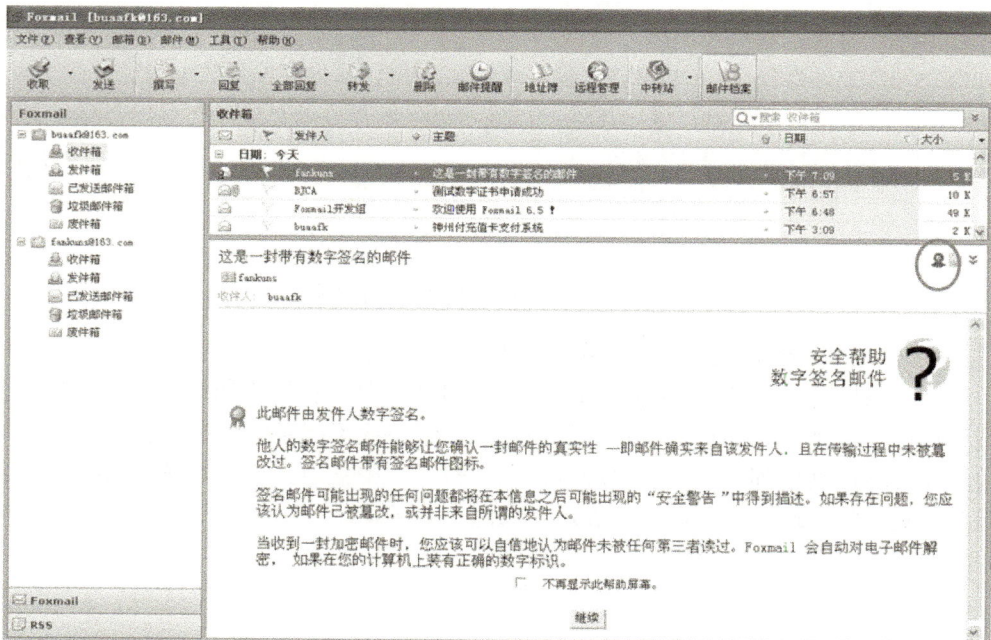

图 5-17　收到带有数字签名的电子邮件

　　将该邮件打开后，在右边会看到对方的证书标志。单击该标识，找到"安全"项，单击"查看签名证书"按钮，可以查看"发件人证书"；单击"添加到地址簿"按钮，在地址簿中保存发件人的加密首选项，这样对方数字证书就被添加到通讯簿中。

　　返回到邮件页面，点击"继续"，可以查看带有发件人数字签名的邮件内容。

　　（6）使用 Foxmail 发送加密电子邮件。要发送加密电子邮件，需要有收件人的数字证书。获得收件人数字证书的方法可以是让对方给自己发送带有其数字签名的邮件。有了对方的数字证书，就可以向对方发送加密邮件了。发送加密邮件，也可以同时使用发件人的数字签名，如图 5-18 所示。

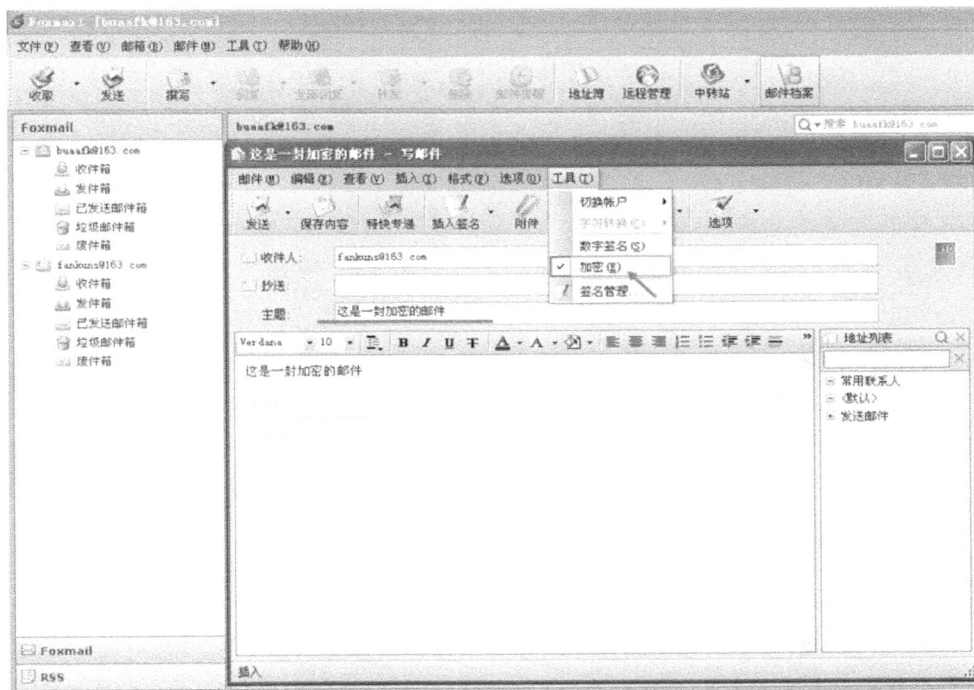

图 5-18　使用 Foxmail 发送加密电子邮件

　　点击"发送"后，需要选择收件人的证书，如图 5-19 所示。

　　（7）收到加密邮件，如图 5-20 所示。

　　当收件人收到并打开已加密过的邮件时，将看到"加密邮件"的提示信息，按"继续"按钮后，可阅读到该邮件的内容。当收到加密邮件时，完全有理由确认邮件没有被其他任何人阅读或篡改过，因为只有在收件人自己的计算机上安装了正确的数字证书，Foxmail 才能自动解密电子邮件；否则，邮件内容将无法显示。

　　（8）若用 Web 形式收取，邮件内容为空白，如图 5-21 所示。

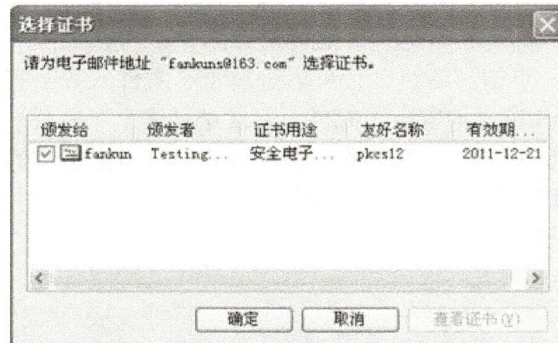

图 5-19　选择证书

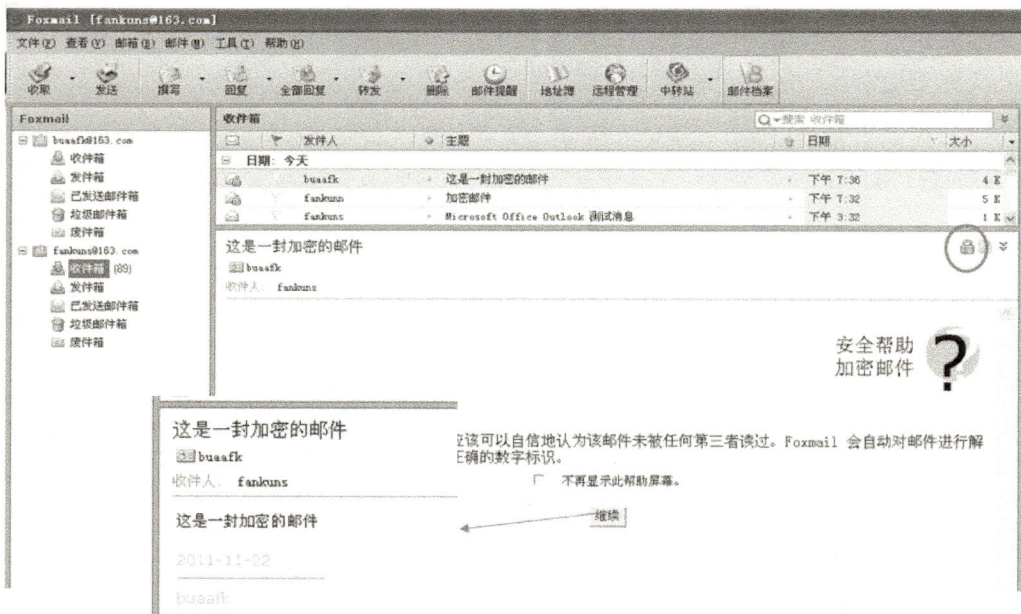

图 5-20　收到加密邮件

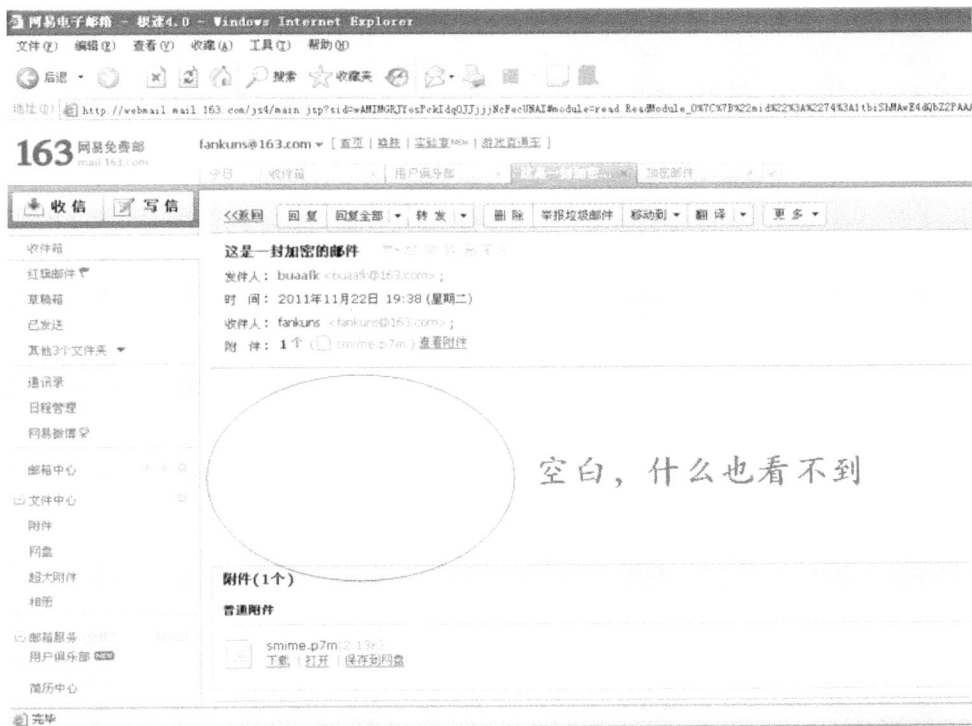

图 5-21　用 Web 形式收取

案例 5-2

信息加密与数字认证的综合应用

　　数字摘要、数字签名、数字时间戳、数字证书、认证中心以及信息加密，是安全电子交易常用的六种手段。各种手段常常结合在一起使用，从而构成安全电子交易的体系。下面举出信息加密、数字签名，以及认证中心结合使用的实例，见图 5-22。

（一）处理的前提条件

　　（1）由 A 公司往 B 公司发送信息。
　　（2）认证中心的公共密钥，A 公司和 B 公司均已掌握。

（二）A 公司的处理流程

1. 获取交易对方的公共密钥

　　①A 公司从认证中心接收到对方的数字证书，其中包括：对方的公共密钥和认证中心的数字签名。

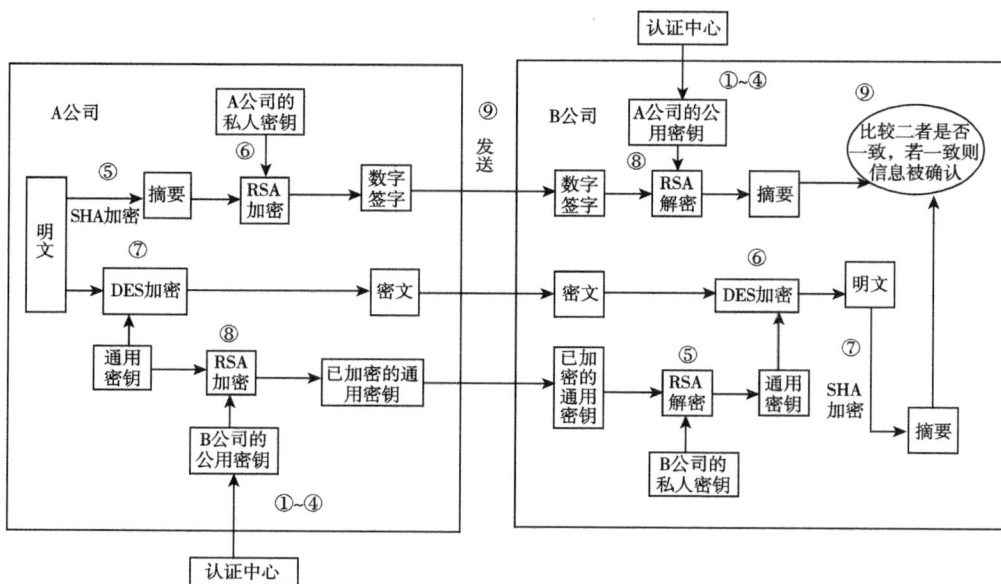

图 5-22　信息加密与数字认证的综合应用实例

②A 公司使用 Hash 函数为数字证书做出摘要，数字证书中的数字签名同样使用的是 Hash 函数。

③A 公司用认证中心的公共密钥，对数字证书解密得到摘要，对这个摘要与计算出的摘要是否一致进行比较。

④A 公司如果认为上述比较的结果是一致的，则可确认数字证书上的对方的公共密钥是合法的。

2. A 用户做出数字签名

⑤A 公司对要发送的明文做 SHA 运算，形成信息摘要。
⑥A 公司使用自己的私人密钥对信息摘要做数字签名。

3. A 公司信息的加密

⑦A 公司使用通用密钥以 DES 方式对信息的明文加密，得到密文。

4. A 公司通用密钥的加密

⑧A 公司将使用的通用密钥，用 B 公司的公共密钥以 RSA 方式加密。
⑨A 公司把数字签名、密文，以及在第⑧步中加密的通用密钥发送给 B 公司。

（三）B 公司的处理流程

1. B 公司获取 A 公司的公共密钥

①B 公司从认证中心接收到 A 公司的数字证书，其中包括 A 公司的公共密钥和认证

中心的数字签名。

②B 公司使用 Hash 函数对数字证书做出摘要，数字证书中的数字签名同样使用的是 Hash 函数。

③B 公司用认证中心的公共密钥，对数字证书解密得到摘要，对这个摘要与第②步中计算出的摘要是否一致进行比较。

④B 公司如果认为上述比较的结果是一致的，则可确认数字凭证上的 A 公司的公共密钥是合法的。

2. B 公司通用密钥的解密

⑤B 公司用自己的私人密钥以 RSA 方式对加密的通用密钥解密。

3. B 公司信息的解密

⑥B 公司用在第⑤步中解密的通用密钥以 DES 方式对信息的密文解密，得到明文。

4. 确认数字签名

⑦B 公司做出信息的明文的摘要，此处使用指定的 Hash 函数。

⑧B 公司用 A 公司的公共密钥对数字签名解密，得到摘要。

⑨比较在第⑦步和第⑧步中计算出的摘要是不是同样的字符串，如果二者一致，则 A 公司发送过来的信息是正确的；若不一致，则有两种可能；一是 A 公司的私人密钥步正确（与公共密钥步配对），二是可能在什么地方信息被篡改过。

经过公共密钥加密的通用密钥成为"电子信封"。

三、安全应用协议

（一）SSL 协议

1. SSL 协议概述

SSL 主要适用于点对点之间的信息传输，通过在浏览器软件（如 Internet Explorer、Netscape Navigator）和 WWW（world wide web，环球信息网）服务器建立一条安全通道，从而实现在互联网中传输保密文件。

在传输控制协议/因特网互联协议（transmission control protowl/internet protocol，TCP/IP）族中，SSL 位于 TCP 层之上，应用层之下。这使它可以独立于应用层，从而使应用层协议可以直接建立在 SSL 上。

SSL 协议包括两个子协议：SSL 记录协议和 SSL 握手协议。SSL 记录协议建立在可靠的传输协议（如 TCP）上，用来封装高层的协议。SSL 握手协议准许服务器端与客户端在开始传输数据前，能够通过特定的加密算法相互鉴别。

2. 认证服务器的身份

一个支持 SSL 的客户端软件通过下列步骤认证服务器的身份。

（1）服务器端传送的证书中获得相关信息。

（2）当天的时间是否在证书的合法期限内。

（3）签发证书的机关是否是客户端信任的。

（4）签发证书的公钥是否符合签发者的数字签名。

（5）证书中的服务器域名是否符合服务器自己真正的域名。

（6）服务器被验证成功，客户继续进行握手过程。

3. 认证客户端的身份

一个支持 SSL 的服务器通过下列步骤认证客户端的身份。

（1）客户端传送的证书中获得相关信息。

（2）用户的公钥是否符合用户的数字签名。

（3）当天的时间是否在证书的合法期限内。

（4）签发证书的机关是否服务器端信任的。

（5）用户的证书是否被列在服务器的轻量目录访问协议（lightweght directory access protocol，LDAP）里用户的信息中。

（6）得到验证的用户是否仍然有权限访问请求的服务器资源。

SSL 虽然成本低廉且使用方便，但缺点也较为明显。SSL 的缺点为：SSL 使用复杂的数学公式进行数据加密和解密，这些公式的复杂性根据密码的强度不同而不同。高强度的计算会使多数服务器停顿，导致性能下降。多数 Web 服务器在执行 SSL 相关任务时，吞吐量会显著下降，性能比在只执行 HTTP1.0 连接时的速度慢 50 多倍。

（二）SET 协议

SET 提供对买方、商户和收单行的认证，确保交易数据的安全性、完整性和交易的不可否认性，特别是保证了不会将持卡人的信用卡号泄露给商户。

SET 协议比 SSL 协议复杂许多，因为前者不仅加密两个端点间的单个会话，它还可以加密和认定三方间的多个信息。

SET 交易分以下三个阶段进行。

（1）在购买请求阶段，用户与商家确定所用支付方式的细节。

（2）在支付的认定阶段，商家会与银行核实，随着交易的进展，他们将得到付款。

（3）在受款阶段，商家向银行出示所有交易的细节，然后银行以适当方式转移存款。

1. SET 协议的优点

SET 与 SSL 相比主要有以下四个方面的优点。

（1）SET 对商家提供了保护自己的手段，使商家免受欺诈的困扰，使商家的运营成本降低。

（2）对买方而言，SET 保证了商家的合法性，并且用户的信用卡号不会被窃取，SET 替买方保守了更多的秘密使其在线购物更加轻松。

（3）银行和发卡机构以及各种信用卡组织（如 VISA、MasterCard）非常喜爱 SET，因为 SET 帮助它们将业务扩展到互联网这个广阔的空间中，从而使得信用卡网上支付具有更低的欺骗概率，这使得它比其他支付方式具有更大的竞争力。

（4）SET 对于参与交易的各方定义了互操作接口，一个系统可以由不同厂商的产品构筑。

2. SET 协议的缺陷主要有以下几方面。

（1）协议没有说明收单银行给在线商店付款前，是否必须收到买方的货物接受证书。否则的话，在线商店提供的货物不符合质量标准，买方提出疑义，责任由谁承担。

（2）协议没有担保"非拒绝行为"，这意味着在线商店没有办法证明订购是不是由签署证书的买方发出的。

（3）SET 技术规范没有提及在事务处理完成后，如何安全地保存或销毁此类数据，是否应当将数据保存在买方、在线商店或收单银行的计算机里。这些漏洞可能使这些数据以后受到潜在的攻击。

（4）在完成一个 SET 协议交易的过程中，需验证电子证书 9 次，验证数字签名 6 次，传递证书 7 次，进行 5 次签名、4 次对称加密和 4 次非对称加密。

（5）SET 的证书格式比较特殊，虽然也遵循 X. 509 标准，但它主要是由 VISA 和 MasterCard 开发并按信用卡支付方式来定义的。银行的支付业务不光是卡支付业务，而 SET 支付方式和认证结构仅适应于卡支付，对其他支付方式是有所限制的。

（6）一般认为，SET 协议保密性好，具有不可否认性，SETCA 是一套严密的认证体系，可保证电子商务交易安全顺利地进行。事实上，安全是相对的，我们提出电子商务中信息的保密性问题，即要保证支付和订单信息的保密性，也就是要求商户只能看到订单信息，支付网关只能解读支付信息。

【相关知识】

一、电子商务中的安全隐患

（一）信息的截获和窃取

如果没有采用加密措施或加密强度不够，攻击者可能通过互联网、公共电话网、搭线、电磁波辐射范围内安装截收装置或在数据包通过的网关和路由器上截获数据等方式，获取机密信息，或通过对信息流量和流向、通信频度和长度等参数的分析，推出有用信息，如消费者的银行账号、密码以及企业的商业机密等。

（二）信息的篡改

当攻击者熟悉了网络信息格式以后，通过各种技术方法和手段对网络传输的信息进行中途修改，并发往目的地，从而破坏信息的完整性。这种破坏手段主要有三个方面：篡改——改变信息流的次序，更改信息的内容，如购买商品的出货地址；删除——删除某个消息或消息的某些部分；插入——在消息中插入一些信息，让收方读不懂或接收错误的信息。

（三）信息假冒

当攻击者掌握了网络信息数据规律或解密了商务信息以后，可以假冒合法用户或发送假冒信息来欺骗其他用户，主要有两种方式。一是伪造电子邮件，虚开网站和商店，给用户发电子邮件，收订货单；伪造大量用户，发电子邮件，穷尽商家资源，使合法用户不能正常访问网络资源，使有严格时间要求的服务不能及时得到响应；伪造用户，发大量的电子邮件，窃取商家的商品信息和用户信用等信息。二是为假冒他人身份，如冒充领导发布命令、调阅密件；冒充他人消费、栽赃；冒充主机欺骗合法主机及合法用户；冒充网络控制程序，套取或修改使用权限、通行字、密钥等信息；接管合法用户，欺骗系统，占用合法用户的资源。

（四）交易抵赖

交易抵赖包括多个方面，如发信者事后否认曾经发送过某条信息或内容；收信者事后否认曾经收到过某条消息或内容；购买者做了订货单不承认；商家卖出的商品因价格差而不承认原有的交易。

案例 5-3

淘宝"错价门"引发争议

互联网上从来不乏标价1元的商品。近日，淘宝网上大量商品标价1元，引发网民争先恐后哄抢，但是之后许多订单被淘宝网取消。随后，淘宝网发布公告称，此次事件为第三方软件"团购宝"交易异常所致。部分网民和商户询问"团购宝"客服得到自动回复称："服务器可能被攻击，已联系技术紧急处理。"这一事件暴露出来的我国电子商务安全问题不容小觑。在此次"错价门"事件中，消费者与商家完成交易，成功付款下了订单，买卖双方之间形成了合同关系。作为第三方交易平台的淘宝网关闭交易，这种行为本身是否合法？按照我国现行法律法规，淘宝网的行为涉嫌侵犯了消费者的自由交易权，损害了消费者的合法权益，应赔礼道歉并赔偿消费者的相应损失。目前，我国电子商务领域安全问题日益凸显，如支付宝或者网银被盗现象频频发生，给用户造成越来越多的损失，这些现象对网络交易和电子商务提出了警示。然而，监管不力导致消费者权益难以保护。公安机关和电信管理机关、电子商务管理机关应当高度重视电子商务暴露的安全问题，严格执法、积极介入，彻查一些严重影响互联网电子商务安全的恶性事件，切实保护消费者权益，维护我国电子商务健康有序的发展。

二、电子商务安全需求

电子商务面临的威胁的出现导致了对电子商务安全的需求，也是真正实现一个安全电子商务系统所要求做到的各个方面，主要包括机密性、完整性、认证性、不可抵赖性和有效性。

（1）机密性。电子商务作为交易的一种手段，其信息直接代表着个人、企业或国家的商业机密。传统的纸面贸易都是通过邮寄封装的信件或通过可靠的通信渠道发送商业报文来达到保守机密的目的。电子商务是建立在一个较为开放的网络环境上的（尤其互联网是更为开放的网络），维护商业机密是电子商务全面推广应用的重要保障。因此，要预防非法的信息存取和信息在传输过程中被非法窃取。机密性一般通过密码技术来对传输的信息进行加密处理来实现。

（2）完整性。电子商务简化了贸易过程，减少了人为的干预，同时带来维护贸易各方商业信息的完整、统一的问题。由于数据输入时的意外差错或欺诈行为，可能导致贸易各方信息的差异。此外，数据传输过程中信息的丢失、信息重复或信息传送的次序差异也会导致贸易各方信息的不同。贸易各方信息的完整性将影响到贸易各方的交易和经营策略，保持贸易各方信息的完整性是电子商务应用的基础。因此，要预防对信息的随意生成、修改和删除，同时要防止数据传送过程中信息的丢失和重复并保证信息传送次序的统一。完整性一般可通过提取信息消息摘要的方式来获得。

（3）认证性。由于网络电子商务交易系统的特殊性，企业或个人的交易通常都是在虚拟的网络环境中进行，所以对个人或企业实体进行身份性确认成了电子商务中很重要的一环。对人或实体的身份进行鉴别，为身份的真实性提供保证，即交易双方能够在相互不见面的情况下确认对方的身份。这意味着当某人或实体声称具有某个特定的身份时，鉴别服务将提供一种方法来验证其声明的正确性，一般都通过证书机构认证中心和证书来实现。

（4）不可抵赖性。电子商务可能直接关系到贸易双方的商业交易，如何确定要进行交易的贸易方正是进行交易所期望的贸易方，这一问题则是保证电子商务顺利进行的关键。在传统的纸面贸易中，贸易双方通过在交易合同、契约或贸易单据等书面文件上手写签名或印章来鉴别贸易伙伴，确定合同、契约、单据的可靠性并预防抵赖行为的发生。这也就是人们常说的"白纸黑字"。在无纸化的电子商务方式下，通过手写签名和印章进行贸易方的鉴别已是不可能的。因此，要在交易信息的传输过程中为参与交易的个人、企业或国家提供可靠的标识。不可抵赖性可通过对发送的消息进行数字签名来获取。

（5）有效性。电子商务以电子形式取代了纸张，那么如何保证这种电子形式的贸易信息的有效性则是开展电子商务的前提。电子商务作为贸易的一种形式，其信息的有效性将直接关系到个人、企业或国家的经济利益和声誉。因此，要对网络故障、操作错误、应用程序错误、硬件故障、系统软件错误及计算机病毒所产生的潜在威胁加以控制和预防，以保证贸易数据在确定的时刻、确定的地点是有效的。

三、数字证书

（一）数字证书原理

数字证书（digital ID）又称为数字凭证、数字标识，是一个经证书授权中心数字签名的包含公开密钥拥有者信息以及公开密钥的文件。最简单的证书包含一个公开密钥、名称以及证书授权中心的数字签名。数字证书还有一个重要的特征就是只在特定的时间段内有效。一个标准的 X.509 数字证书包含以下一些内容。

（1）证书的版本信息。

（2）证书的序列号，每个证书都有一个唯一的证书序列号。

（3）证书所使用的签名算法。

（4）证书的发行机构名称，命名规则一般采用 X.500 格式。

（5）证书的有效期，现在通用的证书一般采用 UTC（universal time coordinated，协调世界时）时间格式，它的计时范围为 1950~2049 年。

（6）证书所有人的名称，命名规则一般采用 X.500 格式。

（7）证书所有人的公开密钥。

（8）证书发行者对证书的签名。

数字证书采用公开密码密钥体系，即利用一对互相匹配的密钥进行加密、解密。每个用户自己设定一把特定的仅为本人所知的私有密钥，用它进行解密和签名；同时设定一把公共密钥并由本人公开，为一组用户所共享，用于加密和验证签名。当发送一份保密文件时，发送方使用接收方的公共密钥对数据加密，而接收方则使用自己的私人密钥解密，这样信息就可以安全无误地到达目的地了。

在网上的电子交易中，若双方出示了各自的数字证书，并用它来进行交易操作，那么双方都不必要为对方身份的真伪担心。证书可用于：安全电子邮件、网上缴费、网上炒股、网上招标、网上购物、网上企业购销、网上办公、软件产品和电子资金移动等安全电子商务活动。

（二）数字证书的类型

常用的数字证书有以下几种类型。

（1）个人身份证书。

（2）个人 email 证书。

（3）单位证书。

（4）单位 email 证书。

（5）应用服务器证书。

（6）代码签名证书。

（三）认证中心的作用

（1）证书的颁发。
（2）证书的更新。
（3）证书的查询。
（4）证书的作废。
（5）证书的归档。

【学习评价】

<table>
<tr><td rowspan="2">项目</td><td colspan="2">内容</td><td colspan="3">评价
（评价分为四个等次，分别为4优秀、3良好、2合格、1不合格，请在下表中填入评价分值）</td></tr>
<tr><td>学习目标</td><td>评价项目</td><td>个人评价</td><td>小组评价</td><td>教师评价</td></tr>
<tr><td rowspan="2">知识</td><td>分析比较两种加密体制</td><td>1.原理
2.密钥
3.算法
4.参与方所需密钥数量</td><td></td><td></td><td></td></tr>
<tr><td>掌握常见安全认证手段</td><td>1.数字摘要
2.数字签名
3.数字时间戳</td><td></td><td></td><td></td></tr>
<tr><td rowspan="3">技能</td><td>登录一家网站，记录该网站所使用的保证用户数据传输、存储安全的措施</td><td>1.在进行网上购物时，是否要求用户注册和登录，并输入密码
2.在使用信用卡进行网上支付时，是否要求用户输入信用卡密码
3.保证用户数据传输、存储安全的措施</td><td></td><td></td><td></td></tr>
<tr><td>请任意选择三家电子商务网站，并记录下这三家网站在网上支付中所用的协议</td><td>1.三家电子商务网站网址
2.三家网站所用的网上支付协议</td><td></td><td></td><td></td></tr>
<tr><td>登录上海市电子商务安全证书管理中心网站，申请个人电子邮件数字证书</td><td>1.申请步骤
2.密码信封序列号
3.证书有效时间
4.证书是否已下载
5.遇到的问题</td><td></td><td></td><td></td></tr>
<tr><td colspan="2">总评</td><td></td><td></td><td></td></tr>
</table>

【实践能力拓展】

一、案例

信息窃密案例

信息窃密是指秘密地从某机构复制计算机信息并非法拿走它们。近些年来，国外已发生多次信息窃密活动。

日本某杂志社发行代理公司，将耗资 5 亿元收集到的订户名单等公司商业绝密信息委托给太平洋计算机中心处理，在转手处理过程中，其信息磁带被人转录，并以 82 万日元出手获利。

20 世纪 70 年代，美国太平洋安全银行雇用的计算机技术顾问，通过银行计算机，将一千多万美元转到瑞士苏黎世银行，构成美国当时最大的盗窃案。

俄罗斯一家贸易公司的计算机人员，通过计算机互联网络把纽约华尔街花旗银行计算机系统中的三家银行账户资金，转到他们在美国加利福尼亚州银行和以色列银行账户中，非法转账资金高达 1 000 万美元。后来虽经客户银行发现并提出指控，警方将作案罪犯逮捕，追回 960 美元赃款，但此案以使人们警觉到互联网上的信息海洋并非安全之地，信息窃密活动随时可能侵入计算机网络。

资料来源：宋文官. 电子商务概论. 第二版. 北京：高等教育出版社，2008

二、案例分析

《美国研究》杂志曾提供过关于信息窃密问题的最重要的一组证据。它调查了 3 000 多家不同规模的公司，走访了 500 所大学的计算机主管人员、250 个研究实验室、500 家软件公司、500 家政府机构和 250 家非营利组织。报告指出，88% 的部门因计算机窃贼的攻击而发生过数据丢失和经济损失，大多数被调查者经历过每次损失估计 500 美元以下的攻击。

从目前发生的众多窃密案件来看，实施窃密行为的主要途径有：口令滥用（32%）、篡改数据（18%）、篡改程序（12%）、破坏数据（12%）、输出变更或输出信息（10%）、不正确回叫结果（9%）。目前，仍有大约 34% 的窃贼攻击所采用的方式是无法被检测出来的。

由于电子商务活动中所处理、传输、存储的都是交易信息和金融信息，对其进行攻击将可能获得巨大的利益，因此各类不法分子趋之若鹜。而一旦电子商务系统遭受攻击，将会造成个人客户、企业客户、银行的巨大损失，甚至是国家经济命脉的瘫痪和国家经济的崩溃，因此电子商务系统所面临的巨大的安全威胁不容忽视。

三、实践困境讨论

社交网络和大数据时代的隐私困境

中国《管子》里有句话叫"墙有耳，伏寇在侧"，西方关于"Dionysius of Syracuse"（叙拉古的戴奥尼夏）的传说里也有"the wall shave ears"（隔墙有耳）的典故。古训告诫人们要瞻前顾后、凡事小心，免得祸从口出、惹是生非。然而在这个社交网络和大数据齐头并进的时代，大家似乎早就忘记了这名句。

"晚上 7：30，和老公在上海人家餐馆吃了一品狮子头；10：42，用高露洁牙膏刷牙终于不再牙龈出血；10：45，新的卸妆油不太好用；10：50，在床上用 iPad 阅读《悲惨世界》；11：00，在大学路 123 号跟所有粉丝道声晚安。"社交网络在记录生活点滴同时卸掉了人们保护隐私的盔甲。这个例子的主人公在社交大数据面前几乎是赤裸的。

　　假设来自中东的新移民电子工程师约翰为了改建自己家的后花园，几天前从某网站购买了大量的钉子和化肥，同时他又为妻子买了新的高压锅。前一天他感染上了流感，于是在一个夏天的周一穿上了厚厚的马甲来到地铁站。妻子叮嘱约翰上班前把邮件送到邮局，于是他在地铁站用手机给妻子发短信，内容是"Didn't get a chance but will do it"（还没有机会但是我会去做的）。由于忙着发短信，约翰错过了他要搭乘的地铁。在地铁站川流不息的人流中，一个在夏季身着棉袄的人站在车门前盯着手机纹丝不动，这立即引起了警察的注意，他们将约翰逮捕并移交美国国家安全局。大数据的分析结果告诉他们约翰不但购买了可以用来制造杀伤性武器的原料，而且常年在网络上搜索遥控电路的设计图，行为高度可疑。这一系列的偶然在执法部门看来都是必然，虽然他们没有找到确凿的证据给约翰定罪，但是有搜集的数据帮他们说话，约翰成了重点监视对象。若干年后，约翰希望去英国参加他弟弟的毕业典礼，但上次的意外让他上了各大航空公司的禁飞名单，更无法获取签证。

　　如果把约翰看做是一个点，那么收集到的信息通过和政府原有行政数据的整合，能够在计算机世界里重建一张巨大而复杂的社会关系网，而 Facebook 和微博上的虚拟人际网络对其来说只能是冰山一角。不单单是美国国家安全局对这张网梦寐以求，从司法部到地方警察局，从亚马逊购物网络到梅西百货公司，没有一个不会为其折腰。恰恰令人担心的是，这些数据并非全部由美国国家安全局和联邦调查局自己处理，因此美国安全局很难保证外包公司从政府拿到数据后不会利用其中的个人或者公司数据间接获取经济利益。试想华尔街证券交易员的通信记录都掌握在这些公司的员工手里，会不会有人在金钱的诱惑下放弃职业操守，铤而走险进行"内线交易"。

【情景实训】

实训主题：使用数字证书发送安全电子邮件。

课时：2 学时。

地点：机房。

实训目的：

（1）掌握免费个人数字证书申请、安装、导入和导出。

（2）掌握 Outlook Express 的配置。

（3）掌握使用数字证书签发安全电子邮件的流程。

实训内容：

（1）加密邮件与签名邮件有什么区别？

（2）随着《中华人民共和国电子签名法》（简称《电子签名法》）的颁布实施，签名电子邮件具有法律效力吗？

（3）为什么发送加密邮件需要对方的数字证书？其加密原理是什么？

（4）能用他人的证书发送签名邮件吗？为什么？

（5）请用 Outlook Express 设置签名及加密邮件，比较与 Foxmail 的异同。

（6）同学间互发签名和加密邮件，截屏后的图片插入 Word 中。要求邮件主题和内容能显示出姓名和学号，以及图中有明显的签名和加密标识。

实训结果：

在实验结束时，教师根据实验结果文件检查并记录学生的实验完成情况，包括完成时间、完成质量等，并要求学生在课后按格式填写教师统一提供的"实验报告"电子版，在规定时间内提交电子版或纸面版，以供考评。

【教学策略研讨】

1. 如何有效开展本任务的课堂教学和实践教学？
2. 在本任务教学过程中，需要准备哪些教学用的材料或者教学工具？

任务二　电子商务法律问题

【学习目标】

1. 能应用域名管理知识解决企业域名注册问题、分析域名抢注案例。
2. 学会应用电子合同相关知识解决实际工作案例。
3. 学会处理网上业务中可能涉及的知识产权、隐私权等问题。

【任务描述】

诚信守法

××公司成立电子商务事业部的目的在于大力拓展"创格讯"数码播放器的网上业务。小丁在网上了解知识产权的过程中认识到：企业域名是知识产权的一项内容，但还没有得到人民的普遍重视。于是，小丁提醒王经理及时注册"创格讯"的企业域名，却发现与自己企业相关的很多域名都被别人注册了。怎么办呢？

不久后的一天，网站收到一条关于一款价值594元的MP4的订购信息，小丁查验了订单的产品信息和客户信息，没发现异样，订单是由一个已留有身份证号码的注册用户陈某发来的。于是，小丁马上联系配货部门按陈某的要求送货上门。但当货物送到陈某家中时，陈某却说订单是由其9岁的孩子没经过他同意私自订下的，并以"孩子未满十周岁，是无民事行为能力人"为由，拒绝接受MP4并拒付货款。合同是否真的无效？

资料来源：陈南泥. 电子商务实务. 北京：高等教育出版社，2011

【任务分析】

1. 如何注册域名？
2. 网站接到的订单是否有效呢？
3. 电子商务中还有其他相关法律问题吗？

【任务实施】

电子商务法律的认识过程如图5-23所示。

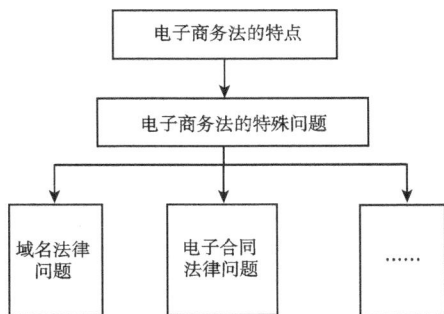

图 5-23 电子商务法律认识过程

一、电子商务法的特点

（一）技术性

在电子商务法中，许多法律规范都是直接或间接地由技术规范演变而成的。例如，一些国家将运用公开密钥体系生成的数字签名，规定为安全的电子签名。这样就将有关公开密钥的技术规范，转化成了法律要求，对当事人之间的交易形式和权利义务的行使，都有极其重要的影响。另外，关于网络协议的技术标准，当事人若不遵守，就不可能在开放环境下进行电子商务交易。所以，技术性特点是电子商务法的重要特点之一。倘若从时代背景上看，这正是 21 世纪知识经济在法律上的反映。技术规范的强制力，导源于其客观规律性，它是当代自然法的主要渊源，理想的实证法只能对之接受，而不能违抗。

（二）开放性

从民商法原理上讲，电子商务法是关于以数据电信进行意思表示的法律制度，而数据电信在形式上是多样化的，并且还在不断发展之中。因此，必须以开放的态度对待任何技术手段与信息媒介，设立开放型的规范，让所有有利于电子商务发展的设想和技巧，都能容纳进来。目前，国际组织及各国在电子商务立法中，大量使用开放型条款和功能等价性条款，其目的就是为了开拓社会各方面的资源，以促进科学技术及其社会应用的广泛发展。它具体表现在：电子商务法的基本定义的开放、基本制度的开放，以及电子商务法律结构的开放这三个方面。

（三）复合性

这一特点是与口头及传统的书面形式相比较而存在的。电子商务交易关系的复合性，导源于其技术手段上的复杂性和依赖性。它表现在通常当事人必须在第三方的协助下，完成交易活动。例如，在合同订立中，需要有网络服务商提供接入服务，需要有认证机构提供数字证书等。即便在非网络化的、点到点的电信商务环境下，交易人也需要通过电话、电报等传输服务来完成交易。或许有企业可撇开第三方的传输服务，自备通信设施进行交易，但这样很可能徒增成本，有背于商业规律。此外，在线合同的履行，可能需要第三方加入协助履行。例如，在线支付，往往需要银行的网络化服务。这就使得电子交易形式具有复杂化的特点。实际上，每一笔电子商务交易的进行，都必须以多重法律关系的存在为前提，这是传统口头或纸面条件下所没有的。它要求多方位的法律调整，以及多学科知识的应用。

（四）安全性

计算机及网络技术的发展使各行各业对计算机信息系统具有极强的依赖性，与此同时，计算机"黑客"和计算机病毒也变得越来越猖獗，它们对计算机信息系统的侵入或攻击可能使商家的商业秘密被窃取、经营数据被破坏和丢失，甚至使计算机信息网络陷入瘫痪，这将给商家乃至整个社会造成极大的损失。电子商务法通过对电子商务安全性问题进行规定，有效地预防和打击各种计算机犯罪，切实保证了电子商务乃至整个计算机信息系统的安全运行。

二、电子商务法的特殊问题

电子商务的突出特征是利用互联网构成的虚拟市场完成各种商业活动，这个虚拟市场构成了一个区别于传统商务环境的新环境。交易环境和交易手段的改变，产生了大量传统法律难以调整的法律新问题，这些问题大致有以下几种。

（一）网上交易主体及市场准入问题

现行法律的体制下，任何长期固定从事盈利性事业的主体都必须进行工商登记。在电子商务的环境下，任何人不经登记就可以借助计算机网络发出或接受网络信息，并通过一定程序与其他人达成交易。虚拟主体的存在使电子商务交易安全性受到严重威胁。

电子商务法首先要解决的问题就是确保网上交易主体的真实存在，并且确定哪些主体可以进入虚拟市场从事在线服务。目前，在线交易主体的确认只是一个网上商业的政府管制问题，主要依赖工商管理部门的网上商事主体公示制度和认证制度记忆解决。

（二）电子合同问题

在传统商业模式下，除即时清洁的或数额小的交易无需记录外，一般都要签订书面合同，以免在对方失信而不履约时作为证据，追究对方的责任。而在在线交易情形下，所有当事人的意思表示均以电子化的形式存储于计算机硬盘或其他存贮介质中。这些记录方式不仅容易被删除、更改、复制、遗失，而且不能脱离其记录工具（计算机）而作为证据独立存在。电子商务法需要解决由于电子合同与传统合同的差别而引起的诸多问题，突出表现在签名有效性、合同收讫、合同成立地点、合同证据等方面。

（三）电子商务中的物流问题

电子商务中的物流分两种，一种是有形物流，另一种是无形物流，应当说，解决有形物流的交付问题仍然可以沿用传统合同法的基本原理。当然，对于物流配送中引起的一些特殊问题，也要做一些探讨。而无形物流则具有不同于有形物流交付的特征，对于其权利的移转、退货、交付的完成等需要做详细的探讨。

（四）网上支付问题

典型的电子商务的支付应该是在网上完成的。网上支付通过信用卡支付和虚拟银行的电子资金划拨来完成，而实现这一过程涉及网络银行与网络交易客户之间的协议、网络银行与网站之间的合作协议以及安全保障问题，因此，需要制定相应的法律，认可数字签名的合法性，同时还应出台对于网上支付数据的伪造、变造、更改、涂销等问题的处理办法。

（五）网上不正当竞争与网上无形财产保护问题

互联网为企业带来了新的经营环境和经营方式。在这个特殊的经营环境中，同样会产生许多不正当的竞争行为。这些不正当竞争行为有的与传统经济模式下的不正当竞争行为相似，有些则是在网络环境下产生的新的特殊的不正当竞争行为。这些不正当竞争行为大多与网上新形态的知识产权或无形财产权的保护有关，特别是一些针对域名、网页、数据库等所引起的传统法律系中所没有的不正当竞争行为，更需要探讨新的法律规则。这便是网上不正当竞争行为的规制问题。实际上，保护网上无形财产是维持一个有序的电子商务运营环境的重要措施。

（六）电子签名问题

在电子商务中，交易双方或多方可能远隔万里而互不相识，甚至在整个交易过程中自始至终不见面，传统的签字方式很难应用于这种交易。因此，人们需要用一种电子签字机制来相互证明各自的身份。

三、域名法律问题

（1）以中国万网为例，在浏览器地址栏输入"http://www.wanwang.aliyun.com"登录中国万网，进行域名注册。

中国万网成立于 1995 年，是中国领先的互联网应用服务提供商。万网致力于为企业客户提供完整的互联网应用服务，以帮助企业客户真正实现电子商务应用，提高企业的竞争能力。其服务范围有：基础的域名服务、主机服务、网站建设、网络营销、语音通信、高端企业电子商务解决方案和顾问咨询服务等。

（2）单击"域名服务"栏目，打开域名查询页面，选择英文域名，在域名输入框中输入"创格讯"的拼音缩写"cgx"，选择".com" ".cn" ".net" ".com.cn"等域名后缀进行相关查询。查询结果显示域名已被注册。

（3）对于已经被注册使用的"cgx"相关域名，暂时已经无法注册也不能使用了，否则会构成侵权行为，要承担法律责任。公司只能通过与现有的使用者进行沟通和协商，看看对方是否愿意转让域名。即使对方愿意转让"cgx"相关域名，公司付出的代价也可能会相对比较高。经过部门的一轮讨论，最后王经理决定放弃使用"cgx"作为公司网站域名，退而求其次对"chuanggexun"这类尚未被注册的域名提出注册申请。

四、电子合同法律问题

（一）分析工作案例

小丁面对陈某拒收拒付的理由，觉得很无奈，又很不甘心。他和同事们都认为：由于该男童是使用其父亲陈某的身份注册信息并登录网站实施购买的，那么从公司网站所掌握的信息来看，与其达成 MP4 网络购销合同的当事人是一个有完成民事行为能力的正常人，所有公司不应当就合同的无效承担责任。但这份电子合同在法律上到底有效吗？

（二）认识电子合同

电子合同虽然不像传统的合同那样具备书面形式，但合同法已经明确规定电子交易具备合同的法律效力。就网上交易的过程来看，商家在网上发布的商品信息是要约，即希望和买家订合同的意思。买家在网上下订单是承诺，即买家同意卖家的条件。当买家下单的电子信息进入卖家的服务器时，买卖双方的合同关系即成立，所以如果有一方不履行网上的订单信息，就是一种违约行为，需要承担违约责任。

（三）电子合同的法律效力分析

电子合同法律效力分析的几个要点如下。

（1）电子合同作为各方当事人的真实意愿表示，具有与书面文件同等的法律效力，不能仅因其不是采用传统书面文件的形式而加以歧视。

（2）经过电子签名的电子数据，在具备必要的技术保障下，符合传统法律中书面签名与书面原件的要求，起到与"经签署的文书"和"经签署的原件"同等的法律效力。

（3）在任何法律诉讼中，电子数据具有与其他传统证据形式相同的可接受性，不因为其是电子数据的形式而不被接受或影响其证据力。

（4）以电子数据为载体的电子合同，不因其采用该载体形式而影响其法律效力、有效性和可执行性，只要其符合法律的其他一些规定，如不欺诈等，就享有与传统书面合同一样的法律效力。

（5）在电子合同成立的主体确认方面，订约主体既可以是自然人、法人或其他社会组织，可以是双方当事人，也可以是多方当事人。但由于互联网是个虚拟世界，人们不能像传统商务活动中那样面对面进行交易，双方当事人是利用计算机按键或鼠标来发出信息表示，很容易产生冒用他人名义进行商务活动及网站如何认定相对人是否为无民事行为能力或限制民事行为能力人等系列法律问题。在处理法律纠纷时，应充分考虑保护无过错当事人的合法权益。

（四）从电子合同的法律效力中找到解决问题的关键

陈某声称该电子合同是由不具备民事行为能力的小孩订立的，应该属于无效合同。但根据电子合同的法律效力分析，在合同订立中，网站方不存在任何过错；而陈某作为小孩的监护人监管不到位，应当对合同无效给网站造成的损失承担赔偿责任。

同时，小丁将案例以论坛帖子形式发布，也得到了专家的专业回复："你的案子中是陈某 9 岁的儿子在网络上订立了买卖合同。根据我国《民法通则》的规定，对于一个未满 10 周岁的儿童来说，他是无民事行为能力者。无民事行为能力人订立的合同无效，所以陈某拒付货款的行为本来也无可厚非。但是，由于孩童是以其父的身份证登录客户信息，如果网站有充分的证据证明其已经尽到了必要的义务，那么完全无视网站利益受到侵害的事实则有失公平。另外，陈某作为其子的监护人和其身份证的合法持有人，没有尽到相应的管教义务和保管义务，导致其子滥用其身份证进行登录注册，应当对合同无效给网站造成的损失承担责任。所以，购物网站有权要求陈某承担货物的往返运费和其他交易费用。"

【相关知识】

一、域名

域名（domain name），就是用人性化的名字表示主机地址，这比用数字式的 IP 地址表示主机地址更容易记忆。一个域名由若干部分组成，各部分用"."分隔，最后一部分是一级域名，也称顶级域名。域名具有三个特征。

第一，标识性。域名最初的基本功能就是标识特定的计算机地址。因为，任何市场主体要在互联网上从事商业活动，首先要使别人能在互联网上找到自己，即确定自己的位置，而在互联网上确定自己的位置就要靠域名。正由于这个基本的功能，域名的其他潜在功能被开发了，被广泛地用来做一种商业标识符号，成为发展电子商务的基本手段。于是商家总想选择一个好听的、给人深刻印象的域名，希望以此来扩大影响，带来商机。

第二，唯一性。互联网上每台计算机都有一个全球唯一的 IP 地址，这是互联网上一个最基本的技术保障基础。IP 地址对应的域名也是全球唯一的，这是域名标志性的根本保障。

第三，排他性。由于互联网是覆盖全球的计算机网络，使用范围的广泛性决定了域名必须具有绝对的排他性。在域名申请上遵循"先申请先注册"的原则，即只有欲申请注册的域名不与已注册的所有域名相同，才能获得注册，一旦注册成功，它就必须排斥此后欲申请注册的与此相同的域名。可见，域名的排他性是其唯一性的进一步延展和必要保证。域名的唯一性是全球范围的，因此其排他性也必须是全球性的、绝对的。

美国 1999 年 8 月 26 日通过《统一域名争议解决方法》，这个政策与《域名注册协议》《统一域名争议解决方法程序规则》《域名争议解决机构的补充规则》以期作为域名争议政策，同年 11 月又通过《域名反抢注法》。我国也通过了《中国互联网络域名管理办法》和《中国互联网络信息中心域名争议解决办法》等相关法律。

二、电子合同

美国统一州法委员会于 1999 年 7 月制定的《统一电子交易法》（Unified Electronic Transaction Code，UETC）对合同和电子方式定义为："合同"是指当事人根据本法案和其他适用法订立的协议所产生的全部法律义务。"电子方式"是指采用电学、数字、磁、无线、光学、电磁或相关手段的技术。

2000 年 8 月修正的《统一计算机信息交易法》（Uniform Computer Information Transactions Act，UCITA）第 2 条（a）款（17）项和（26）项采用了与《统一电子交易法》相同的定义。这两部法案与联合国《电子商务示范法》的定义方式是类似的，即不明文规定电子合同的定义，而是强调了"电子"的内涵，凡符合以"电子"形式订立的合同即属电子合同。1999 年 3 月我国颁布了新的《中华人民共和国合同法》（简称《合同法》）。《合同法》在合同形式方面大胆地吸收了数据电文形式，并将之视为书面合同。可以说是世界上第一部采纳电子合同形式的合同法。这为电子合同的推广应用以及为今后的电子商务立法奠定了基础。

从我国当前电子商务开展的情况看，基本上有这样三种合同履行方式：第一种是在线付款、在线交货。此类合同的标的是信息产品，如音乐的下载。第二种是在线付款、离线交货。第三种是离线付款、离线交货。后两种合同的标的可以是信息产品也可以是非信息产品。对于信息产品交易而言，既可以选择在线下载的方式也可以选择离线交货的方式。

采用在线付款和在线交货方式完成电子合同履行，与离线交货相比，其履行中的环节比较简单，风险较小，不易产生履行方面的争议。由于信息产品可以采用两种交货方式，故具有代表性。

三、电子签名

以纸张为基础的传统签字主要是为了履行下述功能。

（1）确定一个人的身份。

（2）肯定是该人自己的签字。

（3）使该人与文件内容发生关系。

除此之外，视所签文件的性质而定，签字还有多种其他功能。签字可以证明一个当事方愿意受所签合同的约束；证明某人认可其为某一案文的作者；证明某人同意一份经由他人写出的文件的内容；证明一个人某时身在某地的事实。

应当注意的是，除了传统的手书签字之外，还有各种各样的程序（如盖章、打孔）——有时都称为"签字"——可提供不同程度的确定性。例如，在某些国家，有一条总的规定，货物销售合同如果超过一定的金额，必须经过"签字"才能生效执行。但是，在那种情况下所采用的签字概念是，盖图章、打孔甚至签字印章或者信笺头的印字都可视为满足了签字要求。在另外一些国家，规定在传统的手书签字之外，还须加上额外的安全程序，如再由证人对签字做出确认。

电子签名是指用符号及代码组成电子密码进行"签名"来代替书写签名或印章，它采用规范化的程序和科学化的方法，用于鉴定签名人的身份以及对一项数据电文内容信息的认可。

在以计算机网络为工具的商事交易中，信息的载体已变得无纸化，采用传统书面签名已不再可能，于是就研究开发了能执行传统签名功能的电子形式的签名。广义的电子签字是指凡是能在电子计算通信中起到证明当事人的身份、证明当事人对文件内容的认可的电子技术手段，都可被称为电子签字。狭义的电子签名是指数字签名，所谓的数字签名就是加密后的信息摘要。

确认电子签名的法律效力，关键在于解决两个问题：一是通过立法确认电子签名的合法性、有效性；二是明确满足什么条件的电子签名才是合法的、有效的。联合国贸易法委员会制订的《电子签名示范法》和国内的《电子签名法》可以看到相关条例。后者做了三个方面的规定：一是规定了电子文件在什么情况下才具有法律效力；二是规定了电子文件在什么情况下可以作为证据使用；三是规定了电子文件发送人、发送时间和发送地点的确定标准。

四、网络著作权

案例 5-4

网络著作权和隐私权

云南的一名摄影师，2003 年在香格里拉拍摄了大量当地的风光照片，回来后她把其中的部分照片（8 张）上传到自己的个人网站上用来供网友欣赏和评论，可是过了不久她惊讶地发现与以往一样，这组照片已经被国内的众多网站转载，而她对此却毫不知情，更令她感到气愤的是，有的网站不但没有标明出处，甚至连作者的署名也进行了篡改，与以往不同，这一次她没有直接与网站交涉，因为根据以往的经验，一旦通知了对方，结果肯定是把图删掉然后矢口否认，让作者毫无办法。在与律师联系后，对证据进行了保全，然后向对方正式发出律师函，要求其赔偿损失并赔礼道歉，在证据面前网站虽然承认侵权但答复是只能按每张 50~200 元的价格支付报酬，摄影师不满该结果，2005 年 5 月正式向北京一中院提起了诉讼，经过二审北京市高院做出终审判决：判令被告赔偿原告经济损失 1.6 万元，并支付合理支出 0.16 万元，同时判令被告在其网站上向原告赔礼道歉。

网络著作权，是指著作权人对受著作权法保护的作品在网络环境下所享有的著作权权利。随着计算机网络技术的发展，作品以数字媒体的形式保存和交流，随之而来的问题是如何对数字化的作品进行保护。由于网络数字化的特性使得一般人可以轻易地进行作品的复制、散布、修改等，作品进入网络就面临着在全世界范围内被无偿使用的"危险"。辛勤的智力劳动得不到应有的回报，必然会影响到创作者的积极性，因此，寻求法律的帮助和规范，来保证数字化作品在互联网络中的正当权利显得十分迫切。在网络环境下著作权保护所涉及的新内容主要有以下几方面。

（一）计算机软件

目前，世界上已经建立了一个比较全面的著作权保护法律体系，将计算机软件纳入著作权保护之中，给软件提供及时和完善的保护。计算机软件不同于一般的文学作品，其版权保护对象是搜索操作系统、微程序、固化程序、单点登录（shgle sign on，SSO）、用户接口、数据库、文档、其他应用软件等。作为商品的计算机软件可以注册商标，软件商标是指软件生产者为使自己开发的软件置于软件包装表面或软件运行产生的屏幕显示中以文字、图形等制作的特殊标志。

（二）数据库

数据库有两种形态：一种由版权作品选编、汇集而成，这种当然受版权保护；另一种数据库虽然由不受版权保护的材料组合而成，但因在材料的选择和编排上具有独创性，而构成智力创作成果时，也可作为版权法意义上的编辑作品加以保护。

（三）多媒体

多媒体作品是以图形、动画、声音、音乐、照片、录像等多种方式来展现作品。多媒体作品一般归入"视听作品"的类型加以保护。

为了促进创作而鼓励对现有作品的合理使用，《中华人民共和国著作权法》（简称《著作权法》）对此有明确规定。在互联网上浏览信息是用户上网的最主要目的之一。从著作权保护的角度来看，被浏览信息的下载、打印阅读等都涉及复制、改编作品的行为，但如果是"为个人学习、研究或欣赏"的目的，这种行为可以被纳入合理使用范围。但是我们从网上下载的破解软件，均有相应声明，如"本作品是为个人学习研究之目的，其权利属于软件制作者，下载后 24 小时请删除；如果你认为软件不错，请购买正版"等。这是否属于侵权？答案是肯定的。因为关键是"网站提供下载，属于传播"，因此属于侵权。

五、网络隐私权

案例 5-5

路易莎的烦恼

路易莎是一名美国妇女，她刚刚做了妈妈，由于没时间去逛街，她便在网上商店购买一些婴儿服装、一次性尿布等婴儿用品。每天忙着照看孩子，她不经常上网。一天，她想接收朋友发来的电子邮件，却惊讶地发现，她的电子邮箱里面已经有了几十封邮件，而且全部都是广告邮件，把她的电子邮箱都占满了，除了几封信是她曾购买婴儿用品的网上商店邮寄来的以外，其余的邮件全部来自于她未曾访问过的网站。这些广告向她推荐摇篮、儿童奶粉、哺乳期女性化妆品、书籍《育儿大全》等。是谁把路易莎的邮箱地址泄露了？

信息已经成为社会生活最重要的资源，经营者敏锐地洞察和捕捉各种信息，具有商业价值，因此，任何一种信息都存在被侵犯的可能性。开放的网络为信息的收集提供了强有力的工具，面对强大的"搜索引擎"和来势汹汹的电子商务浪潮，个人隐私权显得更加脆弱，更加容易受到侵犯。对隐私权受到侵害的担忧，一定程度上阻碍了人们参与电子商务活动。美国社会和法律研究中心最近进行的一项调查显示，在经常上网的人群中，近90%的人担心他们的隐私权被侵犯。

侵犯隐私权的模式主要表现在三个方面：个人数据过度收集、个人数据二次开发利用、个人数据交易。这三个方面相互联系，共同对网络隐私权的保护造成威胁。

（一）个人数据过度收集

1. 侵犯通信内容

电子邮件因其快速而廉价的优点越来越为人们所接受，成为一种重要的通信方式，每一分钟都有数以百万计的电子邮件在网络上穿梭。无论是公务、商务还是私人性质的电子邮件在传输的过程中，都存在被拦截的可能。email 信箱也被认为是个人隐私最容易被侵犯的地方之一。对电子邮件的侵犯存在两种方式，一种是直接从用户的 PC 机上获取邮件，另一种是从服务器上对用户邮件进行拦截。其性质都是对用户通信自由的侵犯。

2. 要求消费者填写过于详细的个人数据

目前电子商务中有一种普遍的模式，就是消费者在上网浏览或者购物的时候，总被要求填写含有大量的个人数据的一系列表格，而这些表格中的个人数据过于详尽，不但包括姓名、性别、出生年月、身份证号、家庭地址、电话号码、email 信箱，甚至包括个人收入、职称、信用卡号，大有将个人数据一网打尽之势。还有的经营者以市场调查的形式对消费者的个人数据进行收集，或者是以附赠小礼品、免费信箱等形式诱使消费者自愿填写。收集的目的是什么，对收集到的个人数据采用何种安全保障，都是消费者难以知悉和控制的。这种貌似合理的诱使消费者主动透露个人数据的行为背后往往隐藏着经营者欺诈的恶意。

3. 恶意跟踪分析

Cookies 是网站经常会利用的一种技术，当用户浏览网站时，就会被设定到浏览器内。当用户关闭浏览器时，一些 Cookies 会自动消失，一些就会被储存下来。Cookies 本身有多种功能，一方面可以方便网络用户浏览网站内容，如浏览器可以储存用户进入特定网站时的密码于 Cookies 中，当用户再次进入该网站时，就不必再输入密码。另一方面，它也可以成为网站收集个人数据的工具。类似于 Cookies 的技术在电子商务中经常被经营者所使用。著名的 RealPlayer 软件的生产商 RealNetworks 公司就曾因安装软件收集用户的信息和习惯，秘密发回公司被发现而诉上法庭。

4. 侵入计算机系统获取个人数据

如果上述几种情况可以被视为是窃取个人数据的行为的话，那么侵入计算机系统以获取个人数据就是抢劫了。从网络诞生以来，网络的安全问题就一直是困扰各方的难题。虽然各种安全措施大量使用，但是道高一尺，魔高一丈，侵入计算机系统的事件仍然层出不穷。删除、修改、窃取个人数据不但针对网络用户的个人电脑，而且以储存在政府、企业或者私人资料库中的个人数据为主要目标。

（二）个人数据二次开发利用

1. 恶意传播

恶意传播无论是对于传统的个人隐私，还是网络环境下的个人数据都是最为常见、最为原始的侵害方式。只不过现代科学技术为恶意传播提供了更加通畅的渠道和更为有效的武器。利用传播个人隐私，吸引人们的关注，提高网站点击率，是一些网站增加经济效益的惯用方式。

2. 为商业目的而使用

商家把网上收集到的个人数据存放在专门的数据库中，然后经过数据加工、数据挖掘等方法得到有商业价值的信息。经营者希望通过对消费者的个人数据分析，有针对性地为消费者提供服务，进一步开拓市场，是无可指责的。但关键在于消费者是否愿意接受这种服务、是否会有个人隐私被剥夺了的不良感觉。因为在现实生活中，人们对洞察自己内心世界的行为总是有一种本能的回避和排斥。

（三）个人数据交易

电子商务中的个人数据不但具有价值，更有成为商品的可能。个人数据的私下买卖是在消费者完全不知情的情况下进行的，个人数据的买方付出金钱的代价购得个人数据，目的就是为了换取更大的收益。因此，一旦个人数据的交易完成，消费者的隐私权以及其他相关利益都将受到进一步严重侵犯。

如何在发展电子商务与保护个人隐私权之间寻求一个平衡点是电子商务中隐私权保护最为关键的问题。在商家和消费者之间的平衡，保证个人信息的正常流动，保护网上隐私，使商家提供有针对性的服务，同时又使网上消费者不受非法干扰。首先，需要国家立法支持。在法律法规中应该明确隐私权的地位，用法律的形式规范个人数据的使用，才能够为隐私权保护提供最有力的保障。我国目前还没有关于隐私权的相关立法。其次，需要行业自律。在立法保护的基础上应当建立行业自律体系，由行业自律组织制定行业规范，在行业内部进行管理和监督，这是推进行业自身发展与提高行业道德水平的利器。最后，需提高消费者自我防范意识。除了公共保护机制外，消费者自身也要提高防范意识，采取必要措辞保护自己的隐私权。例如，不应随意泄露个人数据，接收免费下载软件等的诱惑；消费者应树立了解网站如何处理个人数据、如何管理收集到的个人数据的意识；消费者应自行采取技术手段，如给自己的邮箱加密、安装防火墙、在浏览器内加设隐私权保护软件等。

【学习评价】

项目	内容		评价 （评价分为四个等次，分别为4优秀、3良好、2合格、1不合格，请在下表中填入评价分值）		
	学习目标	评价项目	个人评价	小组评价	教师评价
知识	域名保护	1.域名与企业名称的关系 2.域名与商标的关系 3.域名保护			
	电子商务合同	1.电子合同的组成要素 2.数据电文的表现形式 3.电子合同的生效期 4.电子合同的确认 5.电子合同存在的问题			
技能	学会分析电子商务法律案例	1.域名保护案例 2.电子合同案例 3.网络隐私权案例 4.网络著作权案例 5.电子签名案例			
	总评				

【实践能力拓展】

一、案例

广东科龙域名保护

广东科龙（容声）集团有限公司是一家拥有8家中外合资公司、13个子公司的大型企业集团，"kelon"是该企业集团使用多年、并在20余类商品上获准登记的商标。1997年9月，广东科龙（容声）集团有限公司在向中国互联网信息中心申请以"kelon"注册商标作为域名登记时，发现企业名称与中文"科龙"毫不相干的广东永安制衣厂已抢先注册"kelon"域名。

1997年12月的一个下午，神秘电话打给了企管部法规科科长何东，"我叫吴勇，我已经在中国互联网络信息中心用'kelon'注册了域名，如果认为这个域名对贵公司有价值，我可以把它转让给你们。但是，我希望拿到转让费是100万元！"

几番交涉，价钱从 80 万元一路降到 5 万元，此时，对方已失去耐心。于是，何东要求吴勇就此商谈结果传真一份文件，由其向公司领导请示。1998 年 1 月 6 日，吴勇如约发来传真："为了尽快了结关于'kelon'域名的争议权，我要求对方支付现金 5 万元作为补偿，即放弃争议权，并自动注销（域名）。在没商量余地的情况下，则保留争议权。注：何科长口头承诺不对外公开此事。"

科龙集团将一纸诉状递到了"kelon"域名注册地所属辖区法院——海淀区人民法院，把这个叫"吴勇"的人送上了被告席。

法官在广东省新会市荷塘镇南村找到吴勇。对吴勇的身份进行核对后，法官问：

"你何时在互联网络信息中心注册的'kelon'域名？"

"1997 年 9 月 3 日。"

"以什么名义注册？"

"以永安制衣厂的名义注册。"

"你与永安制衣厂的关系？"

"当时就是觉得这个名字顺耳……现在国际上不是流行'克隆'技术吗，我就是将'克隆'的拼音用做了制衣厂的域名，觉得很好听，很喜欢。"

"对原告的诉讼请求有何意见？"

"我现在只要对方给我注册费 2 000 元和年度运行费 300 元，就可以与对方协商，甚至撤销我注册的 kelon 域名。"……

1998 年 12 月 1 日，北京市海淀区人民法院将科龙集团与吴勇域名注册纠纷一案开庭传票送达给被告吴勇。开庭日期确定为 1999 年 3 月 10 日上午 8 时 30 分。

1999 年 3 月 6 日，海淀区法院收到吴勇从广东新会发来的邮政特快专递，表示已要求注销域名。

3 月 10 日，被告吴勇经传票传唤，无故拒不到庭应诉，北京市海淀区人民法院依照民事诉讼法有关规定，缺席开庭审理此案。

3 月 29 日，中国互联网络信息中心致函北京市海淀区人民法院："我单位于 1999 年 3 月 23 日正式接到永安制衣厂关于注销'kelon.com.cn'域名的申请，并于 3 月 25 日完成该域名的注销。同时，广东科龙集团有限公司提交了注册'kelon.com.cn'的域名申请，该域名目前正在处理过程中，特此说明。"

1999 年 4 月 12 日，科龙集团与吴勇域名注册纠纷案原告广东科龙（容声）集团向北京市海淀区人民法院提出撤诉申请。

二、案例分析

在本案开庭前，北京海淀区人民法院曾邀请在法律、技术领域颇具名望的专家学者参加这起国内首例域名争议案的专家听证会。尽管专家们一致认为"域名抢注"是一种有悖道德的行为，但仍然认为缺少依据对"kelon"的归属迅速做出明确的定论，因为我国的域名注册采用注册在先原则。

经过讨论，专家们在三个问题上达成了基本共识。

第一，域名是一种资源，能够给注册人带来利益。域名与商标或商号有相似之处，人们只有通过域名才能找到企业的主页和网站，因此域名是企业在因特网上的识别标志，通常是企业名称中最显著、最独特、最具有识别性的部分，有时就是企业的商标，因此对商家来说是一种宝贵的资源，能给其带来利益。

第二，域名是一种智力成果，具备知识产权的基本特征。在域名构思选择过程中，需要一定创造性劳动，才能使域名独树一帜，起到标志性的作用。另外域名是有文字含义的商业性标志，符合知识产权无形性、专有性的特点。一个显著的域名能够给企业带来一定的经济利益和竞争优势，形成一种无形财产。在实践中，企业也通常将自己知名度最高的商标或商号、这些传统的知识产权注册为域名。因此域名，在某种意义上可以说是传统知识产权客体在因特网上的延伸。世界知识产权组织关于知识产权的定义是开放的，可以是"一切其他地来自工业、科学及文学艺术领域的智力创作活动所产生的权利"，这也给域名作为一种全新的知识产权客体加以保护提供了可能。

第三，"域名抢注"行为是否应该受到法律禁止？域名与商标或商号的联系是紧密的。虽然"被抢注人"可以通过改变二级域名的方式部分达到其利用自身商标或商号注册域名的目的，但毕竟抢注人的抢注行为剥夺了其利用商标或商号注册域名的最直接方式，使其利用商标或商号注册域名的权利无法得以全部实现，损害了其在网络资源方面的利益。那些利用他人商标或商号"搭便车"借机推销自己产品、服务的行为是一种不公平竞争的行为，是应该被法律所禁止的。

对于抢注域名借以敲诈的行为，在现有立法基础上，应该通过下列标准来判定。

（1）被抢注域名与注册人的商标、商号或名称等是否具有必然联系。

（2）注册人在注册域名后是否使该域名下网站的网页闲置。

（3）注册人在抢注域名后是否与"被抢注人"主动联系，进行敲诈。

如果具备上述三个条件，可以通过认定对该域名的注册为"恶意抢注"来宣布抢注人的注册行为无效。应该承认，在立法有待完善的情况下，对上述行为只能延用民法的诚信原则加以规制，真正意义上实现网络世界的公平与诚信，仍然需要法律的支持。

三、实践困境讨论

网络交易中消费者救济困境

网络交易的方便快捷使其以传统交易无可比拟的优势成为众多网民的首选，只需在计算机前轻点鼠标便可达成交易，等待卖家送货上门，从这个意义上来讲大大节约了交易成本，然而一旦出现纠纷，这种优势旋即成为劣势，消费者往往已先行付款，明显处于谈判的劣势地位，消费者在寻求救济时会遭遇以下困境。

（一）被告即责任主体难以确定

网络交易中的经营者往往只凭用户名及密码注册即可网上开店，门槛如此之低，难免不会给某些欺诈行为留下可乘之机，或利用网络销售质劣价高的商品。而相应的监管缺位，在出现纠纷的时候甚至无法找到责任主体，更没有对网络交易经营者欺诈或其他违法行为的惩罚机制，因此难以对经营者形成有效的约束。另外在网络交易中经营者与消费者进行交易往往通过网络交易平台，在交易过程中若因技术原因或者其他可归责于网络服务提供商的原因而出现消费者权益受损情况，此种情况下网络服务提供商是否应承担责任，应承担何种责任及在实践中应如何认定都面临着一系列的问题。

（二）诉讼管辖的困境

地域管辖实际上是着眼于法院与当事人、诉讼标的、诉讼标的物或法律事实的隶属关系来确定的。现行《中华人民共和国民事诉讼法》（简称《民事诉讼法》）对民事诉讼的一般管辖原则是"原告就被告"，这是"正当程序"在诉讼法中的体现，也是从取证容易、诉讼经济、判决有利于执行等角度所做的制度设计。但在网络交易中大多是异地、跨地区的交易，若仍遵照"原告就被告"管辖原则，这无疑给消费者寻求救济增加了困难，一来经营者本身的住所地都难以确定，若对经营者提起诉讼，需到经营者所在地进行，给消费者带来了巨大的诉讼成本，而消费者网上购物一般金额较小，权衡利弊可能选择息事宁人。

（三）消费者行使诉权的成本效益分析

消费者在网上购买的物品一般是生活消费品，金额不大，即使产品质量有瑕疵或者经营者欺诈，若选择诉讼解决纠纷，即使适用简易程序审理，从立案到结案也需耗费 3个月的时间，以及由此带来的金钱、精力的耗费，往往得到的赔偿金额不能弥补为诉讼花费的成本，消费者作为理性的经济人，大多选择沉默，长此以往消费者网上购物的热情便逐渐降低，因此保护消费者的利益不仅增强了消费者的信心，同时有利于在线交易的健康发展。

（四）消费者举证困难

消费者举证涉及电子证据的问题，而目前我国法律尚未对电子证据相关问题做出规定，在现实中遭遇尴尬，究竟电子证据归于何种证据种类？电子证据的证明力如何？考虑到电子证据依托于网络技术，而网络的内容又极易更改，对电子证据的保全提出了更高的要求。而相对于网络运营商来说，消费者的技术力量远远不及，处于劣势地位，因此仍适用"谁主张谁举证"是否合理，是否符合公平正义是我们要考虑的另一个问题。

【情景实训】
实训主题：电子商务政策与法律。
课时：2 学时。
地点：机房。
实训目的：

（1）能够掌握电子商务中的法律法规的基本概念。

（2）能够掌握电子商务相关法律的任务和特征。

（3）能够了解电子商务中所涉及的主要法律问题。

实训要求：

通过本次实验，了解电子商务中的法律法规，尤其是数字签名、电子合同、垃圾邮件、知识产权等相关的法律法规。

实训内容与步骤：

第一，登录中国电子商务法律网 http：//www.chinaeclaw.com，该网站包含了电子商务方面的新闻、半月速递、电子商务报告、电子商务会展调研、合同范本等信息服务。

（1）点击页面上的"热点"链接中的"国内新闻"、"国际新闻"和"立法动态"栏目，查看更多的相关法律新闻。

浏览新闻，并总结出这些新闻反映出国内或者国际对数字签名、电子合同、垃圾邮件、知识产权等电子商务中密切相关的法律是如何规定和处理的。

（2）在中国电子商务法律网首页的底部，有很多与电子商务法律相关的相关链接，同学们可以通过这些链接查看更多的电子商务法律资料。

第二，登录网络法网站 http：//www.wangluofa.com/，查看电子商务相关的法律案例。网络法网站提供了与电子商务相关的法律信息，包含电子商务中的域名、网络游戏、电子银行、电子支付、网络广告、网络人身权、网络上的知识产权等法律案例信息。

第三，在搜索引擎上，专门对"数字签名法"和"电子合同"两个关键字进行搜索，详细了解电子合同的有关规定和效力（包含电子合同生效的时间和地点如何确定）以及数字签名的效力和管理。

实训结果：

在实验结束时，教师根据实验结果文件检查并记录学生的实验完成情况，包括完成时间、完成质量等，并要求学生在课后按格式填写教师统一提供的"实验报告"电子版，在规定时间内提交电子版或纸面版，以供考评。

【教学策略研讨】

1. 如何组织教学？在此实践性较强的部分，教学中应该注意哪些问题？

2. 如何将电子商务法律法规融入日常生活的案例中？

模块六

网络营销

任务一　网络营销调研

【学习目标】

1. 了解网络营销调研的特点和作用。
2. 了解网络营销调研的流程安排。
3. 掌握网络营销调研的方法和技巧。

【任务描述】

销售部的困境

某企业为了更好地推广和销售自己的产品，要求企业销售部在互联网上开设一个网上商店进行产品推广和销售。销售部的职员们虽然有在网上购物的经历，但对于网上商店的特点、分类、开店流程及销售方法等知识了解不多，需要尽快收集相关资料，熟悉网店销售的实施流程及销售方法和技巧，高质量地完成企业下达的任务，实现网店销售，销售部要如何开展工作呢？

【任务分析】

1. 什么是网络营销调研？
2. 如何实施网络营销调研？
3. 通过网络营销调研我们可以得到什么结论？

【任务实施】

网络营销是以现代营销理论为基础，借助网络、通信和数字媒体技术实现营销目标的商务活动；是由科技进步、顾客价值变革、市场竞争等综合因素促成的；是信息化社会的必然产物。网络营销根据其实现方式有广义和狭义之分，广义的网络营销是指企业利用一切计算机网络（包括企业内部网、行业系统专线及国际互联网）进行营销活动，而狭义的网络营销专指国际互联网营销（国际互联网，全球最大的计算机网络系统），就是指组织或个人基于开发便捷的互联网络，对产品、服务所做的一系列经营活动，从而达到满足组织或个人需求的全过程，网络营销是企业整体营销战略的一个组成部分，是建立在互联网基础之上借助于互联网特性来实现一定营销目标的营销手段。

网络营销调研是指系统地、客观地收集、整理和分析市场营销活动的各种资料或数据，用以帮助营销管理人员制定有效的市场营销决策。包括将相应问题所需的信息具体化、设计信息收集的方法、管理并实施数据收集、分析研究结果、得出结论并确定其含义等。在分类中，包括定量研究、定性研究、零售研究、媒介和广告研究、商业和工业研究、对少数民族和特殊群体的研究、民意调查以及桌面研究等，网络营销调查流程如图 6-1 所示。

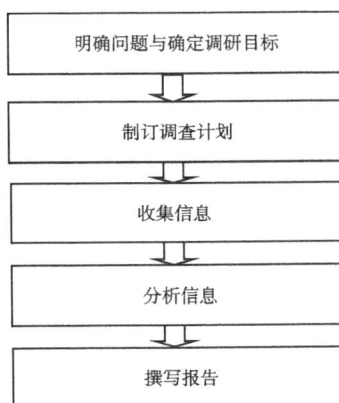

图 6-1 网络营销调查流程

一、明确问题与确定调研目标

明确问题和确定调研目标对使用网上搜索的手段来说尤为重要，在开始网上搜索时，头脑里要有一个清晰的目标并留心去寻找。一些可以设定的目标如下。

1. 谁有可能想在网上使用公司的产品或服务？
2. 谁是最有可能要买公司提供的产品或服务的客户？
3. 在这个行业，竞争对手是谁？他们在干什么？
4. 公司客户对竞争者的印象如何？
5. 在公司日常的运作中，可能要受哪些法律、法规的约束？如何规避？

二、制订调查计划

网上市场调研的第二个步骤是制订出最为有效的信息搜索计划。具体来说，要确定资料来源、调查方法、调查手段、抽样方案和联系方法。下面就相关的问题来说明。

（一）资料来源

确定收集的是二手资料还是一手资料（原始资料）。

（二）调查方法

1. 观察法

观察法是社会调查和市场调查研究的最基本的方法。它是由调查人员根据调查研究的对象，利用眼睛、耳朵等感官以直接观察的方式对其进行考察并搜集资料。例如，市场调查人员到被访问者的销售场所去观察商品的品牌及包装情况。

2. 实验法

由调查人员跟进调查的要求，用实验的方式，把调查的对象控制在特定的环境条件下，对其进行观察以获得相应的信息。控制对象可以是产品的价格、品质、包装等，在可控制的条件下观察市场现象，提示在自然条件下不易发生的市场规律，这种方法主要用于市场销售实验和消费者使用实验。

3. 访问法

访问法可以分为结构式访问、无结构式访问和集体访问。

结构式访问是实现设计好的、有一定结构的访问问卷的访问。调查人员要按照事先设计好的调查表或访问提纲进行访问，要以相同的提问方式和记录方式进行访问。提问的证据和态度也要尽可能地保持一致。

无结构式访问没有统一问卷，由调查人员与被访问者自由交谈的访问。它可以根据调查的内容，进行广泛的交流。例如，对商品的价格进行交谈，了解被调查者对价格的看法。

集体式访问是通过集体座谈的方式听取被访问者的想法，收集信息资料。可以分为专家集体访问和消费者集体访问。

4. 问卷法

问卷法是通过设计调查问卷，让被调查者填写调查表的方式获得所调查对象的信息。在调查中将调查的资料设计成问卷后，让接受调查对象将自己的意见或答案，填入问卷中。在一般进行的实地调查中，以问答卷采用最广。调查问卷是管理咨询中一个获取信息的常用方法。调查问卷从短小的表格到详细的说明可以有不同的规格和多种样式。它们可以用来搜集参与者态度的主观性数据，也同样适用于咨询项目 R01 分析数据的收集。由于这种方式功能齐全，应用广泛，如何设计问卷使其能够恰当、高效地满足多种目标，就显得极其重要。

在传统市场调研的过程中对于企业而言，无论是成本还是调研结果的客观性都有一定的不足，特别是调研周期相对较长，这样有可能导致调研结果在现实生活中实用性不强，误差比较大。随着网络技术、信息技术发展，网络营销在现实企业得到越来越多的应用，作为网络营销中一个重要组成部分，网络市场调研越来越关键。网上调查将从一股新生力量向主流形式发展，并将最终取代传统的入户调查和街头随时访问等调查方式。

（三）调查手段

（1）在线问卷，其特点是制作简单、分发迅速、回收方便。但要注意问卷的设计水平。

（2）交互式电脑辅助电话访谈系统，是利用一种软件程序在电脑辅助电话访谈系统上设计问卷结构并在网上传输。互联网服务器直接与数据库连接，对收集到的被访者答案直接进行储存。

（3）网络调研软件系统，是专门为网络调研设计的问卷链接及传输软件。它包括整体问卷设计、网络服务器、数据库和数据传输程序。

（四）抽样方案

要确定抽样单位、样本规模和抽样程序。

（五）联系方法

采取网上交流的形式，如 email 传输问卷、参加网上论坛等。

三、收集信息

网络通信技术的突飞猛进使得资料收集方法迅速发展。互联网没有时空和地域的限制，因此网上市场调研可以在全国甚至全球进行。同时，收集信息的方法也很简单，直接在网上递交或下载即可。这与传统市场调研的收集资料方式有很大的区别。

如某公司要了解各国对某一国际品牌的看法，只需在一些著名的全球性广告站点发布广告，把链接指向公司的调查表就行了，而无须像传统的市场调研那样，在各国找不同的代理分别实施。诸如此类的调查如果利用传统的方式是无法想象的。

在问卷回答中访问者经常会有意无意地漏掉一些信息，这可通过在页面中嵌入脚本或通用网关界面（common gateway interface，CGI）程序进行实时监控。如果访问者遗漏了问卷上的一些内容，其程序会拒绝递交调查表或者验证后重发给访问者要求补填。最终，访问者会收到证实问卷已完成的公告。在线问卷的缺点是无法保证问卷上所填信息的真实性。

四、分析信息

收集信息后要做的是分析信息，这一步非常关键。"答案不在信息中，而在调查人员的头脑中。"调查人员如何从数据中提炼出与调查目标相关的信息，直接影响到最终的结果。要使用一些数据分析技术，如交叉列表分析技术、概括技术、综合指标分析和动态分析等。目前国际上较为通用的分析软件有 SPSS（statistical product and service solutions，统计产品与服务解决方案）、SAS（statistical analysis system，统计分析系统）等。网上信息的一大特征是即时呈现，而且很多竞争者还可能从一些知名的商业网站上看到同样的信息，因此分析信息能力相当重要，它能使公司在动态的变化中捕捉到商机。

五、撰写报告

调研报告的撰写是整个调研活动的最后一个阶段。报告不是数据和资料的简单堆砌，调研人员不能把大量的数字和复杂的统计技术扔到管理人员面前，否则就失去了调研的价值。正确的做法是把与市场营销关键决策有关的主要调查结果报告出来，并以调查报告所应具备的正规结构写作。

作为对填表者的一种激励或犒赏，网上调查应尽可能地把调查报告的全部结果反馈给填表者或广大读者。如果限定为填表者，只需分配给填表者一个进入密码。对一些"举手之劳"式的简单调查，可以实施互动的形式公布统计的结果，效果更佳。

【相关知识】

一、市场调查的内容涉及市场营销活动的整个过程

（一）市场环境的调查

市场环境调查主要包括经济环境、政治环境、社会文化环境、科学环境和自然地理环境等。具体的调查内容可以是市场的购买力水平，经济结构，国家的方针、政策和法律法规，风俗习惯，科学发展动态，气候等各种影响市场营销的因素。

（二）市场需求调查

市场需求调查主要包括消费者需求量调查、消费者收入调查、消费结构调查、消费者行为调查，具体到消费者为什么购买、购买什么、购买数量、购买频率、购买时间、购买方式、购买习惯、购买偏好和购买后的评价等。

（三）市场供给调查

市场供给调查主要包括产品生产能力调查、产品实体调查等。具体为某一产品市场可以提供的产品数量、质量、功能、型号、品牌，生产供应企业的情况等。

（四）市场营销因素调查

市场营销因素调查主要包括产品、价格、渠道和促销的调查。产品的调查主要有了解市场上新产品开发情况、设计的情况、消费者使用的情况、消费者的评价、产品生命

周期阶段、产品的组合情况等。产品的价格调查主要有了解消费者对价格的接受情况、对价格策略的反应等。渠道调查主要包括了解渠道的结构、中间商的情况、消费者对中间商的满意情况等。促销活动调查主要包括各种促销活动的效果，如广告实施的效果、人员推销的效果、营业推广的效果和对外宣传的市场反应等。

（五）市场竞争情况调查

市场竞争情况调查主要包括对竞争企业的调查和分析，了解同类企业的产品、价格等方面的情况，竞争企业采取了什么竞争手段和策略，做到知己知彼，通过调查，帮助企业确定企业的竞争策略。

二、网络营销调研的作用

（1）及时性和共享性：可以把调研的相关信息迅速地传递给世界各地上网的用户。

（2）便利性和低成本性：与传统营销调研相比，可以有效地降低调研的费用，增加调研的便利性，可以全天候的进行营销调研，无须人为守候及监控。

（3）交互性和充分性：可以减少因调查问卷的不合理而导致调查结果出现偏差等问题。

（4）可靠性和客观性：用户所填写的信息是其自愿的，从一定方面保证了调研的客观性与真实性。有效地避免了传统营销调研中人为因素的干扰。

（5）可检测性和可控制性：可有效地对采集信息的质量实施系统的检验和控制。

三、网络营销调研的优势

网络营销调研在费用、范围、运作速度、调研的实效性、便利性、可信性、适用性等方面一定程度上要比传统的营销调研具有一定优势。但也不能忽视传统营销调研所带来的高度真实性与严格的控制性，以及任何营销调研都具有其局限性的特征，所以根据自身情况制定有针对性的调研方法才是最科学的。

【学习评价】

项目	内容		评价 （评价分为四个等次，分别为4优秀、3良好、2合格、1不合格，请在下表中填入评价分值）		
	学习目标	评价项目	个人评价	小组评价	教师评价
知识	网络营销调研基本知识	网络营销调研的内容			
		网络营销调研的方法			
		网络营销调研的特点			
		网络营销调研的作用			
技能	实施网络营销调研	策划网络营销调研			
		按照流程实施网络营销调研			
总评					

【实践能力拓展】

一、案例

安徽特酒集团网络营销市场调研

安徽特酒集团（简称安特集团）是我国特级酒精行业的龙头企业，全套设备及技术全部从法国引进。其主要产品是伏特加（Vodka）酒及分析级无水乙醇。其中无水乙醇的销量占全国的 50%以上。伏特加酒通过边境贸易，向俄罗斯等前苏联国家出口达到一万吨，总销售额超过一亿元。伏特加酒作为高附加值的主打产品，是安特集团利润的主要来源。但是，随着俄罗斯等前苏联国家的经济形势的日趋恶化，出口量逐年减少，形势不容乐观。安特集团审时度势，决定从 1998 年的下半年开始通过互联网进行网络营销调研，并在此基础上开辟广阔的欧美市场。

二、案例分析

（一）明确调研方向

集团确定了营销调研的三个方向。

（1）价格信息。包括生产商报价、批发商报价、零售商报价、进口商报价。

（2）关税、贸易政策及国际贸易数据。包括关税、进口配额、许可证等相关政策，进出口贸易数据，市场容量数据。

（3）贸易对象，即潜在客户的详细信息。包括贸易对象的历史、规模、实力、经营范围和品种、联系方法等。

（二）制定信息收集途径

（1）价格。主要有两种：一是生产商报价，包括厂方站点、生产商协会站点、讨论组（有两种方式：按国家分别检索、常用站点每周例行检索）；二是销售商报价，包括销售商站点、政府酒类专卖机构和商务谈判信息。

（2）关税、贸易政策和数据。主要包括检索大型数据库、向已经建立联系的各国进口商发 email、相关政府机构站点和新闻机构站点查询。

（3）交易对象的详细信息。包括目录型、数量型、地域型搜索引擎，黄页，专业的管理机构及行业协会站点和各国酒类专卖机构站点。

（三）集团网络营销调研的步骤

1. 价格信息的收集

对价格信息的收集从以下几个方面入手。

（1）生产商的报价。由于安特集团是生产企业，因此来自其他生产企业的价格可比性很强，参考价值很高。特别是世界知名的伏特加酒生产企业的报价，更具有参考价值。这是因为世界著名的伏特加酒在国际贸易中占的比例很大，其价格能左右世界市场的价格走向。

（2）销售商的报价。销售商包括进口商和批发商。它们报出的价格都是国内价格，一般都含有进口关税。对于生产企业而言，可比性不是很强。但是它们所提供的十几甚至几十种产品，都来自不同的国家，参考价值很高。厂商可以据此确定每种产品的档次，确定不同档次产品的价格水平。

2. 关税及相关政策和数据的收集

关税及相关政策信息在国际营销活动中占有举足轻重的地位。进口关税的高低，影响着最终的消费价格，决定了进口产品的竞争力；有关进口配额和许可证的相关政策关系到向这个国家出口的难易程度；海关提供的进出口贸易数据能够说明这个国家每年的进口量，即进口市场空间的大小；人均消费量及其他相关数据则说明了某个国家总的市场容量。要从世界上 160 多个国家来选择重点的销售地区、确定重点突破的目标，就必须依靠这些信息。这类信息的收集有以下几种方案。

（1）通过大型数据库检索。
（2）向已建立联系的各国进口商询问。
（3）查询各国相关政府机构的站点。
（4）通过新闻机构的站点查询。

3. 各国进口商的详细信息的收集

收集进口商的信息的目的是建立一个潜在客户的数据库，从中选出真正的合作伙伴和代理商。需要收集的具体内容包括：进口商的历史、规模、实力、经营的范围和品种、联系方法（电话、传真、电子邮件）。对于已经建立了网站的进口商，只要掌握其网址就可以掌握以上信息。对于没有建立网站的进口商，可以先得到其联系方法，建立起联系后再询问。具体方法有以下几种。

（1）利用 Yahoo 等目录型的搜索工具。
（2）通过地域性的搜索引擎。
（3）通过 YellowPage 等商业工具在电话号码簿上商业机构用黄色的纸张，故而得名商业黄页（YellowPage）。
（4）通过专业的管理机构及行业协会。
（5）通过最大的进口商——各国的酒类专卖机构。

【情景实训】
实训主题：实施网络营销调研。
实训目的：
（1）了解网络营销调研的安排，掌握网络营销调研基本流程。
（2）提高对网络营销调研方案的分析选择应用能力。

实训内容:

（1）选择感兴趣的产品或服务，确定调研方向。

（2）按照网络营销调研流程，制订调研计划。

实训结果:

在实验结束时，教师根据实验结果文件检查并记录学生的实验完成情况，包括完成时间、完成质量等，并要求学生在课后按格式填写教师统一提供的"实验报告"电子版，在规定时间内提交电子版或纸面版，以供考评。

【教学策略研讨】

1. 如何结合实际让学生掌握网络营销调研?

2. 在网络营销调研安排的教学中应当注意哪些问题?

任务二　网络营销系统

【学习目标】

1. 掌握网络营销系统的构成。

2. 掌握网络营销系统的开发。

3. 了解网络营销系统的种类。

【任务描述】

新年的第一瓶可口可乐你想与谁分享

2009年春节，可口可乐深入地了解到消费者在不平凡的2008年到2009年的情感交界，抓准了受众微妙的心态，倡导可口可乐积极乐观的品牌理念，推出"新年第一瓶可口可乐，你想与谁分享？"这个新年期间的整合营销概念，鼓励人们跨越过去，冀望未来，以感恩与分享的情愫，营造了2009年新年伊始的温情。

活动充分整合了目前国内年轻人热衷的大部分网络资源：社交型网站、视频网站，以及每日都不可离开的手机。利用了社交型网站、视频等途径，让数以万计的消费者了解了"新年第一瓶可口可乐"的特殊含义，并积极参加了分享活动，分享了自己的故事，自己想说的话。除了使用在年节时最广为应用的短信拜年，向 iCoke 会员发出"新年第一瓶可口可乐"新年祝福短信，同时也在 iCoke 平台上提供国内首次应用的全新手机交互体验，让拥有智能手机的使用者，通过手机增强现实技术（augmented reality Code，ARCode）的科技，用户收到电子贺卡时，只要将手机的摄像头对准荧幕上的贺卡，就能看见一瓶三维立体的可口可乐于环绕的"新年第一瓶可口可乐，我想与你分享"的动态画面浮现在手机屏幕上，并伴随着活动主题音乐，新技术的大胆运用给年轻消费者与众不同的超前品牌体验。

自活动开始，参与人数随着时间呈几何数增长。超过500万的用户上传了自己的分享故事及照片，超过300万的社交网站（social network site，SNS）用户安装了定制的应用程序接口（application program interface，API）参与分享活动，近200万的用户，向自己心目中想分享的朋友发送了新年分享贺卡。同时，论坛、视频网站和博客上，一时间充满"新年第一瓶可口可乐"的分享故事。除了惊人的数字外，消费者故事的感人程度与照片视频制作的精致程度，均显示了该活动所创造的影响力及口碑。也证明了可口可乐在消费者情感诉求与网络趋势掌握方面的精准度。

营销大师菲利普·科特勒（Philip Kotler）曾经指出："新经济的发展带来了新的营销法则，网络营销是 21 世纪的营销。"网络营销作为一种新的营销方式，在给企业带来机遇的同时，也使企业面临巨大的挑战。如何更充分地利用网络营销手段为企业获取更大的经济效益，已成为业界探讨的一个热点话题。

【任务分析】

1. 网络营销系统中有哪些内容?
2. 如何开发网络营销系统?

【任务实施】

一、网络营销系统组成

网络营销是一个系统性工程，它需要企业调动与投入大量的人力、物力和财力进行系统的组织和开发，具体流程可见图 6-2，系统主要由以下几部分组成。

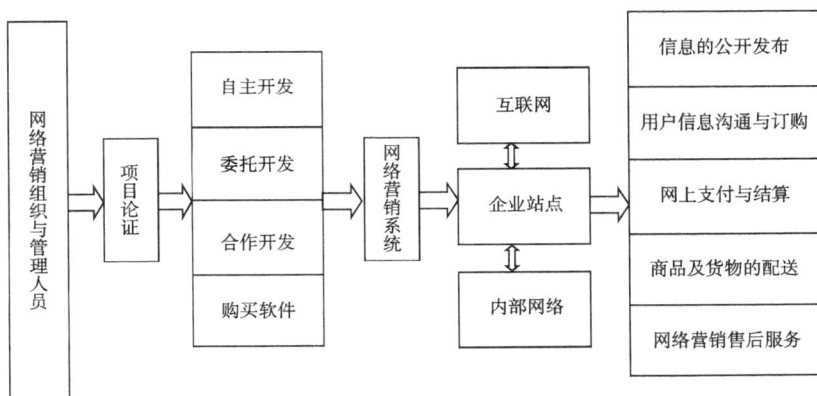

图 6-2 网络营销系统

（一）互联网

互联网提供的服务名目繁多，功能齐全。其主要服务功能包括电子邮件服务、文件传输服务、电子公告栏系统、网络新闻组服务等。

（二）企业内部网络

内部网络是将互联网的技术应用于企业内部的信息管理和信息交换的平台，通常都用于大型（跨国）连锁集团公司内部经营管理或营销信息沟通过程，但使用的范围局限在企业内部成员的开放互联、资源共享。从而达到改善企业内部信息服务，增强各部门之间的信息交流与合作，提升企业整体效益的目的。为方便企业与业务紧密的合作伙伴进行信息资源共享，于是在互联网上通过防火墙来阻止那些与企业业务不相关的人员和非法人员进入企业的网络系统，只有那些经过授权的成员才可以进入该网络系统，一般将这种网络系统称为企业外联网（extranet）。如果企业的消息可以对外界进行完全的公开，那么企业的网络就可以直接连接到互联网上，实现信息资源最大限度的开放和共享。

（三）网络营销站点

网络营销站点是建设在企业互联网系统上的具有网络营销功能的，能连接到互联网上的 www 站点。网络营销站点起着承上启下的作用，一方面它可以直接连接到互联网，使企业的用户或者供应商可以直接通过互联网链接到企业的营销网站，方便了解企业的有关信息，并直接通过网站与企业进行交易。另一方面，它将市场信息和企业内部的管理系统连接在一起，将市场需求信息传送到企业内部的管理系统，让企业内部的管理系统根据市场的需求变化来组织企业的经营管理活动。网络营销站点还可以将企业有关的经营管理信息在网站上进行公布，使那些与企业业务相关的企业界或消费者可以直接了解企业的经营情况，以增强对企业的信任感。

（四）网络营销系统的营运

建设好网络营销系统后，企业的业务流程将根据市场需求的变化进行重组。为适应业务流程的变化，企业必须重新规划其组织机构，重新设立业务岗位和培训有关业务人员。其中有些机构和岗位需要削减，如原来的用户服务中心的电话接线员就可以大大减少，因为用户可以直接通过企业的网络营销系统获得帮助；有些机构和岗位需要新建，如将商品销售改为网上直销后，增加了销售送货这一商品流通环节；有些机构和岗位则需要进行业务知识的扩展和更新，如企业使用网络营销系统后，产品销售部门的业务人员则要变常规的市场营销方式为网络营销方式，需要学习有关网络营销的知识以及网络营销的技能技巧，以适应这一全新的营销方法。

二、网络营销系统的内容

网络营销是一个系统性工程，它需要企业调动与投入大量的人力、物力和财力进行系统的组织和开发。网站的建立只是为网络营销系统建立起了一个平台，网络营销系统不只是一个简单网站的建立，而是基于门户网站的一系列组织结构的综合。它包括品牌管理系统、营销沟通系统、网上销售系统、客户关系管理系统、营销绩效评价系统等，它们以企业门户网站为基础结合在一起，就构成企业的整个网络营销系统。

（一）品牌管理系统

网络品牌由品牌名称、品牌图案和品牌附属内容三部分构成。网络品牌主要是通过企业域名、企业电子邮箱、企业门户网站等建立起来的，通过一系列的推广措施，达到顾客和公众对企业品牌的认知与认可。企业要建设一个有企业特色，有利于企业信息传播的网络品牌，还可以选择另外一种途径，就是将传统品牌转化为网络品牌。要知道一个企业传统品牌的诞生和成长，是经历过社会和市场上无数的磨炼和考验，从而逐步让消费者认识、接受并广泛流传。一个成功的企业网络品牌，不但凝聚了企业的实力、形象、知名度等内外因素，还承接着一道企业与市场、消费者之间的直接对话和密切沟通的桥梁。企业在实施网络营销系统的过程中，可以通过一定的方法，了解消费者评价满意度的标准，然后采取一定的品牌战略，引导消费者的消费偏好，培养消费者对自己品牌的忠诚度。在一定程度上说，网络品牌的价值甚至高于通过网络获得的直接收益。

（二）营销沟通系统

传统的营销沟通只是为了向消费者传播企业产品信息，而网络可以支持所有的营销职能，有助于降低成本和改善顾客服务，并压缩了物理时空，便于企业内部和企业间的沟通。网络营销沟通可以实现企业以低成本与消费者及行业基础结构的沟通。此外，网络包含的信息丰富，可以为消费者提供快捷且便宜的信息支持，这也是传统营销沟通所无法比拟的。网络营销沟通是廉价的双向沟通，营销者和消费者可基于因特网交互沟通。网络营销沟通可使供需双方在互动沟通过程中，更趋向于信息对称，从而实现供方和需方一对一的深层次双向沟通。网络营销沟通可以基于大宗定制，向各细分顾客群提供定制信息，甚至可以根据消费者的偏好传送个性化的信息或服务。

（三）网上销售系统

网上销售系统是将企业的客户（包括最终客户、分销商和合作伙伴）作为最重要的企业资源，通过完善的客户服务和深入的客户分析来满足客户的需求，保证实现客户的终生要求。网上销售系统通过向企业的销售、市场和客户服务的专业人员提供全面、个性化的客户资料，并强化跟踪服务、信息分析的能力，使他们能够协同建立和维护一系列客户和生意伙伴之间卓有成效的"一对一关系"，从而使企业得以提供更快捷和周到的优质服务，提高客户满意度，吸引和保持更多的客户，从而增加营业额；另外则通过信息共享和优化业务流程来有效地降低企业经营成本。

网上销售系统将最佳的商业实践与数据挖掘、数据仓库、一对一营销、销售自动化以及其他信息技术紧密结合在一起，为企业的销售、客户服务和决策支持等提供一个自动转化的解决方案。网上销售系统既能应用网上产品定制满足客户个性化产品的要求，又能通过与设计、生产过程的集成，对用户所配置的产品做出快速响应，在最短的时间内完成订单处理、产品设计、物料清单（bill of materials，BOM）生成、产品生产等过程，使客户尽可能快的得到自己真正需要的产品。

（四）客户关系管理系统

客户关系管理是一种旨在改善企业与客户之间关系的新型管理机制，主要应用于企业市场营销、服务与技术支持等企业外部资源整合的领域。在网络时代的客户关系管理系统应该是利用现代信息技术手段，在企业与客户之间建立一种数字的、实时的、互动的交流管理系统。应用客户关系管理系统的企业一方面通过提供快速和周到的优质服务吸引和保持更多的客户，另一方面通过对业务流程的全面管理降低企业的成本。因此，客户关系管理是通过客户详细资料的深入分析，来提高客户满意度，改善客户关系，从而提高企业竞争力的一种手段。

（五）营销绩效评价系统

传统的绩效评价指标主要是会计、财务指标，由于网络营销所具有的不同于以往营销方式的新特征，单纯用财务数据作为测评营销绩效的主要指标是不够的，产品质量、消费者满意程度、市场份额和创新能力等能够反映公司发展前景的指标组合，比财务报表中的收益指标更有用。要提高企业服务水平，开展网络营销绩效评价也是必不可少的，网络营销绩效评价对改进企业的网络营销战略、网络营销计划具有重要意义。

三、网络营销系统开发

企业网络营销系统的开发和建设不但涉及企业的现在和未来，还涉及企业内外的许多部门和环节。因此网络营销系统的开发和建设必须遵循一定的开发原则、方法和建设步骤。否则，网络营销系统的开发和建设可能会像建筑物一样，由于设计、施工、监理等某个环节上出现问题而导致整个建筑物推倒重来的严重后果。

（一）建设网络营销系统前应考虑的问题

1. 企业是否适合开展电子商务

一些有关专家曾经就"你的企业是否适合开展电子商务"设计了10个问题，可供那些目前仍处于犹豫阶段的企业决策者找到有关问题的答案，这10个问题如下。

（1）公司的客户是否会在购买本公司的产品或服务之前，要先了解详细的产品信息？

（2）在公司为顾客做出了产品介绍后，是否经常被要求"可不可以请你提供进一步的有关信息"？

（3）公司是否曾因电话应接不暇而丢失了生意机会？

（4）提供客户即时服务是否会对公司有较大的帮助？

（5）"365×24小时接单"的做法对公司是否有益？

（6）公司再聘请一位业务助理是否会增加公司的业绩？

（7）公司的产品背后有没有故事？

（8）公司的产品是否具有国际市场？

（9）公司每月的电话投用是否占据了大部分的办公经费支出？

（10）公司花费在行销上的支出是否已超过公司收入的 20%？

有关专家们认为，在问答以上问题过程中，如果某企业有 5 道题以上的答案是"是"。那么该企业就应该着手制订本公司的电子商务计划；如果有 8 道题以上的答案是"是"，那么该企业就应该加速开展电子商务的步伐。

2. 建立营销网站前应考虑的问题

在正式建立企业自己的营销网站前，除了以上的参考意见外，还应考虑以下几个方面的因素。

（1）企业建立营销网站的目标。

（2）企业网站面对的目标群体。

（3）企业网站能为访问者提供的功能服务。

（4）找出同行业中网上的竞争对手。

（5）企业的产品或服务是否适合通过互联网进行营销。

（5）企业是否有切实可行的长远规划。

（二）网络营销系统的开发方式

网络营销系统的开发方式，通常可以分为自主开发、委托开发、合作开发、购买通用的商业软件系统 4 种方式。对于企业网络营销系统开发方式的选择，可以根据企业自身的技术力量和企业的资金情况来进行，从而选择合适的途径，利用较少的资源，迅速地建立起企业网络营销系统。

（1）自主开发。大型企业一般自身具有相当的技术能力，拥有一批开发信息系统的专业人才，往往希望自主开发网络营销系统。采用这种方式开发系统通常具有以下优点：系统的针对性强，能较好地满足公司管理上的需要；便于系统的运行和日常维护，不需要依赖于他人；设计的系统亲和度好，易于使用。但是如果选择自主开发这种方式，不利的因素和困难也较多，主要体现在技术复杂、变化快、牵涉面广，开发周期较长两个方面。

（2）委托开发。对于大多数企业来说，一般都不具备自己开发营销系统的能力，可以考虑委托具备条件的专业单位来开发系统。这种方式的明显优点是克服了自主开发的主要困难，专业开发商既有成熟的技术，又有丰富的工程经验，往往能在较短的时间内，替委托方拿出适合其业务特点的解决方案，由于是为购买者专门开发，因此较容易被使用者接受。但是，这种方式的缺点是：开发费用较高，系统应变能力不强，系统的维护费用也较高，而且系统的维护工作并行离不开系统的原开发商。通常这种方式比较适用于本企业开发技术力量不足而又希望使用专用系统的企业。

（3）合作开发。所谓合作开发，即企业的技术人员与具备条件的专业服务公司合作开发网络营销系统。这种方式同时具备了自主开发和委托开发的优点。虽然这种方式也存在开发费用较高等缺点，但从成本与效益权衡的角度考虑，该方式不失为一种较好的开发方式，在实际的系统开发项目中得到较广泛的认可和应用。

（4）购买通用的商业软件系统。在网站系统软件的稳定、成熟时期，购买通用的商业软件系统是进行系统开发的捷径。采用这种方式具有以下优点：见效快，费用相对较低，系统的质量较高，系统的安全性、可靠性较好，系统的维护比较方便。但是，一般的商业通用软件特别是那些非一般工具类软件通常也都有其自身的局限性。例如，系统通常不能一步到位地满足企业管理上的要求，企业在购买软件后，往往首先要针对公司管理上的特点进行某些设定或是需要进行增补开发；其次，系统的学习、使用难度较大。通常企业的使用人员要经过系统的培训以后才能较熟练操作该系统；最后，系统的维护也具有较强的依赖性。通常对于业务比较规范而且无特殊要求的公司或一些小型企业来说，采用购买通用的商业软件系统还是比较合适的。

（三）网络营销系统的开发步骤

网络营销系统的开发与一般的信息系统的开发方法基本相同，可以分步骤地进行，通常可采用原型法或结构化系统开发方法。原型法的基本思想是一开始就凭借系统开发人员对用户要求的理解，在强有力的软件环境的支持下，给出一个实实在在的系统原型，然后与用户一起反复协商修改系统的原型。直到用户满意为止，最终形成实际的系统。结构化系统开发方法的基本思想是用系统工程的思想和工程化的方法，按用户至上的原则，采用结构化、模块化、自上向下的原则，对系统进行分析和设计。具体来说，结构化系统开发方法就是先将整个系统开发过程划分为若干个相对独立的开发阶段，如系统规划、系统分析、系统设计、系统实施等。对于一个已经确定采用自己开发系统的企业来说，开发一个应用系统通常可分为以下几个步骤。

（1）项目的确定和定义。项目定义阶段的主要任务是论证建设一个新系统的必要性，并提出一个初步设想。在这个阶段要了解和分析组织中是否存在问题，解决这些问题是否必须建立一个新的系统，还是只需对原有系统进行改造。还要提出新建系统或通过改造后的系统目标、范围以及系统建设的初步规划。所有这些内容都要以项目建议书的书面形式提交有关管理部门审批，若有关管理部门审批结论认为该项目值得开发，则还应提出有关该项目的一种或多种候选方案。并制订项目初步实施计划，否则应提出终止开发该项目的建议。

（2）系统分析和设计。系统分析又称系统需求分析，即通过对原有系统的详细了解和存在的问题的分析，找出解决这些问题的各种方案，并对每个解决方案进行可行性评价，然后提出新系统的逻辑模型。系统设计是在系统分析阶段所提出的新系统的逻辑模型的基础上，进行系统总体结构的设计和具体物理模型的设计。系统设计的主要目的是为下一阶段的系统实施（如编程、调试、试运行等）制定蓝图，就是在各种技术和实施方法中权衡利弊，精心设计，合理地使用各种资源，最终勾画出新系统的详细设计方案。系统设计的主要内容包括新系统总体结构框架设计、代码设计、数据库设计、输入/输出设计、处理流程及模块功能的设计等。系统设计的结果是一系列的系统设计文件，这些文件是实现一个系统（包括安装硬件设备和编制软件程序）的重要依据和基础。

（3）系统的实施。系统实施是指将系统设计阶段的结果在计算机系统上进行实现，将原来在纸面上的、类似于设计图形式的新系统方案，转换成可执行的应用软件系统。系统实施阶段的主要任务包括以下几个内容：①按总体设计方案购置和安装计算机网络系统。②建立该网络系统所需的数据库系统。②完成系统全部程序的设计与调试。④整理与系统有关的基础数据，培训系统操作人员。⑤投入切换和系统试运行。

（4）系统的评价。在一个系统投入运行后要不断地对其运行状况进行分析评价，并以此作为系统的维护、更新以及进一步并发的依据。对系统的评价主要体现为以下几个方向：系统是否满足了用户和管理业务对系统的要求，用户对系统的操作过程和运行结果是否满意；系统功能的先进性、有效性和完备性如何；系统的性能、成本、效益综合比是否达标；系统是否最大限度地利用了现有的信息资源；等等。

【相关知识】

一、网络营销与传统营销的不同

网络营销与传统的营销方式的区别是显而易见的，从营销的手段、方式、工具、渠道以及营销策略都有本质的区别，但营销目的都是为了销售、宣传商品及服务、加强和消费者的沟通与交流等。虽然网络营销不是简单的营销网络化，但是其仍然没有脱离传统营销理论，其原则仍在很大程度上适合网络营销理论。

网络营销的优势有：①有利于降低成本；②能帮助企业增加销售商机，促进销售；③有极强的互动性，有助于实现全程营销目标；④可以有效地服务于顾客，满足顾客的需要；⑤具有高效性。但是网络营销与传统营销是相互促进和补充的，企业在进行营销时应根据企业的经营目标和细分市场，整合网络营销和传统营销策略，以最低成本达到最佳的营销目标。网络营销与传统营销的整合，就是利用整合营销策略实现以消费者为中心的传播统一、双向沟通，实现企业的营销目标。

二、网络营销系统功能

一个完整的网络营销系统应该包括这样几大功能：商品信息发布、用户信息沟通与订购、网上支付与结算、商品及货物配送以及网络营销的售后服务等。

（一）商业信息发布

商业信息发布主要是通过网络营销系统来实现将企业的有关信息向外公开发布，提供网上用户沟通信息的空间，让用户能对产品的需求有足够自由的发表意见和选择的空间，企业也就可以获得较广泛的用户需求信息。

通过网络营销系统向外公开发布企业商品信息，这也是大多数企业网络营销系统的初步形式。例如，网上产品目录的展示，企业可以在网络营销站点上，利用计算机网络特有的多媒体技术，充分、广泛、全面地展示自己产品或服务的性能、特点、价格等。

案例 6-1

　　顺丰速运（集团）有限公司是一家主要经营国际、国内快递业务的港资快递企业，1993 年，顺丰速运诞生于广东顺德。自成立以来，顺丰始终专注于服务质量的提升，不断满足市场的需求，在中国内地、香港、澳门、台湾建立了庞大的信息采集、市场开发、物流配送、快件收派等业务机构及服务网络。与此同时，顺丰积极拓展国际件服务，目前已开通美国、日本、韩国、新加坡、马来西亚、泰国、越南、澳大利亚、蒙古等国家的快递服务。

　　截至 2015 年 7 月，顺丰已拥有近 34 万名员工，1.6 万台运输车辆，19 架自有全货机及遍布中国、海外的 12 260 多个营业网点。

　　22 年来，顺丰持续加强基础建设，积极研发和引进具有高科技含量的信息技术与设备，不断提升作业自动化水平，不断优化网络建设，实现了对快件产品流转全过程、全环节的信息监控、跟踪、查询及资源调度工作，确保了服务质量的稳步提升。图 6-3 为顺丰速运（集团）有限公司的主页。

图 6-3　顺丰网页

（二）用户信息沟通与订购

用户通过企业的网络营销主页面了解了该公司的主要经营业务或商品后，为了让用户能在企业的网站上选购或订购有关的商品或服务，网络营销网站应为用户提供方便的沟通与订购界面，可让用户十分便利地搜索到所需要的商品或服务，并提供相应商品的详细介绍及有关信息，让用户充分体会到网上购物的快捷。

（三）网上支付与结算

支付与结算属于营销活动完成阶段的功能，随着网络技术的不断成熟，网上银行的出现、发展及完善，使得网上在线支付成为可能。另外，企业一般都开设有银行账户，而且具有较好的信用。并且随着银行信用卡业务的不断普及，普通市民信用卡拥有率的不断提高，以及银行用户信用档案的建立，使得网络营销中的网上支付与结算成为可能。在互联网上，企业与用户或企业与企业之间的资金结算问题，通过被称为网上银行的"银行网络结算中心"的认证，便能十分容易、安全地完成。

（四）商品及货物的配送

商品及货物的配送是网上营销活动的另外一个完成交易的关键问题。当消费者完成了网上商品的选购、结算之后，如何及时地将用户的商品及货物送到指定的目的地，是圆满完成网上销售的最后环节。

目前有许多网上的营销企业都借助全球快递公司实现货物的全球性配送，如美国的计算机销售商戴尔公司，就是将其全球性的配送工作交给联邦快递公司，它们之间则只需通过网络传输有关货物的要求运送时间、货物的目的地以及所在地区等信息，就能妥善地完成商品及货物的全球性配送工作。地区性的商品及货物的配送工作，可以委托本地区的货物配送公司完成，或者由网上营销企业自己组建的专职货物配送公司来完成。以上海联华网上购物中心为例，当消费者完成了网上商品的选购、结算之后，公司就将货物的配送工作交给了该用户所在地区的超市门店或便利店，真正做到了网上销售以方便消费者为主。

（五）网络营销的售后服务

由于售出的商品在使用的过程中可能出现许多问题，若不能妥善地解决好网上的售后服务问题，必将影响到网上营销活动的正常开展，因为用户很有可能转为人们已习惯的传统购物方式。通常，网络营销的售后服务主要体现为网上产品技术资料的提供，网上产品技术咨询服务以及售后商品的保修、维修、退货等服务项目。对于产品技术资料的提供和网上技术咨询服务，则可以充分利用互联网的 24 小时不间断工作和方便的信息发布与信息沟通的优势，进行网上销售，企业与消费者的技术信息咨询服务，可让用户得到更为全面和及时的售后技术咨询服务。而对于售后商品的保修、维修、退货等服务项目，则可借助原有的售后服务网络，为网上用户提供与传统用户相同的售后服务。在现实社会中，并不是每个网络营销企业的网上销售系统都要具备上述功能。企业可以根据自身的具体情况，在构筑网络营销系统长远规划时，考虑采取分阶段地实现以上功能。

三、网络营销系统的发展概况

相对于互联网发达的国家，我国企业实施网络营销系统起步比较晚，到目前为止，我国企业的网络营销系统的发展大致可分为三个阶段，即传统营销系统阶段、营销系统初级阶段、网络营销系统发展应用阶段。

（一）传统营销系统阶段

传统营销系统是建立在传统市场营销"4P"理论（产品 product、价格 price、渠道 place、促销 promotion）指导下构建的，销售系统是企业营销系统中最传统、最重要的组成要素。在传统的营销环节中，企业要明确目标需求或消费者群体，设计出适当的产品，建立分销网络，并制订出市场营销方案，通过投入高额的市场宣传及广告费用，采用大众化营销模式开展营销活动，企业营销活动的唯一目的就是利润。销售系统主要由产品销售系统、客户资料管理系统、市场调研和推广系统与办公管理系统组成。企业逐步重视售后服务在整个营销实践的地位。把销售系统和售后服务系统整合到一起，从而构成企业的传统营销系统。

（二）营销系统初级阶段

企业在日益严峻的经营环境中发现，企业用以计算价值的单位已不再是商品，而是客户关系。企业开始追求为客户创造更高消费价值、提供更多更好的服务，这也就是我们通常所说的"数据库营销"或者"关系营销"。

随着网络营销的应用和发展，企业建立起顾客关系管理系统，运用系统分析工具，对数据库进行有效分析，得出需要的有价值信息。企业通过客户关系管理系统来加强与顾客的关系，了解不同客户需要，分别提供满足的方案，做到让顾客满意。企业及时发现服务中的差错，了解竞争对手的动向，防止顾客跳槽同时，还可以不断充实顾客信息资料，得以更全面了解顾客，可以更好地实现个性化沟通。

因此营销系统逐步迈入网络营销系统的初级阶段，此时营销系统的构成要素不仅包含了销售系统、售后服务系统，也增加了新的要素，如客户关系管理系统和品牌管理系统。

（三）网络营销系统发展应用阶段

在网络技术快速发展的 21 世纪，企业建立起基于网络的营销沟通系统，而此时网络营销系统体系也随之产生。对于多数企业来说，网络营销系统没有统一的模式，企业要根据自身特点，在企业不同的发展阶段有针对性地对系统进行调整，这需要在不同阶段，对企业的营销活动进行绩效评价。企业通过开展网络营销系统绩效分析与评价，能帮助正确判断企业网络营销策略的效果，评判企业的网络营销效率，分析企业取得成绩、存在问题的原因。这对于促进改善企业经营管理，增强网络营销决策的效果，降低网络营销决策风险都发挥着重要作用。

四、网络营销方法

网络营销的职能的实现需要通过一种或多种网络营销手段，常用的网络营销方法除了搜索引擎注册之外还有关键词搜索、网络广告、来电付费广告（tell me tell world，TMTW）、交换链接、信息发布、整合营销、邮件列表、许可 email 营销、个性化营销、会员制营销、病毒性营销等。

【学习评价】

项目	内容		评价 （评价分为四个等次，分别为 4 优秀、3 良好、2 合格、1 不合格，请在下表中填入评价分值）		
	学习目标	评价项目	个人评价	小组评价	教师评价
知识	网络营销渠道基本知识	网络营销系统的内容			
		网络营销系统的组成			
		网络营销渠道的作用			
技能	网络营销系统的开发	网络营销开发的流程			
		现有网络营销系统评价			
总评					

【实践能力拓展】

一、案例

NIKE 的网络营销之路

总部位于美国俄勒冈州的 NIKE 公司是全球著名的体育用品制造商。鞋类、服装和运动器材等都是这家公司的体育用品，该公司的产品包罗万象，形形色色。

（一）NIKE 官方网站

NIKE 的主网站 http://www.nike.com 之前只是作为一个资讯主页，完全用来发布一些 NIKE 公司的一般资讯。后来随着 NIKE 公司网络推广策略的转变，并将原来的信息发布主页，进行改版，转变成为一个网上 B2C 商城。

（二）NIKE+社交网站与 APP 应用

根据 NIKE 公司的数据，全球登录 NIKE 网站的有超过 500 万的跑步运动爱好者，他们会经常查看自己的表现。再加上 Twitter 和 Facebook 上的大量粉丝，NIKE 的社交网络平台非常巨大。

（三）微博推广结合事件营销

NIKE 非常注重企业微博的运营，在 Facebook、Twitter、新浪微博、腾讯微博等集团账号与子品牌账号投入大量的人力物力，其更新速度之快甚至超过了很多门户网站的发文速度。

（四）线上线下媒体活动互动

NIKE 运用网上社交媒体的成功，还有赖于线上的 NIKE、微博等媒体与线下传统的户外广告媒体，或者户外活动之间的互动连接。

二、案例分析

（一）基于主网站模式的分析

NIKE 公司的主网站模式的推广策略是成功的。nike.com 以前提供有关 NIKE 公司信息，是一个信息发布型网站。后来随着 NIKE 公司网络推广策略的转变，NIKE 公司开始把注意力集中于将网站 nike.com 建设成为一个网络销售渠道而不是信息获取渠道。这一后果是网站的流量急剧下降了 25%。在外界刚要表达对 NIKE 的批评和同情时，网站的月度平均销售额却增加了 5%，网站的客户转化率也大幅增加了 67%，而且这个数字还在不断提升。

（二）借助其他网站模式的分析

借助其他网站的网络营销模式优点非常显著，那就是投入成本较少。体育用品品牌可以在一些著名的网站上投放广告，这样可以节省大量的创办维护网站的成本，而同样可以得到较好的宣传效果。另外，如今的网络平台发展迅猛，能够提供广告宣传的网络媒介数量也不少，同时表现形式也多种多样，这些条件都进一步促进了依附于其他网站的网络营销的模式发展。

然而，借助其他网站的网络营销模式也有其局限性。主网站代表了自己品牌的一种权威性地位，依附于其他网站的网络营销毕竟是挂靠在其他网站的基础上，这种成功是无法做到像主网站一样，能够充分发挥全面、积极、核心的作用。

（三）品牌推广分析

品牌推广电视广告具有某些相似之处。品牌推广就是体育用品品牌为了赢得消费者的喜爱，在网站上发布有关于产品的各种信息。这种模式的优点非常明确，因此此种模式比较直观和传统，符合消费者的消费心理，也容易被接受。另外，品牌推广的模式形式多样，内涵也丰富。然而品牌推广模式也有其缺点，这种模式没有积极利用网络与计算机技术。毕竟现在的网络营销是一种大趋势，因为网络平台不仅提供了一个可以充分展示产品的空间，更值得一提的是提供了一种更便捷的购物方式，网络购物为体育用品品牌和众多消费者都提供了便利。

（四）"品牌推广+在线销售"策略分析

将品牌推广模式进行销售方向上的延伸推广，会得到一种新型的销售模式，即"品牌推广+在线销售"模式，这种模式将品牌推广和在线销售结合起来。此种模式的特点明显，就是在品牌推广的基础上，网络销售被予以支持。我们发现此种模式能够充分利用先进的网络和计算机技术，这是"品牌推广+在线销售"模式的优势所在。

然而，我们要能看到"品牌推广+在线销售"模式的劣势所在。在众多商品中，体育用品其实并不非常适合这种网络销售的方式。因为体育用品产品不是标准化的产品，如图书和电子零件，产品和产品之间没有太大的差距。而体育用品产品的性质和价格相差巨大，消费者进行选择时也会比较苛刻。网络销售是通过在网上发布图片和文字等方式来推广某种体育用品。但是这些宣传介绍无法充分满足消费者的需求，也无法全面反映产品的质量和使用性能，这些给销售带了无法避免的弊端。

总之 NIKE 公司的营销模式是一种复合型的模式，即"基于主网站的营销+依附其他网站的营销""品牌推广+在线销售"。这种复合型的模式能够避免某种模式带来的缺陷，积极发挥不同模式的优点，吸引更多的消费者，从而将网络营销的作用发挥到极致。

三、实践困境讨论

（一）支付安全问题

在网络营销过程中，如何保护企业的商业秘密，如何确定交易双方的真实身份和可靠性，如何保证网上支付的安全，如何取得满意的售后服务等，这些问题还有待于金融方式和支付手段的现代化。从某种意义上说，网上支付及安全问题已经成了网络营销系统木桶上最短的一块木板，据统计，52%的网络用户认为目前网上购物最大的问题是没有安全方便的支付方式。

目前我国支付的技术手段尚不成熟，安全通用的电子货币尚处于研究认证阶段，网络交易成了"网上订货，网下付款"的四不像交易方式，极大影响了网络营销系统的发展，这对于提高网络营销系统的效益和水平是不利的。从技术上讲，网络营销系统发展的核心和关键就是交易的安全性，如资金安全、信息安全、货物安全、商业保密等，而由于互联网本身的开放性、虚拟性和流动性，使网上交易面临着种种危险，如网络泄密、网络欺诈等。企业害怕出现商业泄密以及虚假购物，而消费者则担心虚假交货、货不符实等情况的发生。

（二）网络营销系统与企业内部应用系统的集成问题

大多数企业极为看重网络营销系统与订单处理、库存与供应链管理及结算等原有业务系统的集成。但现行网络营销系统解决方案，大多采取了独立的应用系统模式，无法实现与企业内部应用系统的有机集成，这在一定程度上影响了网络营销系统的发展。企业之所以忽视了网络营销系统与企业内部应用系统的集成，依然是由于缺乏对网络营销系统全面的认识，仅仅将其看做一种营销工具，独立于企业其他系统，没有注意到网络营销涉及的范围很广，系统集成和信息集成是网络营销系统有效运作的基础。

（三）营销沟通问题

从传统的大众媒体广告为主要方式的大众营销沟通发展到今，沟通的方式和渠道更加复杂化和多元化。在向用户提供产品和服务的过程中，沟通不顺畅是导致用户不满意的主要原因，这是典型的沟通问题，主要表现在服务承诺的沟通失败、用户期望的沟通失败和用户教育的沟通失败。企业在多次尝试多种网络营销手段时，经常发现不完全奏效。企业营销的成败在很大程度上取决于营销沟通的效率和效果。信息竞争增加了网络营销沟通的难度，交易物的日趋复杂化改变了消费者的判断标准和选择方式。

现代营销沟通强调从产品的具体识别走向企业的整体识别，以品牌、形象、市场定位等构成全方位的差异识别，因此存在着消费者面临的判断信息不足和信息干扰问题。网上交易过程中，消费者对与企业之间的沟通方式不够放心，无法有效克服网上购物所带来的"虚"的感觉，企业对用户发布的反馈信息也不能及时做出回应，从而导致消费者心理不安、购后又不满意，甚至不会再次购买。企业若不能克服消费者的这种心理障碍，就不可能成功地推销出产品。

【情景实训】
实训主题：全面认识网络营销系统。
课时：2学时。
实训目的：掌握企业是如何开发和建立网络营销系统的，了解企业目前网络营销系统存在的问题。
实训准备：电脑和互联网。
实训过程：

（1）通过参观、调研，登录企业网站，进入戴尔、当当网店、京东商城、亚马逊中国等网站购物，了解企业网络营销系统情况。

（2）通过以上实训，描述企业是如何建立网络营销系统的，上网搜索资料，结合体会，谈谈企业应当如何运用网络营销系统。

实训结果：

在实验结束时，教师根据实验结果文件检查并记录学生的实验完成情况，包括完成时间、完成质量等，并要求学生在课后按格式填写教师统一提供的"实验报告"电子版，在规定时间内提交电子版或纸面版，以供考评。

【教学策略研讨】
1. 如何结合实际让学生认识网络营销系统？
2. 在网络营销系统的教学中应当注意哪些问题？

任务三　网络广告

【学习目标】
1. 了解网络广告的内涵、本质特征、要素、特点和营销价值。
2. 掌握网络广告策划的步骤及内容。
3. 掌握网络广告执行的步骤及内容。
4. 掌握网络广告效果评价方法。

【任务描述】

小张的困难

小张是某企业营销部的职员。一天，企业营销部经理给小张一个营销推广任务，让他给企业的新产品策划、发布一则网络广告，要求首先上交一份网络广告策划书，经领导审查通过后实施，并保证网络广告的营销推广效果。小张虽然经常浏览网页，看到过一些网络广告，但对网络广告的特点、类型、发布、策划、执行及评估知识了解不多，需要尽快收集相关资料，熟悉网络广告的实施流程及策略，高质量地完成领导交给的任务。

【任务分析】

网络媒体的特点决定了网络广告策划的特定要求。例如，网络的高度互动性使网络广告不再只是单纯地创意表现与信息发布，广告主对广告回应度的要求会更高；网络的时效性非常重要，网络广告的制作时间短，上线时间快，受众的回应也是即时的，广告效果的评估与广告策略的调整也都必须是即时的。

【任务实施】

在了解网络广告基本知识的基础上，掌握网络广告策划的步骤及实施策略，熟悉网络广告的执行步骤和要点，明确网络广告发布后的营销效果如何评价，对成功发布网络广告具有重要意义，如图 6-4 所示。

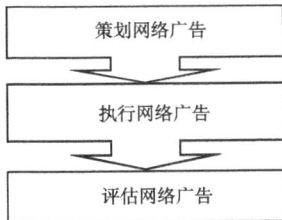

图 6-4　网络广告工作流程

一、策划网络广告

网络广告策划是指根据广告主的网络营销计划和广告目的，在市场调查的基础上对广告活动进行整体的规划或战略策略；是根据互联网的特征及网络人群的特征，从全局角度所展开的一种运筹和规划。在有限的广告信息体上，对整个网络广告活动加以协调安排，广告设计、广告投入、广告时间，广告空间安排等各个具体环节做到充分考虑并精益求精。

（一）确定网络广告目标

确定网络广告目标的目的是通过信息沟通使消费者产生对品牌的认识、情感、态度和行为的变化，从而实现企业的营销目标。在公司的不同发展时期有不同的广告目标。例如，是形象广告还是产品广告，其中产品广告在产品的不同发展阶段广告的目标可分为提供信息、说服购买和提醒使用等。AIDA 法则是网络广告在确定广告目标过程中的规律。

（1）A 是"注意"（attention）在网络广告中意味着消费者在电脑屏幕上通过对广告的阅读，逐渐对广告主的产品或品牌产生认识和了解。

（2）I 是"兴趣"（interest）。网络广告受众注意到广告主所传达的信息之后，对产品或品牌产生了兴趣，想要进一步了解广告信息，他可以点击广告，进入广告主放置在网上的营销站点或网页。

（3）D 是"欲望"（desire）。感兴趣的广告浏览者对广告主通过商品或服务提供的利益产生"占为己有"的企图，他们必定会仔细阅读广告主的网页内容，这时就会在广告主的服务器上留下网页阅读的记录。

（4）A 是"行动"（action）。广告受众把浏览网页的动作转换为符合广告目标的行动，可能是在线注册、填写问卷、参加抽奖或者是在线购买等。

（二）定位网络广告目标对象

网络广告目标对象的定位是指企业的产品广告或企业的形象广告希望让哪些人来看，确定他们是哪个团体、阶层、区域。网络广告的目标对象决定着网络广告的表现形式、广告内容、具体站点的选择，也影响着最终的广告效果。只有让企业的合适用户来参与广告信息活动，才能使广告效果得以最好发挥。由于不同的目标对象有各自特有的生活习惯，如上网时间、所感兴趣的网页内容、对信息的反应速度等，因而针对不同的对象就要采取不同的广告战略。假如广告对象是上班族的白领人士，他们上网的时间可能大都集中在晚上，喜好在网上浏览新闻和搜索特定信息，那么在广告形式策划时就应该考虑广告投放的地点；假如广告对象是十几岁的少年，他们上网时间可能集中在假日，喜好上网玩游戏，那么在网络广告媒体策划时就应该选择一个青少年经常访问的网站，在广告形式策划时就应该考虑游戏式的广告，在安排策划媒体时段时就应该考虑节假日。

（三）选择发布站点

对网络广告来说，其传播媒体主要是网络，网络站点的定位应当符合网络广告目标和策略。网络站点的选择就是确定投放广告的网站、页面、频道和位置等。衡量一个网络站点是否是一个适合做广告的站点有很多因素要考虑，如是否符合目标对象、是否有足够的网站浏览人数、是否为话题流行的网站、计价是否合理、时段是否符合要求等。不同的站点有不同的受众对象，所以站点的选择对网络广告的最终效果影响很大，站点的定位应当同广告的目标受众有最大的重合。例如，企业想要发布一个少女用品的网络广告，选择的站点却是工程师们经常光顾的专业网站，尽管很多人来浏览站点或好奇地点击了这条广告，但最终广告效果却不好。合适的网络广告站点具有一些共同的特点，即稳定的访问群、高点击率、广阔的覆盖面、雄厚的技术基础、良好的信誉度等。

（四）确定网络广告形式

网络广告的表现形式丰富多彩，目前在国内外的网站页面上常见的网络广告形式大致有按钮型广告（button）、图标广告（logo）、旗帜广告（banner）、主页型广告（homepage）、分类广告、列表分类播发型广告、电子杂志广告、新闻式广告、文字链接（textlink）、移动广告（mobile）、巨型广告（huge）、全屏广告等新的广告形式。

二、执行网络广告

网络广告的执行是网络广告策划辅助与实践的过程，包括网络广告创意设计、网络广告发布时间、网络广告发布渠道、网络广告投入与预算等。

（一）网络广告创意设计

网络广告创意设计的任务就是如何使企业的品牌、广告形式、诉求内容适合目标受众的要求，它是决定最终广告表现的关键，也是吸引受众注意并来浏览广告信息的决定性步骤。新颖巧妙的广告创意能够引发受众对产品的注意，唤起受众了解和尝试产品的兴趣，从而使广告商品在激烈竞争中处于有利的地位；恰当的广告创意能为企业塑造良好的形象，为将来新产品的推出奠定基础。在设计网络广告的创意时，应从以下几个方面考虑。

第一，网络广告的内容。根据网络广告的目标定位确定广告内容以哪些方面为导向。通常有以下几种导向策略。

（1）抓住消费者注重自身利益的特点，注重宣传网络广告产品能给消费者带来的好处的利益导向。

（2）侧重调动消费者的某种情绪，以实现网络广告目的的情感导向；侧重宣传一种新的消费观念、生活观念的观念导向。

（3）借助权威人物、机构、事件的影响，来提高企业或产品的知名度和可信度的权威导向；借助名人的社会声誉，提高企业或产品声誉的名人导向。

（4）采取以逆反逆的办法，网络广告宣传不是讲产品或企业的优点，而是讲缺点，以短衬长，使公众觉得网络广告诚实可信，从而取得良好效果的反成导向。

对于同一则网络广告选用不同的导向达到的效果可能不一样，网络广告内容的导向选择是得到一个好的广告创意的关键。

第二，广告语的重要性。好的广告语，不仅可以向消费者展示产品的独特卖点，展现品牌的个性魅力，激发消费者的购买欲望，而且往往还能引起社会大众的共鸣和认同，成为跨越时空的广告语言经典，深刻影响社会价值与行为规范。广告语是一则广告的核心组成部分，它的作用表现在以下几方面。

（1）广告语向消费者传达产品或品牌的核心概念。

（2）广告语还可增加产品或品牌的附加值。

（3）广告语利于塑造完美的产品品牌形象。

（4）广告语影响社会价值和行为规范。

第三，网络广告创意的注意事项。在进行网络广告创意时，要注意以下要点。

（1）明确有力的标题。

（2）简洁的广告信息。

（3）语言要简洁生动。

（4）注意语言与画面的配合。

（5）语言风格的适应性。

（6）语言形式受投放的网站影响。

（7）发展互动性。

（二）网络广告发布时间

网络广告的时间包括对网络广告时限、频率、时序及发布时间的考虑。时限是广告从开始到结束的时间长度，即企业的广告打算持续多久，这是广告稳定性和新颖性的综合反映。频率即在一定时间内广告的播放次数，网络广告的频率主要用在 email 广告形式上。时序是指各种广告形式在投放顺序上的安排。发布时间是指广告发布是在产品投放市场之前还是之后。根据调查，消费者上网活动的时间多在晚上和节假日。针对这一特点，可以更好地进行广告的时间安排。网络广告的时间策略形式可分为持续式、间断式、实时式。网络广告时间策略的确定，除了要结合目标受众群体的特点外，还要结合企业的产品策略和企业在传统媒体上的广告策略。好的网络广告时间策略不仅能提高网络广告的浏览率，还能节省网络广告费用。

（三）网络广告发布渠道

从目前来看，企业一般可以根据自身的需求，从以下几种方式中选择一种或几种方式。

（1）主页形式。

（2）通过网络内容服务商（internet content provider，ICP）。

（3）利用专类销售网。

（4）应用免费的互联网服务。

（5）采用黄页形式。

（6）列入企业名录。

（7）借助网上报纸或杂志。

（8）建立虚拟社区和公告栏（bulletin board system，BBS）。

（9）使用新闻组（newsgroup）。

在以上几种通过互联网做广告的方式中，以第一种即公司主页方式为主，其他皆为次要方式，但这并不意味着公司只应取第一种而放弃其他。公司在决定通过互联网做广告之前，必须认真分析自己的整体经营策略、企业文化以及广告需求，将其与公司从整体上进行融合，真正发挥互联网的优势。

（四）网络广告投入与预算

网络广告预算是网络广告活动在一定时期内投入费用的预先计划，是网络广告活动的重要内容之一。网络广告预算做得好与不好，直接关系到网络广告活动开展的顺利与否。网络广告预算费用与网络广告活动的效果是相辅相成的，虽然不能说网络广告费用与网络广告效果成正比例，但是费用的高低直接影响网络广告效果的大小。所以，必须做好网络广告预算，尽量以较低的费用取得最大的效果。网络广告费既是一项费用支出，也是一项投资。虽然不是直接参与销售，但它的投入可推动和促进销售活动的顺利进行。因此，必须根据企业自身的负荷能力来安排必要的网络广告支出。

目前，常用的网络广告计价方式有以下几种。

（1）CPM（cost per mille，千印象费用），即网上广告每产生1 000个广告印象的费用，通常以广告所在页面的访问量为依据，每千印象收费20~30美元。

（2）CPC（cost per click，每千人点击成本或者每次点击的费用）只有当网络用户点击广告，链接广告主网页后，才按点击次数付给广告站点费用。

（3）CPA（cost per action，每行动成本）是指按广告投放实际效果，即按回应的有效问卷或订单来计费，而不限广告投放量。

（4）CPO（cost-per-order），也称为cost-per-transaction，即根据每个订单/每次交易来收费的方式。

（5）PPC（pay-per-click），是根据点击广告或者电子邮件信息的用户数量来付费的一种网络广告定价模式。

（6）PPL（pay-per-lead），根据每次通过网络广告产生的引导付费的定价模式。例如，广告客户为访问者点击广告完成了在线表单而向广告服务商付费。这种模式常用于网络会员制营销模式中为联盟网站制定的佣金模式。

（7）PPS（pay-per-sale），根据网络广告所产生的直接销售数量而付费的一种定价模式。

三、评估网络广告

网络广告效果评估，是指网络广告活动实施以后，通过对广告活动过程的分析、评价及效果反馈，以检验广告活动是否取得了预期效果的行为。

（一）设计测试方案

在网络广告执行中，设计一个能全面检测的测试方案对广告最后效果的发挥能起到重要作用。要根据本次广告策划中所规划的广告形式、广告内容、广告表现、广告创意及具体网站、受众终端机等方面来设计一个全方位的测试方案。测试的内容主要包括对技术的测试和对广告内容的检测。技术的测试主要包括以下几方面。

（1）检查广告能否在网络传输技术和接受技术上行得通。有时一则网络广告在广告制作者计算机上的显示和通过传输后在客户终端上显示的效果不一样，因而要对客户终端机的显示效果进行检测。

（2）对服务器的检测。避免 Web 广告设计所用的语言、格式在服务器上不能得到正常的处理，以致影响最终的广告效果。

（3）测试网络传输技术。主要是对网络的传输速度的检测，防止因为广告信息存量太大而影响传输广告的效果。

（4）对内容的测试，即检测网络广告内容与站点是否匹配、与法律是否冲突。例如，广告内容是关于食品类产品的，但站点却选择了一个机械工程技术类的专业网站，这就是内容与网站的不匹配。内容的法律问题就是检查广告内容是否在法律规定的范围之内，如香烟、色情广告就是违法的。

（二）监测广告效果

网络广告效果的评估指标有以下几种，广告主、网络广告代理商和服务商可结合自身广告效果评估的要求，运用这些指标进行效果综合评估。

（1）点击率。点击率是指网上广告被点击的次数与被显示次数之比。它一直都是网络广告最直接、最有说服力的评估指标之一。点击行为表示那些准备购买产品的消费者对产品感兴趣的程度，因为点击广告者很可能是那些受广告影响而形成购买决策的客户，或者是对广告中的产品或服务感兴趣的潜在客户，也就是高潜在价值的客户，如果准确识别出这些客户，并针对他们进行有效的定向广告和推广活动，可以对业务开展有很大的帮助。

（2）二跳率。二跳量与到达量的比值称为广告的二跳率，该值初步反映广告带来的流量是否有效，同时能反映出广告页面的哪些内容是购买者所感兴趣的，进而根据购买者的访问行径，来优化广告页面，提高转化率和线上交易额，大大提升了网络广告投放的精准度，并为下一次的广告投放提供指导。

（3）业绩增长率。对一部分直销型电子商务网站，评估他们所发布的网络广告最直观的指标就是网上销售额的增长情况，因为网站服务器端的跟踪程序可以判断买主是从哪个网站链接而来、购买了多少产品、什么产品等情况，从而，对于广告的效果有了最直接的体会和评估。

（4）回复率。网络广告发布期间及之后一段时间内客户表单提交量，公司电子邮件数量的增长率，包括收到询问产品情况或索要资料的电话、信件、传真的增长情况等。回复率可作为辅助性指标来评估网络广告的效果，但需注意它应该是由于看到网络广告而产生的回复。

（5）转化率。"转化"被定义为受网络广告影响而形成的购买、注册或者信息需求。有时，尽管顾客没有点击广告，但仍会受到网络广告的影响而在其后购买商品。

【相关知识】

一、网络广告的要素

（一）广告主

广告主即广告的传播者，网络广告的广告主就是通过网络发布自己的广告内容的企业、机构或个人。广告的商业性决定了绝大多数广告主是企业，它们通过广告推销自己的产品和服务。这一点，网络广告也不例外。由于电子商务和网络广告是随着 IT 业的发展而产生的新鲜事物，所以网络广告主的分布也不均匀，初期阶段尤其集中在 IT 类企业。例如，在我国，首先是一些境外大腕 IT 企业登录网站广告，如 Intel、IBM、摩托罗拉、诺基亚；其次是一些境外巨型的生活消费品生产企业，如可口可乐、P&G；再次国内的几个大型 IT 企业也打起了网络广告，如联想、长城；最后逐渐普及其他企业类型的广告主。

（二）广告信息

广告信息就是广告所要传达的内容，通过设计制作有效的广告信息，以尽可能达到预定的效果。网络广告的信息是通过网上发布的，其内容形式有文字、图形图像、动画以及数字声音。网络广告信息的特点主要就是更新快、容量大和可附带易于检索的超级链接功能。虽然电脑屏幕有限，且一般网站主页上的广告版面都较小，但网页信息采取非线形的超媒体链接形式，把许多相关网页链接，组成一个有机的整体，这使得网络广告的超大信息量成为可能；并且这种链接可以把广告和购买行为联系在一起，广告效果快速直接。广告信息是广告要素的主体，对于受众，他们直接接触的就是广告信息。科学地制定广告信息要建立在广告调研的基础上，广告信息的具体内容则根据广告策划的方针制定。网络广告的内容要根据具体的广告目的，通过网上调查、分析，确定广告策略而制定，做到有吸引力、有说服力、有针对性。当然，网络广告信息也必须是真实的、健康向上的、合法的。

（三）广告媒介

广告媒介是指传递广告信息的载体。网络广告的媒介就是互联网。具体地说，网上一个个 Web 页面，就是网络广告的载体。当然，准确地讲，那些经过相关部门审定批准可以在特定网站上发布的广告才是合法的网络广告。在我国，网络广告就如互联网本身还处在初期发展阶段，网络广告媒介的确定和管理还比较混乱，但有关部门正在制定相关政策，这种无序现象很快会得到改善。

（四）广告受众

广告受众即广告所针对的目标对象，也可以解释为广告信息的接收者。商业广告的对象就是目标消费者。网络广告的受众就是广大上网的人——网民，所以，上网企业做广告就必须去研究目标市场（区域）的网民构成特征、消费行为等，做到有的放矢，这也是现代广告的一个基本要求。就目前看，我国网民的年龄和教育层次构成不太理想，根据中国互联网络信息中心（China Internet Network Information Center，CNNIC）最新的统计报告表明：18~30岁的网民占全体网民数量的3/4，这个年龄层次从商业的角度来说，是一个不成熟的组织结构，他们想做的事挺多，但钱不够，网络广告看得多，但真正购买的人不一定多。但随着全社会信息化的推进，网民的年龄组成将向低年龄层次与高年龄层次发展，这两个层次都是消费水平较高的，那时网络广告的真正价值就体现出来了。

（五）广告效果

广告效果是指一次特定时期内的广告所取得的结果，以及与预先目标的距离。广告的最终效果直接体现广告的成功与否。衡量一个广告的效果并不是仅仅看广告的到达率或广告前后的销售量增幅，因为广告的目标是多层次的——有的时候还要看广告是否增加了企业和产品（品牌）的知名度、信任度；是否更新了顾客的观念，增进了沟通和理解；是否产生远期的效果等。没有广告效果的广告是毫无意义的，它只能使广告主的钱"打水漂"。同样，网络广告也必须是注重广告效果，而不是漫无目标。广告主关心的是广告做得好不好，如何准确地评判广告效果就显得十分重要。网络广告效果的最直接评价标准是显示次数和点击率，即有多少人看到了此广告，并且又有多少人对此广告感兴趣并点击了该广告。同时，网上一些标志性的广告所带来的品牌传播作用也不容忽视，如一些网站主页上的页眉广告，它的传播效果则直接取决于网站的访问率。

二、网络广告的特点

与传统的四大传播媒体（报纸、杂志、电视、广播）广告及备受垂青的户外广告相比，网络广告具有得天独厚的优势，是实施现代营销媒体战略重要的一部分。互联网是一个全新的广告媒体，速度最快效果很理想，是中小企业扩展壮大的很好途径，对于广泛开展国际业务的公司更是如此。网络广告在以下方面呈现出不同于传统媒体广告的特点。

（一）交互性强

网络广告主要通过"pull（拉）"方法吸引受众注意，受众可自由查询，可避免传统

"push（推）"式广告中受众注意力集中的无效性和被动性。

（二）具有灵活性和快捷性

在传统媒体上做的广告发布后很难更改，即使可改动往往也需付出很大的经济代价。而在互联网上做广告能按照需要及时变更广告内容，当然包括改正广告的错误。这就使经营决策的变化可以及时地实施和推广。另外，网络广告的信息的反馈也非常快捷，受众可以直接与商家进行沟通，商家也可以从广告的统计情况了解网络广告的效果。

（三）广告成本低廉

作为新兴的媒体，网络媒体的收费远低于传统媒体，网络广告由于有自动化的软件工具进行创作和管理，能以低廉费用按照需要及时变更广告内容。做网络广告每 CPM 的费用是报纸的 1/5，电视的 1/8。若能直接利用网络广告进行产品的销售，则可节省更多的销售成本。

（四）感官性强

网络广告的载体基本上是多媒体或超文本格式文件，其表现形式可以采用动态影像、文字、声音、图像、表格、动画、三维空间、虚拟现实等，这种广告形式能传送多感官的信息，可以让顾客如身临其境般的亲身体验感受到广告所表现的商品或服务的特征。

广告的创作人员可以根据广告创意需要进行任意的组合创作，从而有助于最大限度地调动各种艺术表现手段，制作出形式多样、生动活泼，能够激发消费者购买欲望的广告。

（五）传播范围广

网络广告的传播范围极其广泛，不受时间和空间的限制。通过互联网可以把广告传播到互联网网络所覆盖的 150 多个国家的 1.3 亿多用户中，突破了传统广告只能在一个地区、一个时间段的局限。互联网把广告信息 24 小时不间断地传播到世界各地。而且网络广告可以随时发布在任何地点的互联网网站上，受众可以在任一连接互联网的地点、在的任何时间随意浏览广告。

（六）信息容量大

网络广告利用计算机无限的容量，突破了报纸等平面媒体的分类广告的版面限制。

（七）受众针对性明确

网络广告目标群确定，由于点阅信息者即为有兴趣者，所以可以直接命中潜在用户，并可以为不同的受众推出不同的广告内容。尤其是对电子商务站点，浏览用户大都是企业界人士，网上广告就更具针对性了。

（八）受众数量可准确统计

在互联网上发布的网络广告，可通过权威公正的访客流量统计系统很容易及时精确地统计出每个客户的广告被多少个用户看过，以及这些用户查阅的时间分布、地域分布和反映情况等。广告主和广告商可以实时评估广告效果，进而审定他们的广告策略合理性和进行相应调整。另外，网络广告收费可根据有效访问量进行计费，广告发布者可以有效评估广告效果并按效果付费，避免过去传统广告的失控性和无效性。

【学习评价】

项目	内容		评价 （评价分为四个等次，分别为4优秀、3良好、2合格、1不合格，请在下表中填入评价分值）		
	学习目标	评价项目	个人评价	小组评价	教师评价
知识	网络广告 基本知识	网络广告的内涵与本质特征			
		网络广告的要素			
		网络广告的特点			
		网络广告的营销价值			
技能	发布网络广告	策划网络广告			
		执行网络广告			
		评估网络广告			
总评					

【实践能力拓展】

一、案例

网易邮箱简历中心（视频——紧跟网络文化）

广告主：网易邮箱"简历中心"。

投放形式：二维简笔动画视频。

广告语：论求职，网易邮箱最给力！

广告时长：2分32秒。

视频简介：该视频主要分为两大部分，首先对目前就业形势进行分析，论证需要一份好的简历的重要性，其次对产品的相关信息进行简单介绍。该视频画面简单简洁，旁白一直无停顿地贯穿其中。

旁白文本：今天你已经睡过了觉起过了床，那么你有没有想过，你为什么是一个人呢？人之所以称为人不仅仅是因为你拿筷子吃饭，用电磁炉炒鱼香肉丝，或者看见邻居家的韩美美同学会脸红，最重要的是你会工作。工作是一个人创造价值的方法，数据显示，一个普通人一生当中有 69 120 小时，4 147 200 分钟，24 883 200 秒在工作，占一个人最精华 40 年人生中的，呃，45%，但是不要抱怨自己美好的时间被工作取代，据统计，2009 年全球失业率为 6.6%，青年失业率为 13.4%，中国失业率为 14.3%，也就是说，全世界有 2.21 亿人没有工作，他们收入很低，买不起房子买不起墓地，也买不起一张动车票。所以，找工作就变得十分重要，招聘会太麻烦，我还是喜欢网上应聘，不流一滴汗不挤一个人不排一条队就能先把我的简历丢出去，然后守株待兔，只是株有点多，我每天都得这里那里到处溜达一圈，都不知道我是守株人还是被等的兔子了。于是，网易邮箱简历中心的出现拯救了我！一个简历，就能看到各个招聘网站的信息，全职的、兼职的、有工作经验的、没工作经验的、国企的、外企的，上至总经理总监的工作下至技工磨工，简历中心，啥都有。最重要的是，把简历中心的简历贴在邮件正文，是不会乱码的，你知道最让 HR 们愤怒的事情除了加班，就是下载简历附件了！还有，尽管我小学就开始学英语，但是我还是那么那么热爱简历中心这个能把中文简历自动翻译成英文简历的功能！能让机器做的事为什么还要我去做呢？还要介绍简历的外链功能，打开后就等于你的简历变成了网站，点击网址就能见到你的简历，找工作，还是网易邮箱简历中心最给力！哦~差点忘了，最重要的是，简历中心，免费使用还包邮哦！亲！

二、案例分析

（一）背景分析

随着网络招聘市场的快速发展，网上找工作已经成了大部分求职者的求职阵地，而在众多的求职者中如何能够脱颖而出，一份出众的个人简历显得尤为重要。然而，现今网络招聘市场日渐在拓宽，如何能有目的性地对招聘信息进行筛选整理，如何管理好属于自己的个人简历，成了众多网上求职者所烦恼的问题，网上简历管理这一业务应运而生。

（二）受众心理

在纷繁复杂的网络广告世界里，相比起单调的平面广告或是大场面大制作的视频广告，独具网络趣味性的广告更能吸引受众。互联网上最近流行什么？关注什么？时刻都在发生变化，而这些东西正影响着受众的关注度。网易邮箱简历中心的视频广告就是紧跟网络文化的发展，把"淘宝体、赶集网热门广告词、英语课本"等网络流行用语应用到视频旁白中，结合轻快的语言表达，清晰地向受众介绍产品信息，满足受众兴趣之余也达到产品信息得到全面宣传的效果。

（三）创意分析

通过二维简笔动画的形式，将人类生存、工作状态等夸张地表现出来，为广告的视觉效果增添不少的趣味性。另外，各种各样的网络语言，更能引起网上求职者的兴趣，给人留下深刻的印象。

三、实践困境讨论

广告法的颁行对于规范我国广告市场秩序、促进广告行业健康发展起到了重要作用。但是由于历史的局限性，2013年，广告法修订工作列入国务院立法工作计划，2014年被列入全国人大常委会立法工作计划。2014年2月，中华人民共和国国务院法制办公室（简称国务院法制办）将《广告法修订草案征求意见稿》在网上向全社会公开征求意见。同年6月4日，国务院常务会议讨论通过了《中华人民共和国广告法（修订草案）》。

在这次广告法修订中，无论是立法机关还是广告业界，都将互联网看做一种新型的大众媒介，这种看法是有一些问题的。与报纸、杂志、广播、电视四大传统媒体相比，互联网改变的不仅仅是广告的媒介，更重要的是它正在改变着广告的生态，其对广告的影响可能是本质上的，而非形式上的。因此，修订广告法时，仅仅将互联网当成一种新的媒介对待，理所当然地认为现行广告法的大多数条文和规定可以不加修改自然而然地适用于互联网广告，这种思维是错的，甚至是危险的。

这里仅以目前互联网广告中的程序化交易广告为例来做一简要说明。

传统广告中，广告的设计、制作、发布等环节是比较容易区分的，各环节之间存在着一定的时空差。互联网程序化交易广告的最大特点是自动化与大数据运用，将人工交易变成自动交易，利用大数据定位用户需求，向正确的用户投放正确的广告，将购买广告位变成购买特定用户的广告位。这种基于大数据的精准营销推广产品在整个互联网广告市场的占比已经越来越高，预计到2017年市场规模将会达到783.7亿元，占展示广告的10.52%。在程序化交易广告系统中，广告并非在选定资源位预先设定，而是在用户点击网页的同时，根据该用户之前的浏览Cookie分析定向依照其喜好进行匹配后，由广告主对此进行竞价，价高者会获得这个资源位的展现机会，并被目标用户看到。从开始竞价到完成投放，这一系列的过程仅需要100毫秒，全部依托机器完成。不同的人打开同一个网页看到的是不同的广告内容，即使是同一个人在不同的时间段打开同一个网页看到的很可能也是不同的广告，这将给广告监管和取证带来极大的难度。

在这种情况下，把监管的责任全部加在广告代理商、广告发布者的身上是不合理的，也是不现实的。由于平台的产品和技术特征，广告经营者和广告发布者更多的是承担整合资源的功能，而交易平台起到了类似股票交易所的中介作用，用于保障广告主和发布方的实时竞价成交并发出投放指令，而互联网广告发布者在短短的100毫秒过程中仅仅告诉交易平台其网页上有一块多大尺寸的位置可用于展示，最终接受竞价并展示的过程，也不可能完成审查工作。在这种前提下，原有的要求广告经营者、发布者依法审查其经营、发布的互联网广告，对广告主申请修改的广告进行重新审查的法律规定已经和技术发展不能同步，仍基于原有的互联网广告发布模式制定出来的法律必然又是滞后的。

为了使广告的发布形式更加新颖丰富，不少的广告需求方平台还面向广告主推出了更加多样化的增值服务。例如，创立广告发布模板，将某个固定尺寸的发布资源位置划分为几个板块的模板，广告主可以自由上传多个符合模块尺寸的发布素材，在实时竞价（real time bidding，RTB）成功后以随机方式自由排列组合形成一个发布内容展现在网民面前。因此仍然规定要求广告经营者和发布者保存广告样件从技术上也变得不现实了。目前广告经营者和发布者对广告主发布的广告素材甚至包括网民点击后跳转的一跳页面甚至二跳页面都要进行审查，耗费了大量的人力和时间，而事实上技术已经如此高速发展，广告主想要在审查通过后修改一跳页面、二跳页面简直易如反掌，使得不法或不良广告主对于平台审核的规避手段以及审核通过后的违规方法多式多样，审核及打击难度大。除了前述仍然采取类似传统广告模式的互联网广告外，更多的自媒体发布、植入式广告等的监管更是难上加难，博客、微信、微博等自媒体发布平台上的消息无处不在，并且无时不处在不断增长的发展过程中，账号所有人可以随时发布也可以随时修改删除其所发布的消息，使得监管只能是事后的、被动的、随机的。

【情景实训】

实训主题：网络广告策划。

课时：2 学时。

地点：网络营销实训室。

实训目的：了解网络广告的具体形式和报价，进行简单的网络广告预算与策划。

实训内容与步骤：

国内某家食品公司预推出一款凉茶饮料，在第二季度选择在新浪、搜狐等著名网站上做宣传广告，公告费预算为总计投入 1 000 万元（不包括广告制作预算）。请为该食品公司做一个简单的网络广告策划，说明广告的目标、广告的形式、发布地点、价格等。广告价格以网站的报价为准。具体操作步骤如下。

（1）明确本次网络广告的目标。

（2）查找新浪、搜狐等网站的广告报价。

（3）根据预算选择采取的广告形式（可以是一种也可以是多种形式并用）及发布的地点和位置（可以是一个网站也可以是几个网站；可以是网站上的首页，也可以是专门的频道）。

（4）在整个策划中，要重点突出学员的想法（投放媒体选择的理由、广告形式选择的理由、发布位置选择的理由等都需要讲清楚）以及广告预算的分配。

实训过程：

（1）由 3~5 人组成小组共同完成，组长可以给每人分配任务，最后将资料进行分析与整理。

（2）每个小组写出网络广告策划方案，内容包括广告发布的目标、广告发布的形式及理由、广告发布的媒体选择及理由、广告发布位置及理由、广告预算的分配说明等。

【教学策略研讨】

1. 如何组织网络广告任务的教学工作？在网络广告任务的教学中需要注意哪些问题？

2. 怎样提高网络广告任务的实训效果？

模块七

客户关系管理

任务一　认识客户关系管理的内涵

【学习目标】

1. 能够正确理解客户关系管理的理念。
2. 掌握客户关系管理的内涵。

【任务描述】

客户订餐体验

客户在披萨店订餐的过程。

（×××披萨店的电话铃响了，客服拿起电话。）

客服：这里是×××披萨店，非常高兴为您服务，请问您有什么需要？

顾客：你好，我想订餐。

客服：先生，请把您的会员卡号告诉我。

顾客：15989××××××891。

客服：王先生，您好！您住在××××路44号12楼5室，您家的电话是8273××××××，您单位的电话是3886××××××，您的手机是1331883×××。请问你想订什么餐？

顾客：你怎么知道我的这些信息？

客服：王先生，因为我们联系到客户关系管理系统。

顾客：我想订一个海鲜披萨……

客服：王先生，海鲜比萨不太适合您。

顾客：为什么？

客服：根据您的医疗记录，您的血压和胆固醇都偏高。

顾客：既然这样你们有什么可以推荐的吗？

客服：您可以试试我们的低脂健康比萨。

顾客：好，那我要一个家庭特大号的，需要多少钱？

客服：99 元，这个足够您一家五口人吃了，不过要提醒您，您的母亲应该少吃，因为她上个月刚刚做了大手术，处于恢复期，需要汤水调养。

顾客：好的，可以刷卡吗？

客服：王先生，对不起！请您付现款，因为您的信用卡严重透支了，您现在还欠银行 14 885 元，而且另外还有房屋贷款。

顾客：那我去附近的取款机取款。

客服：王先生，根据您的记录，您已经超过今日取款限额。

顾客：算了，你直接把披萨送我家吧，家里有现金。你们多久到？

客服：大约十分钟。如果您自己来取更快。

顾客：为什么？

客服：根据客户关系管理系统的 GPS 车辆行驶自动跟踪系统记录，您正在开着一辆×××-×B35X 的别克轿车，即将从我们店的门口经过……

【任务分析】

1. 分析客户关系管理。

2. 理解客户关系管理的内涵。

【任务实施】

理解客户关系管理内涵的步骤如图 7-1 所示。

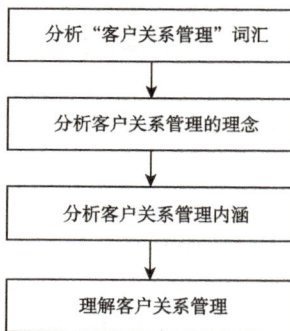

```
┌─────────────────────┐
│ 分析"客户关系管理"词汇 │
└─────────────────────┘
          ↓
┌─────────────────────┐
│  分析客户关系管理的理念 │
└─────────────────────┘
          ↓
┌─────────────────────┐
│   分析客户关系管理内涵  │
└─────────────────────┘
          ↓
┌─────────────────────┐
│    理解客户关系管理    │
└─────────────────────┘
```

图 7-1　理解客户关系管理内涵的步骤

客户关系管理是 20 世纪 90 年代在欧美兴起的为企业创造利润的最有价值的工具，在 2004 年，被评为全球五大最佳管理工具之一。企业都非常重视客户关系管理的应用，但是真正成功实现客户关系管理的企业并不多，部分企业对客户关系管理的运用仅仅停留在技术层面上，如买一套客户关系管理软件等。

一、分析"客户关系管理"词汇

（一）客户

什么是客户，包括"顾客"和"客户"两种含义。顾客是指"逛商店的人"，也是传统上的意义；而客户的含义则更为广泛。过去买过或正在购买的客户我们称为"现有客户"，还没有买但今后有可能购买的人或组织我们称为"潜在客户"。但从宏观意义上讲，世界上的人或组织都可能成为潜在客户。在现代营销管理理念的指导下，客户的内涵又进一步扩大，我们认为企业与中间商、企业与消费者、企业内部上流程与下流程、上工序与下工序等都存在着现代客户关系。

也就是说，个体的客户和组织的客户都称为客户，因为无论是个体还是组织其往往都是接受产品或服务的对象，而且从最终的结果来看，有些"客户"的下游还是客户。因此客户是相对于产品或服务而言，他们是所有接受产品或服务的组织和个人的统称。

（二）关系

关系的英文是"relationship"，这个词的中文解释是"两个人或两组人之间其中一方对另一方的行为方式以及感觉状态"。

客户"关系"可以做以下理解。

（1）企业同客户的行为和感觉是相互的，关系的双方无所谓谁大谁小的问题。

（2）客户对企业有好的感觉便有可能触发相应的购买行为，相互强化和促进"关系"之后便可以产生良好的客户"关系"。

（3）如果客户对企业有购买行为，但具有很坏的感觉，那么就有可能停止未来的购买行为，从而导致"关系破裂"或"关系消失"的结果，只有在产品供不应求的时代才有可能维护这种"无奈的关系"。

从这些表述可以发现，客户关系这个词与客户"感觉"和"行为"有关系，"客户行为"是大家比较容易理解的，是"显性的"，或者说，是可以看到的，是可以记录和整理的。但客户的"感觉"却是"隐性的"，不容易被感知的，"感觉"是人的高级情感，常常像空气一样捉摸不定，所以，对客户关系而言，难就难在"感觉"这一部分了。

所以，客户关系管理中的关系可总结为以下几方面。

（1）企业在加强关系的同时，不要只关注关系的行为特性，也要考虑关系的另一个特点，即客户的感觉等其他非物质的情感因素，虽然后者不易控制和记录，但企业的竞争对手也很难拷贝。

（2）关系有时间跨度，好的感觉需要慢慢积累，因此企业要有足够的耐心进行培养。

（3）关系建立阶段，作为主动方的企业，即要求建立关系的一方付出的比较多，只有在关系稳固之后企业才开始获得回报。不过这个阶段，企业最容易懈怠，以为大功告成而忽视了维持关系的必要。

（4）现今是供过于求的时代，作为客户一般是比较挑剔的，只有一次让其感觉不好，都有可能导致企业的努力前功尽弃。

（三）管理

管理是对资源的控制和有效地分配，以实现特定管理单位所确定的目标。所以理解这个词要注意以下的几个方面。

（1）管理是有目的的，不是为了管理而管理。

（2）管理和不管理的区别在于是主动去控制目标实现的过程，还是"顺其自然""守株待兔"。

显然，对于客户关系管理中的管理是指对客户关系的积极地介入和控制，使这种关系最大限度地帮助企业实现其所确定的目标。

客户关系管理中的"管理"，一方面是指企业要积极地而不是消极地管理这种关系，没有关系时要想办法"找关系"，有关系时应培养和发展这种关系，使客户和企业双方向良好的互利关系转变，并使关系永久化；另一方面，企业要利用最大资源去发展和维持最重要的客户关系，即要区别对待具有不同"潜在回报率"的客户关系，而不是面面俱到。

二、分析客户关系管理的理念

客户管理，亦即客户关系管理，主要含义就是通过对客户详细资料的深入分析，来提高客户满意程度，从而提高企业的竞争力的一种手段。

客户管理主要包含以下几个主要方面（简称 7P）。

客户概况分析（profiling）包括客户的层次、风险、爱好、习惯等。

客户忠诚度分析（persistency）是指客户对某个产品或商业机构的忠实程度、持久性、变动情况等。

客户利润分析（profitability）是指不同客户所消费的产品的边缘利润、总利润额、净利润等。

客户性能分析（performance）是指不同客户所消费的产品按种类、渠道、销售地点等指标划分的销售额。

客户未来分析（prospecting）包括客户数量、类别等情况的未来发展趋势、争取客户的手段等。

客户产品分析（product）包括产品设计、关联性、供应链等。

客户促销分析（promotion）包括广告、宣传等促销活动的管理。

三、分析客户关系管理内涵

客户关系管理实际上是一种倡导企业以客户为中心的管理思想和方法，其实质是在关系营销、业务流程重组（business process reengineering，BPR）等基础上进一步发展而成的以客户为中心的管理思想。客户关系管理的内容包含以下两个方面。

（1）客户关系管理对内强调实行以人为本管理，即企业和企业的领导要充分依赖人、尊重人和相信人，树立人是企业发展的根本的思想，培养员工热心企业、热心工作的精神，以赢得员工的忠诚。企业主要应该在员工的个人发展和培训上投资，为其充分发挥自身的能力和所学专业能力准备相应的职业方向和组织体制，同时要注重物质上和精神上的双重奖励。

（2）客户关系管理对外强调以客户为中心的管理，了解客户的要求，通过产品差异化和客户差异化来赢得客户和客户的忠诚。客户忠诚即当客户想买一种他曾经使用过的商品或是将来可能需要的商品时首先想到的就是某个企业或某个品牌，其原因是多次愉快的购买体验增加客户的舒适感、信任感和忠诚感。

不管怎么理解，客户关系管理始终是企业为提高核心竞争力，利用相应的信息技术以及互联网技术来协调企业与顾客间在销售、营销和服务上的交互，从而提升其管理方式，向客户提供创新式的个性化的客户交互和服务的过程。其最终目标是吸引新客户、保留老客户以及将已有客户转为忠实客户，增加市场份额。

四、理解客户关系管理

客户关系管理是企业总体战略的一种，它采用先进的数据库和其他信息技术来获取客户数据，分析客户需求特征和行为偏好，积累和共享客户知识，有针对性地为客户提供产品或服务，发展和管理客户关系，培养客户长期的忠诚度，以实现客户价值最大化和企业受益最大化之间的平衡。因此客户关系管理的内涵包括以下几个层面的含义。

（1）客户关系管理并不是一种简单的概念和方案，它也是企业战略的一种，贯穿于企业的各个部门和经营环节，其目的在于理解、预测和管理企业现有的或潜在的客户。客户关系管理涉及战略、过程、组织和技术等各个方面，以使企业更好的围绕客户行为来有效的管理自己的经营。

（2）信息技术的使用是客户关系管理的手段。一些新技术如知识发现技术、数据仓库技术和数据挖掘技术等使用，有效地促进了数据获取、客户细分和模式发掘。简言之，信息技术的引入使得客户信息的积累和共享更为有效。

（3）客户关系管理的目的是实现客户价值最大化与企业受益最大化之间的平衡，即客户与企业的"双赢"。事实上，客户价值最大化与企业受益最大化是一对矛盾统一体，坚持以客户为中心，为客户创造价值是任何客户关系管理战略的核心。而企业是以盈利为中心的组织，追求利润最大化是企业存在和发展的宗旨。客户价值最大化意味着穷尽企业的资源和能力去全面满足所有客户需求，如此势必增大企业的成本，挫伤企业的盈利能力。所以，在为客户创造更多的价值，不断增强客户的满意度，提高客户忠诚度的同时，要有利于增加客户为企业创造的价值，实现企业收益最大化，从而达到客户与企业的"双赢"。

（4）不同的客户具有不同的关系价值。企业必须将最大的精力放在最有价值的客户身上，即企业80%的利润来源于20%的客户。虽然那些低价值的客户在数量上占有绝对比例，但对企业的销售和利润贡献却很小。但是企业不能放弃这些价值和贡献率较低的客户，而是要仔细甄别良性客户关系和恶性客户关系，并加以区别对待。通过对关系的有效鉴别，发展与特定客户之间良性的、长期的、有利可图的关系，坚决剔除不具有培养前景的恶性客户关系。

无论如何定义客户关系管理，以"客户为中心"是客户关系管理的核心所在。客户关系管理通过满足客户个性化的需要、提高客户忠诚度，实现缩短销售周期、降低销售成本、增加收入、开拓市场、全面提升企业盈利能力和竞争能力的目的。客户关系管理的内涵包括三个主要内容，即客户价值、关系价值和信息技术。

但是企业是一个以盈利为目的的组织，企业的最终目的都是为了实现企业价值的最大化。因此，在建立客户关系时，企业必须考虑关系价值，即建立和维持特定客户的关系能够为企业带来更大的价值。从逻辑上讲，企业的总价值应该等于所有过去的、现在的或将来的客户的关系价值的总和。我们可以认为，关系价值是客户关系管理的核心，而管理关系价值的关键在于对关系价值的识别和培养。信息技术是客户关系管理的关键因素，没有信息技术的支撑，客户关系管理可能还停留在早期的关系营销和关系管理阶段。正是因为信息技术的出现，使得企业能够有效的分析客户数据，积累和共享客户知识，根据不同客户偏好和特性提供相应的服务，从而提高客户价值。同时信息技术也可以辅助企业识别具有不同关系价值的客户关系，针对不同客户关系采用不同的策略，从而实现客户价值最大化和企业利润最大化之间的平衡。

> **案例 7-1**

"听他把话讲完"

一家公司要想有效扩展自己的客户资源，必须学会倾听和赞美，而这只有靠公司的一线员工来完成。

乔吉拉德向客户销售汽车，交易过程十分顺利。当客户正要掏钱付款时，另一位销售人员跟乔吉拉德谈起昨天的篮球赛，乔吉拉德一边跟同事津津有味的说笑，一边伸手去接车款，不料，客户却突然掉头而走，连车也不买了。乔吉拉德苦思冥想了一整天，不明白客户为什么对自己已经挑选好的汽车突然放弃了。夜里 11 点他终于忍不住给客户打了一个电话，询问客户突然改变主意的原因。客户不高兴的在电话中告诉他："今天下午付款时，我同你谈了我的小儿子，他刚刚考上密歇根大学，是我们家的骄傲，可是你一点也没有听见，只顾跟你的同事谈篮球赛。"乔吉拉德明白了，这次生意失败的根本原因是因为自己没有认真倾听客户谈论自己最得意的儿子。

尽管我们常常以为自己听别人讲话很认真，但实际上，许多的情况下，我们在谈话之前，在思想上总带有一定的期望、目的和预期的结果。我们选择性的听我们听到的话，也就是说，我们只是听那些符合我们自己预先构想的话。

如果从事销售工作的话，我们往往花很多的时间想怎么结束这种谈话，同时又做成买卖呢？不去注意别人说什么，只是在对方言辞中搜寻那些肯定自己想法的语言；不是为了听到别人公正的说法，而是太多时候掺进自己的感情偏向；我们听到我们愿意听到的而不是别人真正讲的。

"听他把话讲完"是倾听的重要含义。他要求听者抛开自己的偏见、观念的束缚，最大化的融入说话人的世界以及他们的观点中去。

资料来源：王晓梅. 客户关系管理实务. 北京：北京大学出版社，2011

【相关知识】

对客户关系管理应用的重视来源于企业对客户长期管理的观念，这种观念认为客户是企业最重要的资产并且企业的信息支持系统必须在给客户以信息自主权的要求下发展，客户关系管理发展历程如下。

1999 年，Gartner Group Inc 公司提出了客户关系管理概念。Gartner Group Inc 在早些提出的 ERP 概念中，强调对供应链进行整体管理。而客户作为供应链中的一环，为什么要针对它单独提出一个客户关系管理概念呢？

原因之一在于，在 ERP 的实际应用中人们发现，由于 ERP 系统本身功能方面的局限性，也由于 IT 技术发展阶段的局限性，ERP 系统并没有很好地实现对供应链下游（客户端）的管理，针对 3C 因素（客户表现因素，即客户价值 customer value、客户行为 customer behavior、客户满意度 customer satisfaction）中的客户多样性，ERP 并没有给出良好的解决办法。另外，到 20 世纪 90 年代末期，互联网的应用越来越普及，计算机电话集成（computer telephony integration，CTI）、客户信息处理技术（如数据仓库、商业智能、知识发现等技术）得到了长足的发展。结合新经济的需求和新技术的发展，Gartner Group Inc 提出了客户关系管理概念。从 20 世纪 90 年代末期开始，客户关系管理市场一直处于一种爆炸性增长的状态。

目前，客户关系管理已经进入了移动时代。移动客户关系管理系统就是一个集 3G 移动技术、智能移动终端、虚拟专用网络（virtual private network，VPN）、身份认证、地理信息系统、Web service、商业智能等技术于一体的移动客户关系管理产品。移动客户关系管理将原有客户关系管理系统上的客户资源管理、销售管理、客户服务管理、日常事务管理等功能迁移到手机。它既可以像一般的客户关系管理产品一样，在公司的局域网里进行操作，也可以在员工外出时，通过手机进行操作。移动客户关系管理主要实现了经常出差在外，以便随时随地掌握公司内部信息的所提供的手机版管理软件，客户只需下载手机版软件，然后安装在手机上就可以直接使用了，同时账户就用电脑申请的组织名和账户名就能直接使用该系统，这样客户不仅可以随时查看信息，而且也可以通过手机给公司内部人员下达工作指示，同时可以使用平台所提供的所有功能。

直到今天，云计算的全球化使得传统客户关系管理软件已逐渐被 Web 客户关系管理（又称为"在线客户关系管理"、"托管型客户关系管理"和"按需客户关系管理"）超越。越来越多的客户倾向于采用 Web 来管理客户关系管理等客户关系管理分布图业务应用程序。

作为解决方案（solution）的客户关系管理，它集合了当今最新的信息技术，包括互联网和电子商务、多媒体技术、数据仓库和数据挖掘、专家系统和人工智能、呼叫中心等。作为一个应用软件的客户关系管理，凝聚了市场营销的管理理念。市场营销、销售管理、客户关怀、服务和支持构成了客户关系管理软件的基石。

【学习评价】

项目	内容		评价（评价分为四个等次，分别为 4 优秀、3 良好、2 合格、1 不合格，请在下表中填入评价分值）		
	学习目标	评价项目	个人评价	小组评价	教师评价
知识	1.掌握客户关系管理的概念 2.认识客户关系管理的内涵	1.客户关系管理的概念 2.电子商务客户关系管理的特点			
技能	客户满意度测评	1.设计调查问卷测评客户满意度 2.判断谁是我们的客户？最优客户是谁？			
	客户关系管理的过程	列举三家电子商务网站客户关系管理实例			
	总评				

【实践能力拓展】

一、案例

美国航空公司的网上客户关系管理

1994 年以前，美国航空公司的订票服务主要通过免费电话进行。John Samuel 设想，如果能吸引这些订票者通过网络来查询航班、票价以及进行行程规划，就可以为公司节省一大笔费用；如果能与老客户建立密切的关系，那么公司就能凭借稳定的客源，在激烈的航空业竞争中站稳脚跟。这一设想在 1995 年逐渐变成现实。美国航空公司的成功，得益于其敏锐地利用了高速发展的网络和计算机技术这一工具。在电子化服务上，该公司注意掌握乘客的背景资料，为他们提供量身定做的服务。特别是该公司对 3 200 万公司 A 级会员提供的诸多方便，不但留住了大批常客，还吸引了大量的新乘客加入会员行列。可以认为，美国航空公司成功的关键在于锁定了正确的目标乘客群，让乘客拥有愉快的消费经验与感受；敢于让乘客自助，同时协助乘客完成他们的各种交易操作。

二、案例分析

从这个案例中可以得出以下结论。

（1）现在的客户，包括个人和团体客户，都要求企业更多的尊重他们，在服务的及时性、质量各方面都提出了高要求。企业在电子商务环境下的发展，很大程度上将取决于对客户的了解程度以及对客户需求的反应能力。企业应通过管理与客户间的互动，改变管理方式和业务流程，减少销售环节，降低销售成本，争取保留客户，提高客户价值，最终实现效益的提高，因此电子化服务是电子商务成功的关键。

（2）企业有许多同客户沟通的方法，如面对面的接触、电话、电子邮件、互联网、通过合作伙伴进行的间接联系等，而现在发挥这种重要作用的是网络。网络不仅改变了信息的提交方式、加快了信息的提交速度，而且还简化了企业的客户服务过程，使企业向客户提交与处理客户服务的过程变得更加方便快捷。基于互联网的电子化服务可以使企业逐步实现有传统的企业模式到以电子商务为核心的转变过程。所以在电子化服务中，要充分发挥网络的作用。

（3）通过网络提供个性化服务尤为重要，个性化服务不仅可以使企业更好地留住现有的客户，而且还可以使企业寻回已经失去的客户，为客户提供想要的个性化服务，从而提高客户满意度和忠诚度，给企业带来忠实和稳定的客户群。

三、实践困境讨论

客户关系管理的误区

随着信息技术的迅猛发展与市场竞争的加剧，越来越多的企业认识到了客户关系管理的重要性，然而大多企业没有认清客户关系管理的内涵，走进了误区。

误区一：忽视客户关系管理的整体规划，未与企业文化进行整合。

（1）很多企业实施客户关系管理，没有对其进行整体全面的规划，很多企业认为客户关系管理由单一部门实施就够了。有的认为客户关系管理是一项营销策略，理所当然应由营销部门负责实施；有的认为客户关系管理的核心是以客户为中心，是同客户建立关系，应由客服部门负责；有的甚至认为客户关系管理是一项技术系统，应将其划入技术部。

实际上，客户关系管理的实施涉及企业组织结构、业务流程的方方面面。企业应该根据其发展策略、企业的任务和目标、企业经营管理的状况，确定企业客户关系管理建设的任务和目标，对全面实施客户关系管理及其相应的业务流程重组、组织结构的调整、信息技术的建设等进行整体规划。

（2）经营理念和认识上的落后是实施客户关系管理的最大障碍，很多企业的客户关系管理缺乏企业全员的参与，没有实现与企业文化的"无缝整合"。

企业文化是企业员工长期形成一种共同的价值观，影响着企业能否有效地与客户之间建立良好的关系。在进行客户关系管理实践中，企业应始终坚持客户至上、客户第一，把以客户为中心作为经营管理的基本理念，贯穿各个方面和各个环节，将这种思想灌输传递给企业全体员工。

误区二：片面认为客户关系管理仅仅是一套软件系统，过分追求技术。很多企业错误地认为客户关系管理仅仅是一套软件系统，过多地依赖客户关系管理工具。主要体现在以下几个方面。

（1）企业认为引进了多功能、高技术的客户关系管理软件系统，一切问题都可以解决，没有将客户关系管理作为一种管理理念，低估了客户关系管理实施的复杂性。一个企业没有客户关系管理软件也能进行客户关系管理，软件只是一种促使客户关系管理更加高效进行的工具和手段。客户关系管理的根本起源不是技术进步，而是营销管理思想演变的必然结果。企业应当将客户关系管理思想融入企业管理理念中，而不是单纯依靠软件。

（2）一些企业在实施客户关系管理系统时不顾自己企业的实际需求，盲目地追求系统功能的多和新，增加了不必要的成本，也给维护人员加大了负担。在实施客户关系管理之前，企业应该对自身进行分析，找出其存在薄弱处，制定相应的目标，根据自己的需求引进适合企业的客户关系管理系统。近年来，一些企业成功地实施客户关系管理，它们的共同之处是"它们都务实地有原则地引进客户关系管理系统，适度地设定目标，在相对小的范围内高度集中实施项目"。很多实践证明：只在企业关键流程和竞争激烈处实施客户关系管理常能收到实效，这将成为客户关系管理未来的普遍策略。

（3）借助客户关系管理软件，企业能够更容易地分析客户数据，但企业因此忽略与客户的沟通交流和情感联系。客户关系管理数据库中的信息体现的是客户的购买情况与对企业的贡献度，而不能反映出客户购买现场的表现和内心想法。客户关系管理的核心思想是"以客户为中心"，实际上客户关系管理软件通过数据挖掘技术分析顾客特征、细分顾客类型，从而销售更多的产品和服务，这仍是"以产品为中心"的体现。企业应一方面利用客户关系管理软件分析客户特征了解客户行为，另一方面加强与客户的情感联系，这才是建立良好持续的客户关系的精髓所在。

误区三：对客户"一视同仁"，不加区分地对待。著名的帕累托法则，即"二八法则"指出，在顶部的20%的顾客创造了公司80%的利润。在某些情况下利润的分配更为极端：最有获利性的20%的顾客有可能创造了公司150%~300%的利润；而最不具有获利性的10%~20%的顾客实际上会造成50%~200%的亏损；其余60%~70%的顾客则处在盈亏平衡状态。企业不应该对其所有的客户平均分配资源。在庞大的客户数据库中，客户的社会背景、消费习惯都大不相同，对企业产品和服务的需求也不同，对企业的价值贡献也不一样。客户关系管理就是要对客户进行分析，将客户分成"三六九等"，剔除那些最差的顾客，实现资源的优化配置，这样才能以较小的成本留住更多重要的"有价值的客户"。

【情景实训】

实训主题：认识客户关系管理。

课时：2学时。

地点：机房。

实训目的：

（1）了解客户关系管理的起源、发展，分析比较目前国内外的应用现状。

（2）理解客户关系管理战略对现代企业经营管理的重要影响，网络经济时代电子商务与客户关系管理之间的关系。

（3）当今时代的客户及客户关系有何特征。

实训内容：

（1）国内外客户关系管理应用状况比较，并分析目前在中国的应用中的问题。

（2）客户关系管理对企业经营发展的影响。

（3）客户关系管理与电子商务之间的关系。

实训步骤：

（1）打开搜索引擎搜索客户关系管理，了解客户关系管理的起源、发展历程、应用特征。

（2）关注相关企业了解客户关系管理系统，深入了解客户关系管理系统的定义、出现原因、功能以及价值。

实训结果：

在实验结束时，教师根据实验结果文件检查并记录学生的实验完成情况，包括完成时间、完成质量等，并要求学生在课后按格式填写教师统一提供的"实验报告"电子版，在规定时间内提交电子版或纸面版，以供考评。

【教学策略研讨】

1. 如何有效开展本任务的课堂教学和实践教学？

2. 在客户管理过程中，应该以什么样的态度和策略来对待客户？

任务二　电子商务环境下客户关系管理的实施

【学习目标】

1. 了解电子商务环境下客户关系管理的实施过程。

2. 掌握如何建立客户关系。

3. 掌握如何保持客户关系。

4. 掌握客户关系的恢复。

【任务描述】

上海大众的客户关系管理

与客户共鸣，将品牌形象与客户体验相连接，通过跟踪客户行为和交易记录，引导客户的品牌体验，最终形成良性的品牌客户关系。这是很多人在提到上海大众客户关系管理后，为它做的总结。上海大众的客户关系管理，是创造最具攻心力的客户关系管理，从认知、兴趣、需求到行动串联，实现闭环行销。国内的汽车行业是众多著名合资品牌兵家争夺之地。不断变化的市场，催使当时还不成熟的客户关系管理必须顺应时势进行创新，在业界普遍认可庞大的中国汽车市场上，找到并且找准那些真正的顾客仍需要客户关系管理不断探索。

从 2004 年开始，上海大众的客户关系管理由最初的"联系电话"开始转变为"主要营销平台"，其中最重要的变化是将"上海大众—经销商—潜在客户—车主"的正向营销模式，变为"车主—潜在客户—经销商—上海大众"的逆向营销模式。借助互联网强大的可追踪性，在几年的经营下，使得今天上海大众客户关系管理项目取得了"四两拨千斤"的效果。"我们一直在评估互联网对潜在户的影响，当其影响超过 50%后，互联网就变成了上海大众最大的品牌集散地。"

从 2004 年到 2009 年上海大众陆续实施了一系列互联网上的创新，开始建立自己的车主俱乐部，成为了行业里的先行者。从一开始的 PASSAT 俱乐部到现在，覆盖全车型全品牌的车友汇网站，依托 http://www.mysvw.com 这个平台，将全国范围内的上海大众车友紧密地联系在一起。车主可以自由在社区发表自己的想法，交流爱车护车体验参加各种社区活动。上海大众汽车，20 年的历史，几百万的累计客户群，遍布中国各地的经销商和维修站，方便服务客户的同时，却也给客户关系管理工作提出了很大的难题。经销商的素质不一、想法各异，对客户关系管理的理解和认知都不尽相同。在对客户和潜在客户的信息收集、跟踪反馈方面都存在问题，给上海大众的工作进度造成了很大的影响。

【任务分析】

通过案例分析，说明电子商务环境下客户关系管理的实施是通过建立客户关系；保持客户关系；在出现客户不信任的时候，如何进行客户关系的恢复等几个重要的过程完成的。如何时时了解客户的信息，同时让客户能够和企业进行沟通非常重要。

【任务实施】

客户关系管理实施的步骤如图 7-2 所示。

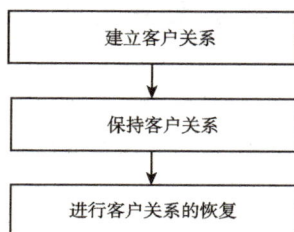

图 7-2　客户关系管理实施的步骤

一、如何建立客户关系

案例 7-2

星巴克的客户关系管理

星巴克是一个奇迹，在过去十年里，星巴克的股价上涨了 2 200%。星巴克也是世界上增长最快的品牌之一，它是《商业周刊》"全球品牌 100 强"最佳品牌之一，其品牌价值与 2003 年相比增长 12%，是为数不多的在如此恶劣的经济环境下仍能保持品牌价值增长的公司。

不过，星巴克品牌引人注目的并不是它的增长速度，而是它的广告支出之少。星巴克每年的广告支出仅为 3 000 万美元，约为营业收入的 1%，这些广告费用通常用于推广新口味咖啡饮品和店内新服务，如店内无线上网服务等。与之形成鲜明对比的是，同等规模的消费品公司的广告支出通常高达 3 亿美元。

星巴克成功的重要因素是它视"关系"为关键资产，公司董事长舒尔茨一再强调，星巴克的产品不是咖啡，而是"咖啡体验"。与客户建立关系是星巴克战略的核心部分，它特别强调的是客户与"咖啡大师傅"的关系。每个"咖啡大师傅"都要接受培训，培训内容包括客户服务、零售基本技巧以及咖啡知识等，"咖啡大师傅"需预测客户的需求，并在解释不同的咖啡风味时与客户进行目光交流。

星巴克也通过反馈来增强与客户的关系。每周星巴克的管理团队都要阅读原始的、未经任何处理的客户意见卡。一位主管说："有些时候我们会被客户所说的吓一跳，但是这使得我们能够与客户进行直接的交流。在公司层面上，我们非常容易失去与客户的联系。"

那些站在咖啡店吧台后面直接与每一位客户交流的吧台师傅决定了咖啡店的氛围。认识到员工是向客户推广品牌的关键，星巴克采取与市场营销基本原理完全不同的品牌管理方式。星巴克将在其他公司可能被用于广告的费用投资于员工福利和培训。星巴克是第一家为兼职员工提供完全医疗保险的公司，也是第一家为兼职员工提供股票期权的公司。星巴克的所有员工，不论职位高低，都被称为"合伙人"，因为他们都拥有公司的股份。

星巴克将其关系模型拓展到供应商和零售商环节。现在，许多公司都将非核心业务剥离，这使得它们与供应商的关系变得极其关键，特别是涉及关键部件的供应商。有些公司把所有完成的交易都视为关系，但是真正优秀的公司都认识到，在商业交易和真正的关系之间存在着巨大的差别，即是否存在信任，它们都投入大量的资源去培养与供应链上的合作伙伴之间的信任。

建立客户关系的步骤如图 7-3 所示。

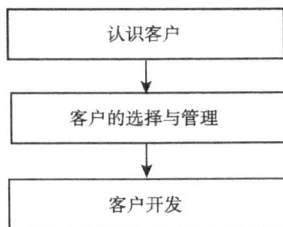

图 7-3　建立客户关系的步骤

（一）认识客户

认识客户是客户关系管理重要的第一步，通过对客户价值的认识，理解客户细分的必要性并了解客户细分的具体方法。

客户是企业利润的源泉，只有客户购买了企业的产品或者服务，才能使企业的利润得以实现。因此，一个企业的竞争力有多强，不仅要看技术、看资金、看管理、看市场占有率，更为关键的是要看企业到底拥有了多少忠诚的客户，特别是拥有多少忠诚的高价值客户。

企业如果拥有的高价值客户越多，就越能够形成规模效应，从而降低企业为客户提供产品或者服务的成本，这样企业就能以等量的费用比竞争对手更好地为客户提供更高价值的服务，进而在激烈的市场竞争中处于领先地位，有效地战胜竞争对手。

企业如何培养高价值的忠诚客户呢？首先要认识客户，认识客户价值。

1. 认识客户价值

1）客户价值的内涵

人们对于客户价值（customer value）的理解并不统一，在概念使用中也有所不同。归纳起来，对客户价值概念的理解和使用有两种倾向：一类观点认为，客户价值是企业为客户创造并提供的价值，客户价值的受益者和所有者是客户，客户价值是由企业创造出来并流向客户的；另一类观点则截然相反，认为客户价值是由客户带给企业的价值，客户价值的受益者和所有者是企业，客户价值是由客户创造并流向企业的。

显然两种理解是截然相反的，那么客户价值到底是对谁的价值——是企业为客户创造的价值，还是客户为企业创造的价值呢？

虽然这两种理解是截然相反的，但是并不矛盾，就像作用力与反作用力。事实上，在企业中这两种价值都存在。

2）客户价值的动态性

客户价值的另一个重要特征是动态性。许多学者的研究都发现，客户价值是随着时间的变化而变化的，企业要持续地对客户进行管理，就必须了解客户的价值的变化情况，不仅要了解现在的价值，同样也要了解它随着时间变化的价值演变情况。这样才能根据客户价值的不同进行不同的管理。

2. 对客户进行细分

> **案例 7-3**

"汤鸭蛋"的成功案例

桂林市郊有一个养鸭专业户，他的鸭蛋又大又香，产量又高，很有名气，叫"汤鸭蛋"。同村的人养的鸭子下的蛋都不如他的鸭子。问他有何诀窍，他说其实很简单，就是对不同的鸭子进行分群饲养。例如，生蛋的与不生蛋的分开，老鸭与新鸭分开，公鸭与母鸭合理搭配。这种分类管理，是否也可以运用到客户关系管理呢？

任何高效的客户关系管理都将以扎实的客户细分为基础，客户关系管理的一切个性化和差异化都来源于客户细分，没有客户细分，客户管理做得再好也不是真正的客户关系管理。全世界的供应商、服务提供商都在千方百计地取悦自己的客户，尽他们最大的能力满足客户的需求，为此了解自己的客户，利用适当的细分策略和目标战术变得日益重要。客户细分的目的就是通过更好地了解客户并满足客户需求来提高企业的营利能力，推动收入的增长。对于那些竞争十分激烈，且企业必须通过积极竞争才能争取和维持客户的行业而言，客户细分被更广泛地使用，成为吸引和锁定客户，赢得进而提高客户满意度、忠诚度的重要手段。

1）客户细分的概念

客户细分（customer segmentation）是 20 世纪 50 年代中期由美国学者温德尔·史密斯提出的，其理论依据在于客户需求的异质性和企业需要在有限资源的基础上进行有效的市场竞争。由于并不是所有客户的需求都是相同的，只要存在两个以上的客户，需求就会不同。由于客户需求、欲望及购买行为是多元的，所以客户需求的满足会呈现差异。

任何一个企业不能单凭自己的人力、财力和物力来满足整个市场的所有需求，这不仅缘于企业自身条件的限制，而且从经济效益方面来看也是不可取的。因此，企业应该分辨出自身能有效为之服务的最具有吸引力的细分市场，集中企业资源，制定出科学的竞争策略，以取得和增强竞争优势，获得效益最大化。所以客户细分就是指企业在明确的战略、业务模式和特定的市场中，根据客户的属性、行为、需求、偏好及价值等因素对客户进行分类，并提供有针对性的产品、服务和营销模式。

2）客户细分的必要性

从客户需求的角度来看，不同类型的客户需求是不同的，要想让不同的客户对同一个企业都感到满意，就要求企业提供有针对性的符合客户需求的产品和服务，而为了满足这种多样化的异质性的需求，就需要对客户群体按照不同的标准进行客户细分。

从客户对企业带来价值的角度来看，不同的客户能够为企业提供的价值是不同的，很多的企业已经意识到这一问题，不再简单地追求客户数量，而是更多地寻求客户的"质量"。要知道哪些是最有价值的客户，哪些是企业的忠诚客户，哪些是企业的潜在客户，哪些客户的成长性最好，哪些客户最容易流失，企业就必须对自己的客户进行分类。同时，经济全球化和互联网的广泛应用使得企业可接触的客户范围在不断扩大，电子信息技术的快速发展也使企业了解每个客户的信息成为可能。但是，企业的资源是有限的，所以在对客户进行管理时非常有必要对客户进行统计、分析和细分。只有这样，企业才能根据客户的不同特点进行有针对性的营销，赢得、扩大和保持高价值的客户群，吸引和培养潜力较大的客户群。

客户细分还便于企业所拥有的高价值的客户资源显性化，并能够就相应的客户关系对企业未来盈利影响进行量化分析，为企业决策提供依据。

另外，客户分类是一对一营销的基础，基于客户分类，一对一营销可以对每个客户提供非常有目的性和个性化的服务。当然，一对一营销是一种理想化的策略，更多的时候不是对一个人。而是对一个多层细分的客户区隔，这个客户区隔可能是一个人，也可能是多个人。在一对一营销的策略中，企业的每次市场活动和产品、服务都有最佳的目标客户群体，个性化的服务在当今按需生产订单的工业时代是可"实现的"。

案例 7-4

普尔特的客户细分

在全球房地产业中，普尔特被认为是名副其实的标杆公司，名列美国四大房产商之首。其决胜秘诀在于普尔持摒弃了传统的客户细分方法从生命周期和支付能力两个指标系，确认了新的客户细分标准，共包括11类客户，即首次置业者、常年工作流动人士、单人工作丁克家庭、双人工作丁克家庭、有婴儿的夫妇、单亲家庭、成熟家庭、富足成熟家庭、空巢家庭、大龄单身贵族、活跃长者。

仔细分析一下美国普尔特的11类客户细分，可以将它归纳为两大类。第一大类是以个人为单位的客户，其中有首次置业者、常年工作流动人士、大龄单身贵族、活跃长者；第二大类是以家庭为单位的客户，其中有单人工作丁克家庭、双人工作丁克家庭、有婴儿的夫妇、单亲家庭、成熟家庭、富足成熟家庭、空巢家庭。普尔特的客户细分基本上将一个人"从摇篮到坟墓"的生命过程中的家庭状态做了充分的提炼，每个人或者家庭都可以从这11种客户细分中找到自己的位置。客户细分是一种高度的抽象，并不是说在一个人的一生中，他都将体验过这11种家庭形态，但是他一定会体验这11种细分中间的某几种形态的生活，下面分别举例说明。

首先看下A先生。

几年前的A先生是个首次置业者，资金有限，所以他的目光盯着的是60平方米以下的经济适用房。后来他结婚了，原来一个人供房子，现在变成两口子一起供，很快他就提前将楼款交完了，顺利地拿到了房产证。

他们两人都不想要孩子，觉得还是二人世界比较好，此时这是一个双人工作的丁克家庭。随着A先生在公司中职位的不断升迁，收入比以前丰厚了很多，他感到60平方米的房子有点小了，尤其是经济适用房的小区环境不能够体现他目前的身份，他开始寻求新环境，很快便选择了一个比较高档的社区，买了一套120平方米的中高档住宅搬了进去。

房子宽敞了，环境好了，也带来了新的问题，收拾和整理房子很费时间，由于没有孩子牵扯精力，A先生的太太就将精力投到治理家务的琐事之中，而且感觉还很好，其乐融融。这时，A先生又加薪了，他动员老婆说，干脆就不要朝九晚五地上班挣那份辛苦钱了，做个全职太太也很好。就这样，A先生的家庭又变成了单人工作的丁克家庭。

是丁克到底，还是中途转型，这无疑是摆在A先生夫妇面前所不能回避的问题。如果A先生不丁克了，那么接下来之后，他们就会成为有婴儿的夫妇。如果接着继续丁克他们就会成长为成熟家庭，或者是富足的成熟家庭。单亲家庭和空巢家庭就暂时与A先生夫妇无缘了。如果有人问A先生："如果再要买房的话，你的选择是什么？""当然是170平方米以上的大房，或者直接就奔别墅了。"A先生肯定地说。

其次看B先生。

结束了上段婚姻之后，B先生的家庭变成了单亲家庭，有一个儿子。这个单亲家庭在北京的首次置业选择的是二环内的一座高层楼宇。后来，他又开始二次置业。不过，B先生家庭的二次置业不是为了改善居住环境，而是一项物业投资。这时B先生的家庭虽然是一个单亲家庭，但从支配收入的角度而言，这个单亲家庭已经提升为富足的成熟家庭。位于二环的那两套高层住宅都用来对外出租了，他搬到了新的联排别墅。

两年后儿子上高中的时候出国了，他的家庭就变为一个空巢家庭。有婴儿的夫妇—单亲家庭—富足的成熟家庭—空巢家庭，这就是B先生走过的客户生命周期轨迹。

再次看一下C先生。

八年前首次置业的时候，C先生已经是有着两个女儿的四口之家，C太太在一所学校工作，而C先生则是一家香港上市公司的白领，算得上是一个成熟家庭。

此后，C先生又第三次置业，不过这次置业与第二次截然不同。第二次置业的出发点是家庭人员多了要扩大居住面积，同时要体现一下自己的身份，是一种换房的概念。而第三次置业则是生活方式变化的功能性置业。新房子是位于大梅沙海滨的东海岸，选择在那里置业，是因为 C 先生喜欢"4+3"的生活方式，他希望以后每个星期的 7 天时间里，4 天住在福田的万科花城，余下的 3 天住在大梅沙的东海岸。

随着收入的增加，C 先生的家庭渐渐会成为一个富足的成熟家庭，到了那个时候，第四次置业的他选择的有可能就会是别墅，也有可能他会在公司所在地上海买一个小户型的高级公寓，这样一来，他就不用在上海租房了。

最后来看 D 先生。

1998 年受西部大开发的影响，D 先生离开深圳去了西部，2000 年又漂到北京。按照普尔特的细分，D 先生就是一位典型的常年工作流动人士。十年前 D 先生在深圳首次置业，离开之后，深圳的房子就出租给了别人，现在回深圳是选择住酒店。孩子出国之后，D 先生步入了空巢家庭的行列。现在，D 先生选择在北京再次置业，由于 D 先生的工作是常年流动的性质，每月在北京停留的时间也不过一周左右，其余的时间都是在飞机上或者酒店里度过，同时又是一个空巢家庭，客厅和厨房的功能对于 D 先生来说价值不太大，面积在 120 平方米即可，考虑更多的是附近有没有地铁，去机场是不是方便。D 先生下一个要步入的客户细分是活跃长者。

从上面可以看到，每一个家庭在其生命周期的过程中都扮演过多种客户形态。A 先生扮演过首次置业者、双人工作的丁克家庭、单人工作的丁克家庭的角色，B 先生的家庭也已经走过有婴儿的夫妇、单亲家庭、富足的成熟家庭的轨迹，正在体验着空巢家庭；C 先生已经有过首次置业、二次置业、三次置业，其家庭从一个有婴儿的夫妇成长为成熟家庭，正在向富足的成熟家庭迈进；而 D 先生从首次置业已经扮演过常年流动工作者和空巢家庭，接下来又要扮演的是活跃长者。

（二）客户的选择与管理

1. 选择实力相当的客户

现实中有些企业只注重服务于大客户，认为只有大客户才是好客户，也只有服务于大客户才能显示自己的实力。然而，由于双方实力的不对等，企业只能降低标准，委曲求全，迎合大客户提出的苛刻要求，或者放弃管理的主动权，从而对大客户的潜在风险无法进行有效控制，结果一旦这些大客户出事，企业就会遭受损失。而"高级别"的企业如果选择"低级别"的客户往往也会吃力不讨好，由于双方关注点的不同会造成双方不同步、不协调、不融洽，结果可能是不欢而散。可见，实力相当的客户才是最好的目标客户，也是企业的稳健而保险的选择。

例如，有一家生产汽车配件的公司打算把目标客户锁定为大型汽车制造厂，企图尽快达到盈亏平衡点，但经过几年的努力都未成功，因为这些大型汽车制造厂根本没把这家企业当成一回事。无奈之下，这家企业转向了一些中小型的汽车制造厂，而这些中小型的汽车制造厂也正在寻找具有价廉物美且未被大型汽车制造厂锁定的供应商，于是双方建立了长期稳定的关系，取得了双赢的局面。

2. 进行双向选择

如果能够认识企业与客户之间是双向选择、对等选择就要好一些。这就要结合客户的综合价值与企业对其服务的综合能力进行分析，然后找到两者的交叉点。

首先企业要判断目标客户是否有足够的吸引力，是否有较高的综合价值，是否能为企业带来大的收益，这些可以从以下几个方面进行分析。

（1）客户向企业购买产品或者服务的总金额。

（2）客户扩大需求而产生的增量购买和交叉购买等。

（3）客户的无形价值，包括规模效应价值、口碑价值和信息价值等。

（4）企业为客户提供产品或者服务需要耗费的总成本。

（5）客户为企业带来的风险，如信用风险、资金风险、违约风险等。

其次企业必须衡量一下自己是否有足够的综合能力去满足目标客户的需求，即要考虑自身的实力能否满足目标客户所需要的技术、人力、财力、物力和管理能力等。对企业综合能力的分析不应从企业自身的感知来确定，而应该从客户的角度进行分析，可借用客户让渡价值的理念来衡量企业的综合能力。也就是企业能够为目标客户提供产品价值、服务价值、人员价值及其形象价值之和减去目标客户需要消耗的货币成本、时间成本、精力成本、体力成本，这样就可以大致得出企业的综合能力。

再次寻找客户的综合价值与企业的综合能力两者的结合点。最好是寻找那些客户综合价值高，而企业将综合能力高的客户作为目标客户。也就是将价值足够大、值得企业去维护和开发的，同时企业也有能力去维护和开发的客户作为企业的目标客户。

最后依据现有的忠诚客户的特征来选择目标客户。没有哪个企业能够满足所有客户的需求，但是，可能会有些客户觉得企业提供的产品或服务比其竞争对手的更好、更加"物有所值"而成为忠诚客户，这至少说明企业的特定优势能够满足这类客户的需求，同时说明他们是企业容易建立关系和维持关系的客户。因此，企业还可以从分析现有忠诚客户所具有的共同特征和特点来寻找最合适的目标客户，即以最忠诚的客户为标准去寻找目标客户，这是选择最可能忠诚的目标客户的一个捷径。

3. 对不同客户进行分类管理

对不同客户进行分类管理可以采取两种方法，即按照客户价值分类的客户管理方法和按照客户与企业关系远近分类的客户管理方法。

1）按照客户价值分类的客户管理方法

（1）VIP客户管理方法。VIP客户是非常有利可图并值得花费大量的时间来服务的。他们的订单数量大、信誉较好，并且能很快付款，对这类客户的管理中应注意以下几个方面：①这类客户消费金额占总销售额的70%~80%，影响相当大，应加强注意；②密切注意其经营状况、财务状况、人事状况和异常动向等，以避免倒账的风险；③要指派专门的销售人员经常去拜访这类客户，定期派人走访，提供销售折扣，并且熟悉客户的经营动态，业务主管也应定期去拜访他们；④应优先处理VIP客户的投诉案件。

（2）主要客户管理方法。主要客户的消费金额占销售总额的10%~20%，也具有一定的影响力，销售人员要进行定期的拜访。这类客户往往容易变为企业的忠诚客户，因此，是值得企业花些时间和金钱来建立忠诚度的。如果这类客户的订单频率和数量没有上升或如果他们向竞争对手订更多的产品，那么企业要给他们提供更多的服务。在放弃一个主要客户之前，企业要找出他们从竞争对手那里订更多产品的原因。

（3）普通客户管理方法。普通客户的消费额只占 10%以下，每个客户的消费额很少。对此类客户，企业若没有策略性的促销战略，在人员、财力、物力等限制条件下可减少推销努力，或找出将来有前途的"明日之星"培养为主要客户。对于这类客户，企业将对其服务的时间削减一半，但和这些客户保持联系，并让他们知道在他们需要帮助的时候企业总是会伸出援手的。

（4）小客户管理方法。在与小客户打交道时，他们往往是锱铢必较，忠诚度很低，不及时付款，订单不多却要求很多。对这些客户企业应提供很少的服务。

销售人员会拥有许多的客户，然而能为他们带来较大销售额和利润的客户却非常少，对那些重要的客户，销售人员要为他们花费更多的时间，否则就意味着是对自己的重点客户的忽视。销售人员要提高效率，就必须按照与客户的成交量来规划自己的推销拜访次数。总之，销售人员要记住，资源是有限的，要把有限的资源用在"刀刃"上。

2）按照客户与企业关系远近分类的客户管理方法

（1）对潜在客户和目标客户的管理。潜在客户和目标客户虽然没有购买过企业的产品或服务，但是他们是有可能在将来与企业有交易的客户。当他们对企业的产品或者服务产生兴趣并通过某种渠道与企业接触时，企业应当详细介绍产品或服务，耐心解答他们提出的各种问题，帮助潜在客户和目标客户建立对企业及其产品或者服务的信心和认同，这是促使其与企业建立交易关系的关键。对潜在客户和目标客户的管理目标是先将他们发展为初次购买客户，再培养其成为重复购买客户，乃至忠诚客户。

虽然潜在客户和目标客户还没有与企业发生过交易关系，企业无记录和跟踪他们的交易行为数据，但并不等于企业就不能对潜在客户和目标客户的价值进行合理的判断。企业仍然可以通过交易以外的其他途径收集反映潜在客户和目标客户基本属性的数据（如年龄、性别、收入、教育程度、婚姻状况等），然后利用这些属性数据分析他们的潜在价值。

（2）对初次购买客户的管理。对初次购买客户的管理目标是将他们发展为忠诚客户或重复购买客户。虽然初次购买客户已经对企业有了初步的认同并接受了企业的产品，但是，初次购买客户在与企业初次交易过程中的体验以及对所购买的产品的价值判断将会影响到他们今后是否愿意继续与企业进行重复的交易，第一次购买如果感觉不好，很可能就没有第二次了。初次购买是客户成长的一个关键性的阶段，企业要抱着与客户建立终生关系的目标与客户进行第一次交易，让产品和服务符合或超过初次购买客户的期望。另外企业还要跳开针对大众的媒体广告，与初次购买客户进行个性化的交流，保持与他们的联系和沟通，呵护和关心他们，并且尽量提供满足其个性化需求的产品或者服务，努力与他们建立起一种互相信任的关系，这是让初次购买客户再次与企业进行交易的基础。通常，企业很难在第一次交易时就收集到完整的客户信息，而需要在反复的交易过程中对客户信息进行完善。因此，相对于忠诚客户来说，企业很难对初次购买客户的价值进行有根据和有效的判断。此时，企业应该注意收集和积累初次购买客户的后续购买的每次交易数据，并跟踪和完善初次购买客户的其他信息，以便为今后的客户价值评价做好准备。

（3）对重复购买客户和忠诚客户的管理。研究表明，销售给潜在客户和目标客户的成功率为6%，而销售给初次购买客户，即新客户的成功率为15%。销售给重复购买客户和忠诚客户，即老客户的成功率为50%，可见，对重复购买客户和忠诚客户的管理是客户管理工作的重点。企业应努力加强与这些客户建立联系，听取他们的意见，与他们进行沟通，然后根据其要求及时对产品或服务进行改进。同时，对这些客户提供"特殊关照"，甚至可以成立专门的部门来负责管理和服务这些客户，以加深与他们的感情交融，这样，企业就有可能将重复购买客户培养成忠诚客户，并且使忠诚客户继续对企业及其产品或服务保持最高的信任度和忠诚度。反之，如果企业对重复购买客户和忠诚客户的关注不够，就可能使他们流失，甚至成为非客户——再也不购买企业的产品或服务，那企业就会出现危机了。总之，企业对此类客户的管理必须环环相扣，从潜在客户、目标客户开始，直到对初次购买客户、重复购买客户及忠诚客户都必须加强跟踪管理，绝不能放松。

（三）客户的开发

客户开发，就是企业将目标客户和潜在客户转化为现实客户的过程。早在三十多年以前，当代管理学大师彼德·德鲁克教授就已经观察到，一个企业的首要任务就是要"开发客户"。客户是企业的生命源泉，给了他们所需要的，企业才能从他们哪里得到自己想要的。每一位伟大的企业创始人都有一套关于本企业的明确理念，从而指引他们的行动和决策，而这套理念却必须以客户为中心。对于新企业来说，首要的任务就是吸引和开发客户，对于老企业来说，企业要发展也需要源源不断地吸引和开发新客户，即便企业拥有大量的客户，还是需要开发客户，为什么呢？因为新陈代谢不仅是自然界的规律，也是企业管理的规律。据一般经验，每年老客户流失率为10%~30%，优质客户流失率会低一些，但也会流失，所以，企业在努力培养客户忠诚度的同时还要不断寻求机会开发新客户。这样，一方面可以弥补客户流失的缺口，另一方面可以壮大企业的客户队伍，提高企业的综合竞争力，增强企业的营利能力，实现企业的可持续发展。客户开发常采用"推"的策略（如恰当的产品/服务、价格、分销、促销、公共关系等）及销售人员直接寻找客户与客户沟通的"拉"的策略。

1.采用"拉"的策略实现客户开发

（1）首先实现客户开发要有恰当的产品/服务。对于产品来讲，一定要强调产品的功能和效应。功能效用是吸引客户的最基本的立足点，一个功能效用能够满足客户需要的产品或服务肯定会吸引客户前来购买。对于相似的产品或服务来说，功能越强、效用越大的产品或服务对客户的吸引力就越大。例如，被称为"PC机之父"的史蒂夫·乔希斯在产品开发中曾派工程师走访了三十多所大学，询问大学里需要什么样的机器。根据调查和咨询结果，他推出了存储量大、程序简单和兼容的分体式计算机，立即受到普遍的欢迎。对老产品或者服务在功能和效用上加以改进后重新推出也能够有力地吸引客户。例如，银行将原来的活期存款和定期存款的优点融合起来，推出"个人通知存款"业务，吸引了不少新的储户；有的银行推出了个人支票业务，既有结算功能，又有活期利息，由于可以使人们告别"腰缠万贯"的烦恼，尝到了"一纸抵万金"的潇洒，从而吸引了许多客户；招商银行推出的"一卡通"，除具有"一卡多户、自动转存、代发工资、代收费用"等功能外，还有"证券保证金转账"功能，可以使客户不必携带大量现金进出股市，因此吸引了不少股民使用"一卡通"。

除了保证产品的功能和效应，还要保证良好的产品质量。"好东西自己会说话"——质量优异的产品或服务总是受到客户的青睐，质量在吸引客户上起到了至关重要的作用。例如，法国家乐福公司对采购品的质量要求很严格，生产厂家必须通过包括工厂检测、产品测试直至装运检验等一系列的长达半年的考核才能向家乐福供货。德国麦德龙公司对产品质量的要求则永远排在第一位，所有进入麦德龙采购系统的产品都要在国内的一个区域销售，如果效果好才可以进入全国市场，最后才能分销到国外。日本大荣公司也很看重产品的安全性，因为进入大荣连锁采购系统的产品将有可能出口，而日本对进口产品都有严格的标准，尤其是产品的安全性。一个质量有问题的产品或服务即使非常便宜也没有人愿意购买，人们会退避三舍，唯恐避之不及。相反，对于高质量的产品，即使价格高些人们往往也愿意接受。因为质量往往代表着安全、可靠和值得信赖，人们之所以购买名牌产品或服务最主要的就是看中其过硬的质量。

另外还要建立产品的特色。现在市场上产品或服务的同质化程度越来越高，因此，企业要想在激烈的市场竞争中脱颖而出，其产品或服务必须有足够的特色才能吸引客户的注意。现代市场中，还应该创产品品牌，有适宜的包装、优质的服务、承诺与保证等自己的特色。

（2）其次实现客户开发要有恰当的价格。价格是一个广义的概念，包括商品的售价，提供服务的各种收费，支付给管理人员、员工及推销人员的薪水和佣金，为取得资金而支付的利息，以及为取得赚钱的机会而付出的代价（如税收、专卖权、使用权）等。对于客户而言，价格不是利益的载体，而是代表一种牺牲。因此，价格既可能表达企业对客户的关心，也可能给客户以急功近利的感觉。恰当的价格就是指企业应当根据产品或服务的特点，以及市场状况和竞争状况，为自己的产品或服务确定一个对客户有吸引力的价格。企业通过如下价格策略吸引客户：尾数定价策略、整数定价策略、声望定价策略、习惯定价策略。

（3）最后实现客户开发要有恰当的促销。恰当的促销是指企业利用各种恰当的信息载体，将企业及其产品的信息传递给目标客户，并与目标客户进行沟通的传播活动，旨在引起客户的注意，刺激客户的购买欲望和兴趣，使其产生实际的购买行为。

促销主要有三种实现形式。第一，广告促销可以大范围地进行信息传播和造势，起到提高产品或服务的知名度、吸引客户和激发客户购买欲望的作用。在商业界有这样一种说法：推销商品而不做广告，犹如在黑暗中送秋波，这也体现出广告在促销中的重要作用。此外，广告运用象征、主题、造型等方式也适合于品牌形象的推广及创造品牌的特色和价值，从而吸引客户采取购买行动。例如，美国著名的"旅游者"保险公司在促销时，用一个伞式符号作为象征，促销口号是"你们在旅游者的安全伞下"。又如，香港国泰航空公司的广告以一棵大树自比恰当地树立了自己的形象，显示了自己的安全性。第二，公共关系促销是通过企业的公共关系活动使企业与社会各界建立良好的理解、友谊和支持关系，从而以企业的知名度、美誉度来带动商品销售的一种间接促销方式。应用公共关系促销的特点是企业与社会建立双向沟通，并注重企业的长远利益。第三，销售促进是企业利用短期诱因，刺激客户购买的促销活动。

2. 采用"推"的策略实现客户开发

作为客户开发最关键也是最困难的一个问题，就是销售人员如何从茫茫人海中找到需要他们产品的客户，销售人员找不到客户就没办法将产品销售出去，所以，寻找接近潜在客户作为客户开发的第一个环节是最具基础性和关键性的一步。

客户开发，除了依靠产品自身情况、广告及销售促进等活动以外，还要依靠销售人员掌握并运用一些基本的途径和方法来充分挖掘出潜在的客户。采用"推"的策略实现客户开发，首先可以采取恰当的方法寻找适合的客户群，其次可以采取适宜的形式进行联络，最后可以直接拜访客户。

二、如何保持客户关系

保持客户关系的步骤见图 7-4。

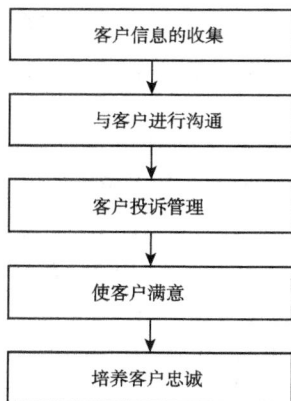

图 7-4　保持客户关系的步骤

（一）客户信息的收集

信息是决策的基础，想要维持好与客户建立起来的关系，就必须充分掌握客户信息。任何一个企业总是在特定的客户环境中经营发展的，有什么样的客户环境，就应有与之相适应的经营战略和策略。如果企业对客户的信息掌握不全、不准，判断就会出现失误，决策就会偏差，而如果企业无法制定出正确的经营战略和策略，就可能失去好不容易建立起来的客户关系。所以，企业必须全面、准确、及时地掌握客户的信息。进行客户信息的收集可以从以下几个方面完成。

（1）掌握获取客户信息的渠道。客户信息收集常采用以下信息收集渠道，分别是直接渠道、间接渠道。

（2）收集客户的基本资料。客户的信息资料包括：个人信息、企业客户的信息。

（3）填写客户资料卡。填写的客户资料卡有助于对客户资料的整理和分析，要妥善保管，并在开展业务过程中加以利用。

（4）运用客户数据库管理客户信息。客户数据库是运用数据库技术，全面收集关于现有客户、潜在客户或目标客户的综合数据资料，追踪和掌握现有客户、潜在客户和目标客户的情况、需求和偏好，并且进行深入的统计、分析和数据挖掘，从而使企业的营销工作更有针对性。客户数据库是企业维护客户关系、获取竞争优势的重要手段和有效工具。客户资料库的内容包括客户服务的对象、目的与企业决策需要，以及企业获取客户信息的能力的资料库整理成本等。

（二）与客户进行沟通

管理客户关系是一件很困难的事情，也是一个持续的过程，它需要客户和企业双方都深入地参与其中，并且都相互了解对方。为了达到这种亲密关系，企业就必须尽其所能去接近客户，要求企业必须做到以其竞争对手无法做到的方式了解其客户，而要了解一个客户，要理解一个客户，要从客户那里得到信息，唯一可行的办法就是同他们进行沟通互动。与客户良好的沟通能够帮助企业了解客户需求、预测客户潜在价值。与客户进行沟通可以通过以下几个方面实现。

（1）掌握与客户沟通的途径。与客户沟通可以通过销售人员与客户进行沟通，通过活动与客户沟通，通过信函、电话、网络、电邮、呼叫中心等方式与客户沟通，通过广告与客户沟通。

（2）掌握与客户沟通的策略。与客户沟通的策略可以从以下几个方面考虑，首先对不同客户实施不同的沟通策略，其次要注意站在客户的立场上与客户沟通，最后一定要向客户表明诚意。

（三）客户投诉管理

要想做好客户关系管理不可忽视客户的投诉，真正认识到投诉是有价值的、对投诉客户的心理状态进行分析，在此基础上把握处理投诉的原则。如何做好客户的投诉工作可以从以下几个方面。

1. 了解客户投诉的原因

客户为什么要投诉呢？简单地说，客户是基于不满才投诉的。不满的直接原因在于客户的期望值和服务的实际感知之间的差异，也就是预期的服务和实际感知的服务之间的差距。一定要搞清楚投诉的原因，包括产品质量存在缺陷、服务质量、运输服务不到位、宣传误导、企业管理不善、投诉管理缺失等。

2. 正确看待客户的投诉

对于企业来说，投诉的客户就存在着合作的积极面，代表着一种极高的潜在价值。投诉是一种"关系调整的机会"，投诉还可以使企业能够扩大对客户了解的范围，投诉还可以提供企业的产品或服务的数据采集点。

3. 态度诚恳，耐心倾听客户投诉

先听清楚客户说什么。态度认真，尊重客户，切忌打断客户。倾听的过程对于客户来说是一个发泄不满和宣泄情绪的过程，因而倾听过程中要有必要的回应，如"噢""哦"等表明客户服务人员在用心听。很多的投诉在客户发泄完之后，他的情绪也基本平衡了，此时，问题已经解决了一半了。甚至有一些投诉，客户仅仅是想找一个人耐心地听取他的抱怨。

倾听能够传递出的理解和尊重，也将会营造一种理性的氛围，感染客户以理性来解决问题。倾听要注意了解客户的真正意图，了解他所认为的真正问题是什么，他这次投诉真正要达到的目的是什么。千万不要主观地认为客户是遇到了什么问题，也不要从其语言表面进行判断。

（四）使客户满意

企业实施客户关系管理的目的不仅仅是要拓展企业经营的范围和改变企业的经营模式，还应当强化企业与客户之间的互动关系，最终目的是要提升企业的利润。因此，企业如何满足客户的要求，进而留住客户，提升客户的满意度，这已经是目前企业经营中最重要的新课题，更是衡量企业竞争力的重要指标。那么什么是客户满意度，又如何提升客户满意度呢?

1. 了解哪些因素影响客户满意

客户满意是一种主观的心理感受，从菲利普·科特勒"满意是指个人通过对产品中可感知的效果与他的期望值相比较后所形成的愉悦或失望的感觉状态"的定义中，我们可以看出客户满意是客户期望和客户感知比较的结果。如果客户感知达到或超过客户期望，那么客户就会满意；而如果客户感知达不到客户期望，那么客户就会不满意。很显然，影响客户满意的因素就是客户期望和客户感知。

2. 提高客户感知价值

提高客户感知价值主要从两个方面出发：一是提高客户总价值；二是降低客户总成本。实现这两个目标，可以通过创新、价值、质量、服务、速度、品牌等战略途径，这些都是创造客户感知价值的重要因素。不同的企业可以根据不同的情况选择使用各战略途径，以降低客户认知价格或提升客户认知利益，从而为客户创造价值。

3. 掌握客户期望

我们知道，如果客户期望过高，一旦企业提供给客户的产品或服务的感知价值没有达到客户期望，客户就会感到失望，导致客户的不满。但是，如果客户期望过低，可能就没有兴趣消费企业的产品或服务了。这样看来，客户期望过高、过低都不好。企业要提高客户满意度，就必须采取相应的措施来引导客户消费前对企业的期望，让客户对企业有一个合理的期望值，这样才能吸引客户，又不至于让客户因为期望落空而失望，产生不满。

（五）培养客户忠诚

在前面的分析中，我们已经发现客户满意对于一个企业是多么重要，但是客户满意不等于客户忠诚，即使客户对企业很满意，他仍然有很多的理由离开企业。现实的市场环境中，激烈的竞争使每一位客户都有广泛的选择空间，无论是否满意，他们都有权选择任何产品。虽然客户满意是促成客户忠诚的重要因素，但是客户对企业表示满意并不意味着一定要对其保持忠诚。所以在赢得客户满意之后，企业最重要的就是将这种满意转化为客户忠诚。

1. 企业上下要在思想上认识到客户忠诚的重要性

企业如果想真正做到"尊重客户，以客户为中心"，就必须首先从思想上认识到客户的重要性，这是赢得客户忠诚的基础与前提。要让企业的每一个人不仅仅是知道、懂得，而且要从思想上意识到：客户是他们的"衣食父母"，客户是每个月为他开工资的人，能够满足客户的需求是企业的荣耀，并由此真正能够将"以客户为中心"贯彻到自己的行动中去。

2. 客户忠诚计划首先必须赢得企业员工的忠诚

企业员工是客户忠诚计划的主体，是实施者。企业赢得客户的前提是首先必须赢得自己的员工，不能设想一个人心涣散的员工群体能赢得客户的信赖。员工的忠诚主要包括两个方面：一是员工在工作中尽职尽责；二是员工对企业忠诚，不会轻易流失、跳槽。

3. 客户忠诚计划要赢得企业高层人员的支持

建立客户忠诚计划是一个从上而下的过程，需要企业领导各方面的支持。无论是资金的投入，还是人员的配备上。如果没有企业高层领导的支持就很难进行下去。在建立客户忠诚计划的过程中，需要企业的高层管理人员精心组织实施，进行各方面的协调统一。除此以外，他们本身应当成为这一过程中非常重要的一个组成部分和决定因素，他们不是局外人。所以说，赢得了高级管理人员的支持，就打通了通向客户忠诚的道路。企业的高层管理人员可以采取以下方式接近客户，为普通员工做出表率：与具体接触客户的员工交流；出席为赢得客户忠诚而举行的会议，并明确表达自己的观点；参加有关与客户交流的活动。

4. 企业要使客户满意，就要赢得他们的信赖

客户的满意、愉悦和信赖是形成客户忠诚的最主要因素，是关键之所在，所以企业在这方面要积极努力，采取各种措施。企业要不时地提高客户的购买兴趣。保持客户对企业的兴趣很重要，它可以使客户对企业始终保持关注。提高客户兴趣的方法有很多。有奖销售，明星助阵的广告牌，改变产品的颜色、形状，增加产品的附加功能，这些都是提高客户兴趣的好方法。但是，这些都是短暂且不牢固的，只能起到一时的作用。最为有效的措施还是通过自己优质的产品和服务来吸引客户。要无微不至地考虑客户的需求，并竭尽全力满足他们，这样做的结果不仅仅是让客户感到一种满足，更重要的是能够让客户对企业充满感激。一般来说，满意的客户乐意将自己的感受告诉他所熟知的人。所以企业应当牢记：客户的口碑，尤其是老客户的口碑，是最容易吸引新客户的。

5. 企业与客户随时保持有意接触，并留心发现他们的需求

企业应当制订详细的计划，有意识地多和客户接触。企业与客户的接触应该被企业升华为一种心与心的交流。通过接触，客户可以更好地了解企业，企业也能够更好地了解他们，从而实现双方的互动。通过相互交流建立起一种朋友式的"双赢"关系。另外，企业可以通过接触展示自己的企业文化，为自己做宣传，表明自己对客户的尊重。通过这种接触，企业也可以了解客户当前的需求，以便于制定更有针对性的销售策略，更好地为客户服务。与客户接触，企业要采取主动方式赢得客户的忠诚度。

6. 重视客户的意见，建立起有效的反馈机制

建立有效的反馈机制非常重要，企业面临的不是与客户的一次性交易，而是长期性的合作。一次交易的结束正是下一次新的合作的开始。事实上，客户非常希望能够把自己的感受告诉企业，而友善、耐心的倾听能够极大地拉近企业和客户之间的距离。反馈机制就是建立在企业和客户之间的一个桥梁，通过这一桥梁，客户与企业双方能够更好地沟通感情，建立起相互间的朋友关系。凡是成功的企业都有一个秘诀：善于倾听客户的意见，并善于发现这些意见中有用的市场信息和客户需求，及时将其转化为新的商机。建立客户反馈机制的方法很多，企业应当对客户公开自己的电话号码，并在企业内部设立独立的机构处理客户的反馈意见。另外，还应形成制度，定期派人主动接触客户，获取他们的反馈信息。

7. 妥善处理好客户的抱怨

在倾听了客户的意见，并对他们的满意度进行了调查之后，就应当及时妥善地处理客户的抱怨，这也是赢得客户信任和忠诚的极有效的方法。客户的抱怨并不是麻烦，企业也绝不能因此而感到沮丧和失望。相反，成功的企业会把客户的抱怨看做是自身发展的新机会，也是赢得客户的重要机遇。

8. 从掌握的信息中分析客户的需求，开发适应客户需求的新产品

做到以上几点以后，企业已经掌握了很多来自客户的信息。对于这些信息，企业要仔细进行分析，找出其中最有价值的部分，并根据这些信息进一步改进自己的产品或服务。通过这些信息，企业还可以发现和开拓新的市场空间，开发出适应客户的需求，反映市场趋势的新产品。

以上这些步骤是一个循环前进的过程，前一轮工作结束正是新一轮工作的开始。企业应当将这些步骤看做是一个有机的整体，不断地满足客户的需求，赢得客户的信任，在这个循环的过程中逐步提高自己的客户忠诚度。

三、如何进行客户关系的恢复

客户关系的恢复就是挽回即将流失的客户，企业在面对与客户关系即将破裂时，如何尽快、及时地恢复客户关系，防止客户尤其是有价值的客户的永远流失，在这个问题上首先要搞清楚客户流失的原因，其次正确认识和对待客户流失。

（一）接触并分析客户流失的原因

企业与流失客户联系并分析流失原因，首先，企业要积极与流失的客户联系，访问流失的客户，诚恳地表示歉意，如送上鲜花或小礼品，缓解他们的不满。其次，要了解流失的原因，弄清问题究竟出在哪里，有些问题是企业无能为力的，如客户离开当地，或者是改行了、破产了，除此之外，其他的因素：15%的原因是他们发现了更好的产品或服务，70%的原因是供应商提供的产品或服务没有吸引力等，这些因素中有些是企业无能为力的，但很多因素是企业可以改进的。

例如，IBM公司就非常重视老客户的保留，当一个客户流失时，IBM公司会尽一切努力去了解自己在什么地方做错了——是价格太高、服务不周到，还是产品不可靠等。公司不仅要和那些流失的客户谈话，而且对每一位流失的客户都要求相关的销售人员写一份详细的报告，说明原因并提出改进意见，采取一切办法来恢复客户关系，从而控制客户的流失率。

对流失的客户进行成本分析，包括流失客户的利润成本分析和潜在的成本分析。部分企业员工会认为客户流失了没什么大不了的，旧的不去，新的不来。而他们根本就不知道，流失一个客户，企业要损失多少。一个企业如果每年降低5%的客户流失率，利润每年可增加25%~85%，因此对客户进行成本分析是必要的。或许面对单个客户的流失，很多的企业会不以为然，而一旦看到这个惊人的数字也不由地会从心底重视起来。客户给企业带来的利润是不可估量的，为有效地防止客户流失，让员工真正从心底认识到这个问题的严重性，对流失的客户进行成本分析是很必要的。获取一个新客户的成本是保留一个老客户的五倍，而且一个不满的客户平均要影响5个人，以此类推，企业每失去一个客户，其实就意味着失去了一系列客户，其口碑效应的影响是巨大的。

（二）对症下药，争取挽回

企业要根据客户流失的原因制定相应的对策，尽力争取及早挽回流失的客户。

（三）提高市场反应速度

提高市场反应速度包括善于倾听客户的意见和建议、正确处理客户投诉、提高解决客户投诉问题的效率、预测分析未来。

（四）强化市场管理体系

企业应建立强力督办系统，迅速解决市场问题，保证客户的利益，如窜货问题导致客户无利可图，企业应迅速解决。企业要定期派出业务员到市场上巡查，一旦发现窜货迹象要及时地向企业反映，以争取充足的时间来采取措施控制窜货的发生，从而降低经营风险。因为在很多的情况下，猖獗的窜货往往致使客户无利可图，最后客户才无奈地放弃产品经营而离企业而去。

（五）对不同级别客户的流失采取不同的态度

因为不是每一位流失的客户都是企业的重要客户，所以，如果企业花费了大量时间、精力和费用留住的是使企业无法营利的客户，那就不值得了。因此，在资源有限的情况下，企业应该根据客户的重要性来分配投入挽回客户的资源，挽回的重点应该是那些最能营利的流失客户，这样才能达到效益的最大化。针对下列三种不同级别的流失客户，企业应当采取的基本态度如下：对"重要客户"要极力挽回，对"主要客户"也要尽力挽回，对"普通客户的流失"和"非常难避免的流失"可见机行事，基本放弃对"小客户"的挽回努力，彻底放弃根本不值得挽留的流失客户。

【相关知识】
电子商务环境下客户关系管理实施应注意如下问题。

（一）高层管理者对客户关系管理的理解与支持是实施的前提

要得到管理者的支持与承诺，先要求管理者必须对项目有相当的参与程度，进而能够对项目实施有一定认识和理解。高层管理者对客户关系管理项目实施的支持、理解与承诺是项目成功的关键因素之一。客户关系管理系统实施所影响到的部门的高层领导应成为项目的发起人或参与人，客户关系管理系统的实现目标、业务范围等信息应当经由他们传递给相关部门和人员，只有这样才能保证客户关系管理系统的实施。

（二）客户关系管理系统的实施要把远景规划和近期目标结合起来

管理者在制定远景规划和近期目标时，既要考虑企业内部的现状和技术条件及实际管理水平，也要看到外部市场对企业的要求与挑战。只有明确了实施客户关系管理系统的目的，才能制定出适合企业自身的客户关系管理远景规划和近期实现目标。

（三）通过业务来驱动客户关系管理项目的实施

客户关系管理系统是为了建立一套以客户为中心的销售服务体系，因此客户关系管理系统的实施应当是以业务过程来驱动的。IT 技术只是为客户关系管理系统的实现提供了技术可能性，但客户关系管理真正的驱动力应来自于业务本身。要在软件提供的先进技术与企业目前的运作流程间找到平衡点，尽可能地在应用中保留企业流程的特点和优势。

（四）建立项目实施小组

项目组成员由企业内部成员和外部的实施伙伴共同组成。内部人员主要是企业高层领导、相关实施部门的业务骨干和 IT 技术人员。业务骨干要求他们自己真正熟悉企业目前的运作，并对流程具备一定的发言权和权威性。

（五）有目的有步骤地实施业务调整

项目的实施会使业务流程发生变化，同时会影响到人员岗位和职责的变化，甚至引起部分组织结构的调整。因此需要考虑对业务用户的各种培训，以及为配合新流程的相应的外部管理规定的制定等内容，这些内容都可以列入调整管理的范围之中。

综上所述，客户关系管理是一种旨在改善企业与客户之间关系的新型管理机制，它要求企业更了解现存和潜在客户，并有效实施客户关系管理。在电子商务发展时代，实施客户关系管理是企业保持旺盛生命力的强劲动力，只有客户关系管理的成功，才有电子商务的成功，也只有这样，才有企业持续、快速、健康的发展。

【学习评价】

项目	内容		评价（评价分为四个等次，分别为 4 优秀、3 良好、2 合格、1 不合格，请在下表中填入评价分值）		
	学习目标	评价项目	个人评价	小组评价	教师评价
知识	掌握保持和客户联系的渠道	1.Web 方式 2.电子邮件方式 3.传统的电话联系 4.信息亭和 POS 机			
	掌握客户关系管理实施的过程	1.建立客户关系 2.保持客户关系 3.进行客户关系的恢复			
技能	如何建立客户关系	1.能够依照所掌握的只是对客户进行识别，按照一定的规则对客户进行细分 2.对客户进行分类管理的方法			

续表

项目	内容		评价 （评价分为四个等次，分别为 4 优秀、3 良好、2 合格、1 不合格，请在下表中填入评价分值）		
	学习目标	评价项目	个人评价	小组评价	教师评价
技能	如何建立客户关系	3.对客户进行选择的方法 4.学会运用客户开发的策略			
	如何保持客户关系	1.掌握与客户沟通的渠道与策略 2.掌握处理客户投诉时的方法和注意事项 3.学会运用提高客户满意度的方法 4.学会运用培养客户忠诚的方法			
	客户关系的恢复	对客户流失进行分析，并根据具体情况制定客户挽回的措施			
总评					

【实践能力拓展】

一、案例

屈臣氏的客户关系管理战略

屈臣氏是现阶段亚洲地区最具规模的个人护理用品连锁店，是目前全球最大的保健及美容产品零售商和香水及化妆品零售商之一。屈臣氏在"个人立体养护和护理用品"领域，不仅聚集了众多世界顶级品牌，而且还自己开发生产了 600 余种自有品牌。在中国大陆的门店总数已经突破 200 家了。

在客户关系管理战略中，屈臣氏发现在日益同质化竞争的零售行业，如何锁定目标客户群是至关重要的。那么，屈臣氏的客户是哪些人呢？

二、案例分析

屈臣氏纵向截取目标消费群中的一部分优质客户，横向做精、做细、做全目标客户市场，倡导"健康、美态、欢乐"经营理念，锁定 18~35 岁的年轻女性消费群，专注于个人护理与保健品的经营。屈臣氏认为这个年龄段的女性消费者是最富有挑战精神的。她们喜欢用最好的产品，寻求新奇体验，追求时尚，愿意在朋友面前展示自我。她们更愿意用金钱为自己带来大的变革，愿意进行各种新的尝试。而之所以更关注 35 岁以下的消费者，是因为年龄更长一些的女性大多早已经有了自己固定的品牌和生活方式了。

深度研究目标消费群体心理与消费趋势，自有品牌产品从品质到包装全方位考虑顾客需求，同时降低了产品开发成本，也创造了价格优势。靠自有品牌产品掌握了雄厚的上游生产资源，"屈臣氏"就可以将终端消费市场的信息第一时间反馈给上游生产企业，进而不断调整商品。从商品的原料选择到包装、容量直至定价，每个环节几乎都是从消费者的需求出发，因而所提供的货品就像是为目标顾客量身定制一般。哪怕是一瓶蒸馏水，不论是造型还是颜色，都可以看出"屈臣氏"与其他产品的不同。

自有品牌在屈臣氏店内是一个独特的类别，消费者光顾屈臣氏不但选购其他品牌的产品，也购买屈臣氏的自有品牌产品。自有品牌产品每次推出都以消费者的需求为导向和根本出发点，不断带给消费者新鲜的理念。通过自有品牌，屈臣氏时刻都在直接与消费者打交道，能及时、准确地了解消费者对商品的各种需求信息，又能及时分析掌握各类商品的适销状况。在实施自有品牌策略的过程中，由零售商提出新产品的开发设计要求，与制造商相比，具有产品项目开发周期短、产销不易脱节等特征，降低风险的同时降低了产品开发成本，也创造了价格优势。

"买贵退差价""我敢发誓保证低价"是屈臣氏的一大价格策略，但屈臣氏也通过差异化和个性化来提升品牌价值，一直以来并不是完全走低价路线。最近屈臣氏推出了贵宾卡，加强了对顾客的价值管理。凭贵宾卡可以购物积分和积分换购店内任意商品，双周贵宾特惠，部分产品享受八折优惠。会员购物每十元获得一个积分奖赏，每个积分相当于 0.1 元的消费额。可以随心兑换，有多种产品供会员选择，也可以累计以体验更高价值的换购乐趣。还有额外积分产品、贵宾折扣和贵宾独享等优惠，相信将给顾客带来更多的消费乐趣。

三、实践困境讨论

客户关系管理的实施困境

客户关系管理系统可以准确地评估客户的创利能力，最大限度地降低成本，提高效率，从而为企业带来无限的活力和最大的利润。但有统计表明，在已经实施了客户关系管理中却有 70%是不成功的。据各种资料显示，目前国内很多企业都实施了客户关系管理系统，但是大多不完整、不成熟。客户关系管理主要由三个功能，即销售自动化、营销自动化和客户服务，目前企业客户关系管理只是实现了如客户呼叫中心、客户信息管理等的部分功能，而对于深层的客户数据挖掘以制定决策方面却明显不足。在国内的客户关系管理推进中，存在一些普遍的问题，使得客户关系管理项目存在缺陷，难以完整实施。这可能源于企业的观点还没有完全改变，尤其是制造业，他们对于客户关系管理的需求并不是很强烈，或者企业资金不足，又或是企业相关人才匮乏。

【情景实训】

实训主题：客户关系管理操作。

课时：2 学时。

地点：机房。

实训目的：

（1）了解客户的特点。

（2）了解市场前期获取客户的方法。

（3）熟悉软件流程。

（4）掌握获取客户信息的方式和技巧。

实训内容：

使用畅想客户关系管理教学系统，系统基于客户关系管理的历史发展阶段将实验分为手工条件下的客户关系管理、信息化条件下的客户关系管理、数据分析和决策阶段的客户关系管理，功能包括：客户关系建立和维护、销售管理、数据分析、管理决策、学生考评等。

实训结果：

在实验结束时，教师根据实验结果文件检查并记录学生的实验完成情况，包括完成时间、完成质量等，并要求学生在课后按格式填写教师统一提供的"实验报告"电子版，在规定时间内提交电子版或纸面版，以供考评。

【教学策略研讨】
1. 如何有效开展本任务的课堂教学和实践教学？
2. 客户管理人员如何提高自己的客户维护能力？

任务三　数据挖掘与客户关系管理

【学习目标】
1. 了解数据仓库及数据挖掘技术的基本理论与实际应用原理。
2. 理解数据仓库及数据挖掘技术对客户关系管理的重要意义。
3. 掌握数据仓库及数据挖掘技术对客户关系管理的价值与其在客户关系管理的应用。

【任务描述】
南非 OldMutual 保险成功建设数据仓库和分析型客户关系管理

OldMutual 是南非最大的保险公司，为 80 万用户提供多种类型的保险，包括人寿保险、团体保险、养老金保险等。但截至 1997 年，对 OldMutual 的工作人员来讲，查询和分析客户信息仍然是一项非常耗时的工作。一般销售人员必须等好几个星期才能就一项特定的查询得到答案，而公司后台的批处理系统运行也严重超时。

1997 年 7 月，OldMutual 公司决定将所有的客户关系管理信息都迁移到 SAS 的数据平台上。在经过几个月的建设，1997 年 12 月 OldMutual 正式将客户信息集成进一个 SAS 数据仓库中。新的数据仓库可以帮助对客户信息按照家庭和个人进行快速分析。在实施解决方案的第一个阶段，客户信息综合查询时间由六周减少为一周，查询运行的速度提高了 10~29 倍。

1998 年起 OldMutual 开始应用 SAS 解决方案，对客户数据进行深层挖掘，分析失掉了哪些客户以及分析客户再次购买某类保险的原因。借助 SAS 分析型客户关系管理，OldMutual 在响应客户需求方面获得了可观的投资回报。

【任务分析】
1. 了解数据仓库。
2. 了解客户关系管理系统中数据仓库的建设。

3. 了解数据挖掘。

4. 掌握数据挖掘的实施。

【任务实施】

一、了解数据仓库

数据仓库的概念出现在 20 世纪 90 年代初期，数据仓库是支持管理决策过程的面向主体的、集成的、与时间相关的、持久的数据集合。它具有以下特点。

（1）数据仓库通常围绕一些主题，如"产品""销售商""消费者"等来进行组织。

（2）数据仓库关注的是决策者的数据建模与分析，而不是针对日常操作和事务的处理。因此数据仓库排除了对决策无用的数据，而提供了特定主题的简明视图。

（3）数据仓库通常还是结合多个异构数据源构成的，异构数据源通常包括关系数据库、面向对象的数据库、文本数据库、Web 数据库、一般文件等。

（4）数据仓库的数据存储从历史的角度提供信息，数据仓库中包含时间元素，它所提供的信息总是与时间关联的。

（5）数据仓库中存储的是一个时间段的数据，而不仅仅是某一时刻的数据。

（6）数据仓库总是与操作环境下的实时应用数据物理地分散存放，因此不需要事务处理、恢复并发控制机制。

（7）数据仓库里的数据通常只需要初始化载入和数据访问两种操作，因此其数据相对稳定，极少更新。

（8）数据仓库不是数据的简单堆积，而是从容量庞大的事务性数据库中抽取数据，并将其清理、转换为新的存储格式，即根据决策目标将存储数据库中对决策分析所必需的、历史的、分散的、详细的数据，经过处理转换成集中统一的、随之可用的信息。

二、客户关系管理系统中数据仓库的建设

一个内容详尽、功能强大的客户数据仓库是客户关系管理系统是不可缺少的。实施客户关系管理中建立的客户数据仓库，对于保持良好的客户关系，维系客户忠诚，发挥着不可替代的作用。美国早在 1994 年的商业调查就显示出：56%的零售商和制造商拥有强大的营销数据仓库；85%的零售商和制造商认为在 20 世纪末客户数据仓库必不可少。

在实施客户关系管理系统的过程中，客户数据仓库占有重要的地位。客户数据的价值所在，实际上也是客户关系管理的价值所在，那就是它把分散在企业内外的关于客户的数据集成起来，向企业及其员工提供了关于客户的总体的、统一的看法。数据仓库建设是一项有挑战性的工作，而客户数据仓库建立不仅要遵循建立数据库的一般规律，而且要根据客户关系管理的特征和要求完成以下几个方面的工作。

（一）数据信息的收集和集成

在企业中客户数据可能存在于订单处理、客户支持、营销、销售、查询系统等各个环节或部门，客户数据仓库的建立可把这些信息集成起来。为了更进一步了解客户以及其需求、客户身份，并且对在恰当的时间、地点、价格下客户可能产生的需求做出预测，企业需要花一些精力进行分析，因此产生了数据收集。成功地使用数据信息进行收集是客户关系管理的重要步骤。客户关系管理的客户数据仓库需要把企业内外的客户数据集成起来。就客户数据集成来讲，企业需要对客户数据进行匹配和合并。来自不同信息源的客户数据的客户标识是不同的，造成了对同一客户进行匹配的困难。这时，常用模糊匹配的算法和方法寻找相同的记录，进行客户匹配。有时候还要动用其他的客户信息片断，如为了判定某客户的地址发生了变化，需要比较进行匹配的客户记录的信用卡号码、出生日期和地址。通过聚类和匹配，如果发现了几个匹配的记录，就需要对这些记录进行合并。实际上，这也是实行客户关系管理的初衷，也就是把不同来源的信息合并在一起，产生对客户的总的看法，如账户信息、信用等级、投资活动、对直接营销的反应等。记录的匹配和合并的完整性与准确性是很重要的。如果没有对相同的客户进行匹配，企业会把一个客户当做两个甚至更多的客户对待，企业的客户数量就会被夸大了。另外，在建立客户数据仓库时，有时还要录入企业外的数据，如人口统计数据、客户信用信息等，使得客户数据仓库的资料更加完整。

（二）确保数据的质量

客户数据的收集和集成要求对来自不同信息源的客户数据进行匹配、合并和整理，因此是非常困难的工作，但正因如此，客户数据仓库中确保数据的质量才越加显得重要。在建立客户关系管理数据仓库时，首先要确认由应用程序所生成的客户编码，要保证它的唯一性。其次，对于客户匹配和建立完整准确的客户数据仓库来讲，姓名和地址这两个信息片断是很重要的，一定要进行分解和规范化。最后，对那些企业想收集，但又没有一定结构且信息量比较大的数据（如文本信息）要很慎重。即使各信息源的信息都是完整、准确的，而由于各信息源的数据格式可能并不相同，也需要对这些信息进行清理。对姓名和地址的解析和清理会提高客户匹配的质量，使得遗漏和错误的匹配大大减少。

（三）按规则更新客户数据，保持对已有客户的统一看法

客户数据仓库的维护是逐渐更新而不是一次性完全更新的。这主要是由于数据仓库所利用的信息源中的历史数据经过一段时间后可能被擦掉，而如果每次更新都重新进行客户记录匹配和重新建立数据仓库的做法工作量太大。这就要求按照一定规则进行客户数据的更新，同时保持对原有客户的统一的看法。比较合理的做法是，在保留已有数据的基础上，每次更新时都加入新的数据。因此，在客户数据仓库的数据更新中，首先要识别新数据是关于新客户还是关于数据仓库中已有客户，如果新的客户数据，那么就要给这个客户一个独立的标识，在数据仓库中插入一行；如果是关于已有客户的数据，那

么就要对这些客户记录的相关信息片断进行更新。数据更新要求同步化是客户关系管理数据仓库的特点之一。

（四）数据仓库统一共享，以发挥最大效益

统一共享的客户数据仓库把销售、市场营销和客户服务的信息连接起来。如果未能结合与集成这些功能，客户关系管理将不会达到理想的效果。横跨整个企业集成客户互动信息会使企业从部门化的客户联络转向所有的客户互动行为都协调一致。如果一个企业的信息来源相互独立，那么这些信息会有重复、互相冲突并且是会过时的。这对企业的整体运作效率将产生负面影响。为了使企业业务的运作保持协调一致，需要建立集成的客户关系管理解决方案以使后台应用系统与前台以及电子商务的策略相互协调。而一旦建立了客户数据仓库，下一步便要使它们发挥最大价值，要保证让企业各类工作人员都能方便、快捷地得到相关数据。每个进入客户关系管理系统客户的资料，销售、市场营销和客户服务等部门都应很容易得到他们的数据，而企业管理决策者则能随时得到关于企业业务情况的分析和相关报告。

三、了解数据挖掘

数据挖掘是支持企业决策的重要依据，了解数据挖掘的内涵、数据挖掘的功能以及数据挖掘的商业应用等是深入了解数据挖掘的基础。

（一）了解数据挖掘的内涵

在管理活动中，对客户数据的利用是必需的，如何将数据转化成信息是一个问题，因为没有信息，行动将是不可能的或者变成蛮干。客户信息的绝对容量增加和与客户相互作用日益复杂，迫切需要一种新的趋势来迎合这种技术，数据挖掘应运而生。

近年来，随着人工智能和数据仓库技术发展，使数据挖掘逐渐成为一门新兴技术。数据挖掘是从数据仓库中挖掘出有价值的带有规律性的行为模式，并对未来趋势做出预测的一个数据分析过程，因此，数据挖掘更接近于人工智能范畴。数据挖掘的目的是为了建立一个符合"历史经验"的预测模型，即要帮助用户回答如"明年哪种营销预算可以获得最佳回报""哪一种类型的客户将是企业的主要收入来源"等决策。数据挖掘更注重发现数据仓库中所蕴藏的、目前不为人知的某种"规律"或模式，因而是"挖掘""发现""探索"，而不是"浏览"或"观望"眼前的事实结果。数据挖掘使客户关系更有意义，它通过使用数据分析和数据建模技术来发现数据之间的趋势和关系的过程，可以用来理解客户希望获得什么，还可以预测客户将要做什么，可以帮助企业选择恰当的客户并将注意力集中在他们的身上，以便为他们提供适当的产品。由于可以最佳方式提高响应个性化需求的能力，并且可以通过优化资源分配来降低成本，因此收益得到提高。例如，在金融领域用于收集和处理大量数据，并对这些数据进行分析，发现潜在的客户群和评估客户的信用等。在数据仓库中进行数据挖掘正逐渐成为客户关系管理核心

的部分。

（二）了解数据挖掘的主要功能

数据挖掘的目标是通过从大量的、不完全的、有噪声的、随机的实际应用数据中，提取隐含其中的、人们事先不知道的、潜在有用的信息和知识，为企业决策提供依据。数据挖掘主要有自动预测趋势和行为、关联分析、聚类、概念描述、偏差检测五类功能。

（三）了解数据挖掘的商业应用

数据挖掘是一种新的商业信息处理技术。其主要特点是对商业数据仓库中的大量业务数据进行抽取、转换、分析和其他模型化处理，从中提取出可辅助商业决策的关键性数据。简而言之，数据挖掘其实是一类深层次的数据分析方法。数据分析本身已经有很多年的历史，只不过在过去，数据收集和分析是用于科学研究的，同时由于当时计算能力的限制，对大量数据进行分析的复杂数据分析方法受到很大限制。现在，由于各行业自动化的实现，商业领域产生了大量的业务数据，这些数据不再是为了分析的目的而收集的，而是由于寻求机会的商业运作而产生的。分析这些数据也不再是单纯满足研究的需要，更重要的是为商业决策提供真正有价值的信息，进而获得利润。但所有的企业面临一个共同问题是：企业的数据量非常大，而其中真正有价值的信息却很少，因此，从大量的数据中经过深层分析，获得有利于商业运作、提高竞争力的信息，就像从矿石中淘金一样困难，数据挖掘也因此而得名。因此，数据挖掘可以描述为按照企业既定业务目标，对大量的企业数据进行探索和分析，揭示隐藏的、未知的或验证已知的规律性，并进一步将企业数据模型化的、先进有效的方法。

在商业领域应用最成功的数据挖掘例子莫过于沃尔玛的啤酒与尿布的案例。而且随着时间的推移，人们必须借助于其他的外力从海量的数据中发现信息，如何从庞大的数据中发现有效信息，这已成为信息时代亟待解决的问题，因此，数据仓库、数据挖掘、联机应用分析等技术逐步被研究和推广。

（四）了解数据挖掘的任务

数据挖掘通过预测未来趋势及行为做出前瞻的、基于知识的决策。数据挖掘的目标是从数据仓库中发现隐含的、有意义的知识，主要有预测建模、关联分析、聚类分析、异常检测四种主要任务。

四、数据挖掘的实施

数据挖掘是一个完整的过程，该过程是从大型数据仓库中挖掘先前未知的、有效的、对企业决策有潜在价值的信息，并使用这些信息做出决策或丰富知识。数据挖掘的任务就是在海量的数据中发现有用的数据。但是仅仅发现数据是不够的，必须对这种模型做出一定的反应，并采取行动，最后将有用的数据转换成信息，信息变成行动，行动转换成价值。这就是数据挖掘在商业应用上的一个完整的流程。基本上由六个步骤组成，如图 7-5 所示。

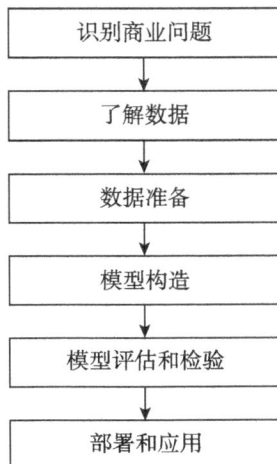

```
┌─────────────────┐
│   识别商业问题   │
└─────────────────┘
         ↓
┌─────────────────┐
│    了解数据      │
└─────────────────┘
         ↓
┌─────────────────┐
│   数据准备      │
└─────────────────┘
         ↓
┌─────────────────┐
│   模型构造      │
└─────────────────┘
         ↓
┌─────────────────┐
│  模型评估和检验  │
└─────────────────┘
         ↓
┌─────────────────┐
│   部署和应用     │
└─────────────────┘
```

图 7-5　数据挖掘在商业应用的步骤

（一）识别商业问题

在开始数据挖掘之前最基础的就是理解数据和实际的业务问题，在这个基础之上提出问题，对目标有明确的定义。明确的定义是数据挖掘的基本任务，确定目标的目的是使数据挖掘有章可循，尽管最终的结果是难以预测的，但是有了明确的方向后可以使数据挖掘的整个过程的动作避免盲目减少风险。识别商业问题主要包括分析确定和预测业务目标、进行环境评估、确定数据挖掘目标、产生项目计划几个方面。

（二）了解数据

确定了要解决的问题以及可以测量的目标之后必须对数据挖掘的基础数据进行初步了解。例如，数据从哪里获得，数据仓库里有无直接可用的数据集市，所选用数据表哪些字段是必要的，如何描述这些数据等。对数据的初步了解可以帮助企业分析这些数据的可用性与适用性。另外，企业也可以用一些简单的工具随机地抽取一些记录检验它们的质量，只有对数据建立基本的可信度之后才可以进入下面的步骤，否则太多的返工会产生很多不必要的资源浪费。

（三）数据准备

这一阶段对已确定的基本数据进行必要的转换、清理、填补以及合并工作。例如，有些数据挖掘工具只能处理数字类型，这种情况下就必须将对应数值进行必要的转化工作。一般数据仓库产品里都有特别的工具做这项工作，可以帮助客户从事数据准备。数据准备工作比较烦琐，但非常重要，因为如果数据里噪声太多就会影响建立模型的准确度，数据越完整、越准确，在此基础上发掘的数据规律就具有更高的可信度，从而更好地实现数据挖掘的目标，否则，从"垃圾"数据里再怎么挖掘也只能是垃圾，这是毫无疑问的。

（四）模型构造

模型构造阶段是数据挖掘技术应用的关键阶段，分为选择适用的挖掘技术、建立培训数据和测试数据、利用培训数据采用相应算法建立模型、模型解释几个子步骤。

（五）模型评估和检验

这个阶段对所建立的模型用测试数据进行测试，计算误差率，以确定模型的可信度，如果不令人满意，未达到预期的误差率目标，那么就必须重回到数据了解阶段，重复相关过程，直找到令人满意的模型为止，当然也有可能最终放弃导致项目失败，在这种情况下就有必要重新审视最初的挖掘目标是否合理。

（六）部署和应用

如果经过测试和检验所建立的模型可信并在预定误差率范围内，那么便可以按照这种模型计算出输出值，并按照输出值确定决策的基本依据。这样就可以在企业范围内全面部署这个预测模型。在应用过程中，企业必须不断地用新数据进行检验，不断测试其成功概率。经过反复检验成功的模型就成为企业的一个重要的"知识"，为企业成功决策打下良好的基础。

【相关知识】

数据挖掘和客户关系管理的结合的作用力

客户关系管理中的数据挖掘是指通过高等统计工具等的使用，利用分类、关联性、序列分析、群集分析、机器自我学习及其他统计方法，从数据库里庞大的数据中，收集与顾客相关的数据，对这些数据进行筛选、推演与模型建造等程序，找出隐藏的、未知的，但却对企业经营十分有用的信息，或者说是在数据与模式中的可把原始数据转换成商机并成为决策依据的新知识。从客户关系管理的整体结构来说，数据挖掘是整个客户关系管理的核心，也是构成商业智能的基础。

一、数据挖掘和客户关系管理的结合

客户关系管理作为一种先进的管理模式，其实施要取得成功，必须有强大的技术和工具支持。而数据挖掘技术要想得到长足的发展，必须要和实际应用结合起来才能体现其强大的生命力。完整的数据挖掘不单可以做到准确的目标市场行销，当分析的工具和技术成熟时，加上数据仓库提供大量的储存顾客数据的能力，可让数据挖掘做到大量针对个人的数据定制，从而准确地对顾客做一对一的行销。企业对顾客有充分的了解，才能有效地和顾客建立关系，进而有效地进行行销，创造商机。

客户关系管理软件就是这两者紧密结合的产物，它是实施客户关系管理必不可少的一套技术和工具集成支持平台，它基于网络、通信、计算机等信息技术，能实现企业前台、后台无缝衔接。

客户关系管理将不仅帮助企业在管理客户关系方面表现更佳，而且将帮助企业更快更好地打造核心竞争力。客户关系管理为企业创建基于互联网络的管理应用框架，使企业完全适应在电子商务时代的生存和发展。

二、客户关系管理中实施数据挖掘的功能

数据挖掘是一个利用各种分析工具在海量数据中发现模型和数据间关系的过程，这些模型和关系可以用来做出预测。

在实施数据挖掘之前，先制订每一步的计划，达到什么样的目标是必需的。有了好的计划才能保证数据挖掘有条不紊地实施并取得成功。很多软件供应商和数据挖掘顾问公司都提供了一些数据挖掘过程模型，来指导用户进行数据挖掘工作。例如，SPSS 的 5A，即评估（assess）、访问（access）、分析（analyze）、行动（act）、自动化（automate）以及 SAS 的 SEMMA，即采样（sample）、探索（explore）、修正（modify）、建模（model）、评估（assess）。

基本的数据挖掘流程一般包括以下几部分，即商业问题的理解、数据理解、数据准备、建立模型、模型的证实和评价以及扩展应用。

三、数据挖掘在客户关系管理中的应用

客户关系管理系统从客户所得到的数据日益增长，积累了大量的客户和产品销售数据，这些海量的数据使得原来的查询和分析工具往往不能反馈更好的信息，不能提供营销策略的支持。

根据数据挖掘所能完成的任务，数据挖掘技术应用到以客户为中心的企业决策分析和管理的各个不同领域和阶段，在客户关系管理中，数据挖掘技术可以帮助企业确定客户的特点，从而可以为客户提供有针对性的服务。通过数据挖掘可以发现使用某一业务的客户特征，从而可以向那些也同样具有客户特征却没有使用该业务的客户进行有目的推销。还可以找到流失的客户特征，在那些具有相似特征的客户还未流失之前，采取针对性的措施。目前，数据挖掘技术在客户关系管理中的应用有以下几个方面。

（一）现有客户的保持

客户关系管理理论中有一个经典的 2/8 原则，即 80% 的利润来自 20% 的客户。通过数据挖掘中的分类分析算法对客户消费行为、盈利能力进行分析，从而将客户进行分类。数据挖掘分类分析可以把大量的客户分成不同的类，在每一个类别里的客户具有相似的

属性。企业可以做到给不同类别客户提供完全不同的服务从而提高客户的满意度。将那些消费额最高、最为稳定的客户群,确定为"黄金客户"。根据分类,对不同档次的客户确定不同的营销策略,通过制定个性化的"一对一营销"策略实现企业留住高利润客户的目的。

（二）潜在客户的开发

企业的增长要不断地获得新的客户。新的客户包括以前没有听说过企业产品的人、以前不需要产品的人和竞争对手的客户。数据挖掘分类分析能够辨别潜在客户群,判断哪些客户会变成响应者,以提高市场活动的响应率,从而使企业的促销活动更具有针对性,使企业的促销成本降到最低。收集大量客户消费行为信息,运用数据挖掘得出客户最关注的方面,从而有针对性地进行营销活动,把企业的钱花在"点"上。顾客需求的多样化必然会带来产品种类的多样化,造成管理上的困难,同时使顾客在选择时有一种眼花缭乱的感觉,以至于不能很快地找到自己所真正需要的东西,这样企业就必须帮助客户,使他们可以迅速找到他们真正需要的信息,从而把潜在的客户转化为现实的客户。

（三）市场趋势的了解

为了增强竞争能力,企业需要对市场竞争态势进行分析,这有助于企业了解潜在加入者的威胁、顾客以及供应商的挑剔程度等,还可以进行正确的市场细分并确定目标市场,建立销售组织。数据挖掘功能能够对产品、促销效果、销售渠道、销售方式等进行的分析,帮助企业了解不同区域的市场演变趋势,这有助于企业开发适销对路的产品或者使企业明确自己的发展方向,何时决定进入或者退出某个区域的市场等,更好地促进企业发展。

（四）其他功能

风险评估和欺诈检查几乎在每个行业中都会用到,尤其是在金融领域或其他依靠信用进行交易的行业,这时候孤立点分析就可以帮助企业进行有效的分析。利用数据挖掘可以探查具有欺诈倾向的客户,这就可以帮助企业对这些客户加强警惕,防止欺诈的发生。

数据挖掘是客户关系管理中的基础和核心,通过数据挖掘,能有效地提供营销、销售、服务的决策支持,让工作人员可以得到充分的信息来行动,并预测在适当的时间、地点,提供给顾客合适的产品和服务。需要指出的是,客户关系管理代表的是一个新的商业策略、科学化的工作流程与现代化的企业文化,软件产品只是一个重要手段而已。

【学习评价】

项目	内容		评价 （评价分为四个等次，分别为4优秀、3良好、2合格、1不合格，请在下表中填入评价分值）		
	学习目标	评价项目	个人评价	小组评价	教师评价
知识	数据仓库、数据挖掘的概念	1.数据仓库的建设 2.数据挖掘的实施			
	总评				

【实践能力拓展】

一、案例

美林证券的数据掘金

作为世界级的证券企业，美林证券一直都在探索如何与客户建立更加紧密的关系，尤其是为上百万的个人投资者和小型机构客户。美林受托为这些客户管理着13 000亿美元的资产，同时，正在由以上交易量来衡量公司的成功迅速转变为向客户提供全面的财务规划服务，这就意味着必须更多地关注并理解客户，并在此基础上管理与客户的关系。

美林公司应该如何与上百万的客户建立紧密的个人关系呢？更何况每一个客户都有与其他客户不同的生活背景与投资策略。美林认为，答案就隐藏在公司在美国积累的对重要客户的堆积如山的数据中。在这以前，这些数据存放在多于25个不同的计算机系统中，并分布在公司的不同地点。美林认识到，要更好地进行客户关系管理，就必须把所有这些客户信息集成到一个单一的计算机环境中。通过对这些信息进行认真分析，就可以开发出强化客户关系的商业智能（business intelligence）应用。

二、案例分析

美林证券提出了利用商业智能对美国的客户进行客户关系管理的计划。该计划主要包括三个主要步骤：①将分散存放于各处的客户数据集成并组成"数据仓库"，称为管理信息决策分析支持系统（management information decision analysis system，MIDAS）；②通过提供尽可能多的有关客户投资活动和生活方式的相关信息，并对其不断充实与更新，在MIDAS上建立完整的客户档案；③为美林员工提供各种访问MIDAS上客户信息的手段和方法。

借助于MIDAS，美林可以找出最重要的客户群，并发现他们购买行为的方式。商业智能还可以带来其他的好处。例如，商业智能还使美林认识到年轻的高层管理人员在投资方法上比他们认识到的还要保守，如果不引起重视，这可能会导致他们缺乏长期财务目标。

商业智能同时帮助美林找到在产品及服务上需要改进与完善之处（即客户的潜在需

求），这些潜在需求可能连客户自己也没有意识到。例如，投资于美林证券的客户也许刚刚开办了自己的公司，需要了解创业保险产品。又如，正抚育两个孩子的客户，在孩子尚小的时候就需要知道美林有关住房贷款与教育储蓄方面的产品。对客户深刻地了解正帮助美林的 13 000 名理财顾问在满足客户当前需求的同时能预见到客户未来的需求，并在此基础上可以提供更好的理财指导。

通过将客户买盘数据与客户档案资料对比分析，美林可以将其产品和服务进行组合与匹配，可以提供几乎无限的产品与服务包（组合）来满足每一位投资人的个性化需求。同时，公司能够监测所提供每一种产品与服务组合的利润率。MIDAS 使美林能够评测更好的客户关系管理对公司营业额与市场份额的影响。

另外，MIDAS 项目组采用 IBMRS/6000SP 并行处理计算机作为数据仓库的运行环境，选用 Informix（现已被 IBM 收购）数据仓库。这台 SP 系统配置了 14 个处理单元或"节点"。这台 SP 可以很容易地扩展或升级到更多的节点。这样，美林可以用较低的成本来满足数据仓库的规模扩大、最终用户数增多和查询复杂度增加的需要。

MIDAS 建成以前，分析师只能从主机系统中得到书面报告，然后再手工输入 Excel 电子表格中。现在，这一切都由 MIDAS 代劳了。分析师可以简单快捷地提出问题，如哪个地区、哪个办事处、哪个销售的业绩最好、什么地方产品的销售对美林来说取得的销售额和利润最高。

有了这些问题的答案，与分析师一起工作的批发销售商（wholesalers）就会发现在他们所看好的目标客户之间的销售差距。批发销售商还可以找出哪些销售的业绩最好。或许还没从事过这类产品的销售也会通过与这些成功的销售技巧与方法进行交流，并从中受益。

MIDAS 的信息也帮助美林不断地调整与提高产品效果，业务分析员可以随时跟踪产品的利润与销售量，并按美林财政利益分级（financial advantage series，FAS）制成周报或月报。

美林也可以从一些社会上的信息服务公司购买客户信息，然后将其合并到 MIDAS 中。例如，某家信息服务公司专门提供"公司内幕人员"的信息，这些高级管理人员在卖出公司股票时必须向美国证券监管部门，即美国证券交易委员会（Securities and Exchange Commission，SEC）报告持股情况。

目前，美林的业务部门有超过 500 名业务分析师与其他人员经常使用 MIDAS。为进一步扩大 MIDAS 的用户数，MIDAS 项目组计划通过美林的公司内联网向包含 MIDAS 使用"高手"与偶然使用者的公司雇员提供各种应用。例如，MIDAS 将被用来进行市场促销活动的分析，以确定客户对报纸广告和直接邮件销售活动的反应。如果美林要帮助每一个客户做出合理的投资决定，就需要借助商业智能来帮助美林真正地了解他的客户。有了这种能力，美林希望与客户的关系超越客户与一般金融服务公司的传统关系，并使数以百万计的客户走向成功。

三、实践困境讨论

数据挖掘实践困境

（1）由于数据挖掘是一门涉及面很广的交叉性新兴学科，它涉及数据库、人工智能、数理统计、可视化、并行计算等多个领域的知识和技术，因此要把多种方法结合起来使用，目前还很困难。

（2）为高效、完备、准确地实现数据挖掘，目前的工具还需不断地改进。

（3）急需智能专家系统式的新数据挖掘工具和方法。

（4）通用工具集或工具包的开发仍是个难题。

【情景实训】

实训主题：数据仓库与数据挖掘实验。

课时：2学时。

地点：机房。

实训目的：

（1）理解数据挖掘的基本概念及其过程。

（2）理解数据挖掘与数据仓库、联机分析处理（online analytical processing，OLAP）之间的关系。

（3）理解基本的数据挖掘技术与方法的工作原理与过程，掌握数据挖掘相关工具的使用。

实训内容：

将创建一个数据挖掘模型以训练销售数据，并使用"Microsoft决策树"算法在客户群中找出购买自行车模式。请将要挖掘的维度（事例维度）设置为客户，再将客户的属性设置为数据挖掘算法识别模式时要使用的信息。然后算法将使用决策树从中确定模式。下一步需要训练模型，以便能够浏览树视图并从中读取模式。市场部将根据这些模式选择潜在的客户发送自行车促销信息。

实训结果：

在实验结束时，教师根据实验结果文件检查并记录学生的实验完成情况，包括完成时间、完成质量等，并要求学生在课后按格式填写教师统一提供的"实验报告"电子版，在规定时间内提交电子版或纸面版，以供考评。

【教学策略研讨】

1. 教学中如何有效使用教学媒体和工具开展本任务的课堂教学和实践教学？

2. 如何将数据挖掘和数据仓库更好的应用在客户关系管理过程中？

参 考 文 献

安春梅. 2014. 客户关系管理[M]. 武汉：武汉大学出版社.

白冬蕊. 2010. 电子商务概论[M]. 北京：人民邮电出版社.

蔡剑. 2011. 电子商务案例分析[M]. 北京：北京大学出版社.

陈南泥. 2011. 电子商务实务[M]. 北京：高等教育出版社.

陈志浩，刘新燕. 2013. 网络营销[M]. 第 2 版. 武汉：华中科技大学出版社.

崔立标. 2013. 电子商务运营实务[M]. 北京：人民邮电出版社.

纪琳. 2012. 网上支付与结算[M]. 北京：机械工业出版社.

杰拉希 T. 2015. 电子商务战略：通过电子商务和移动电子商务创造价值[M]. 第三版. 李洪心译. 大连：
    东北财经大学出版社.

李恒. 2014. 美国电子商务税收政策及博弈行为对我国的启示[J]. 税务研究，（2）：74-78.

李洪心. 2013. 电子商务案例分析[M]. 大连：东北财经大学出版社.

李洪心. 2015. 电子支付与结算[M]. 第 2 版. 北京：电子工业出版社.

李钊. 2012. 电子商务物流[M]. 北京：北京师范大学出版社.

梁露. 2009. 电子商务案例[M]. 北京：清华大学出版社.

刘立习. 2010. 电子商务实务模拟[M]. 北京：科学出版社.

瞿彭志. 2014. 网络金融与电子支付[M]. 北京：化学工业出版社.

邵贵平. 2014. 电子商务物流管理[M]. 第 2 版. 北京：人民邮电出版社.

斯特劳斯 J. 2010. 网络营销[M]. 第 5 版. 时启亮译. 北京：中国人民大学出版社.

宋文官. 2008. 电子商务概论[M]. 北京：高等教育出版社.

宋文官. 2012. 电子商务概论[M]. 第三版. 北京：清华大学出版社.

宋艳萍. 2013. 电子商务综合实训[M]. 北京：电子工业出版社.

苏朝晖. 2010. 客户关系管理——客户关系的建立与维护[M]. 第 2 版. 北京：清华大学出版社.

唐先锋. 2014. 电子商务法律实务[M]. 北京：清华大学出版社.

特班 E. 2014. 电子商务：管理与社交网络视角[M]. 第 7 版. 时启亮译. 北京：机械工业出版社.

仝新顺. 2010. 电子商务概论[M]. 北京：清华大学出版社.

王晓梅. 2011. 客户关系管理实务[M]. 北京：北京大学出版社.

王鑫鑫. 2014. 电子商务概论[M]. 北京：北京大学出版社.

王忠元. 2015. 移动电子商务[M]. 北京：机械工业出版社.

吴健. 2013. 电子商务物流管理[M]. 第 2 版. 北京：清华大学出版社.

肖嘉. 2014. 电子商务案例教程[M]. 北京：科学出版社.

徐宗本. 2015. 大数据驱动的管理与决策前沿课题[J]. 管理世界，（2）：158-163.

杨坚争. 2011. 电子商务安全与电子支付[M]. 第 2 版. 北京：电子工业出版社.

翟丽丽. 2014. 电子商务案例教程[M]. 北京：科学出版社.

后　记

本教材在史保金教授的主持下，由高校营销专业教师、电子商务专业骨干教师，在企业电子商务从业人员的参与下，经过两年多的努力共同完成。作为教育部、财政部"职业院校教师素质提高计划职教师资开发项目（VTNE072）"的成果之一，本书属于培训教材，其目的在于提升中等职业学校市场营销专业教师的素质与能力。电子商务教材结合了当前电子商务理论前沿，采用了大量案例与实训操作，不仅覆盖了电子商务方面的主要理论知识，而且重视实践操作技能，着重培养学生对企业电子商务应用的调研分析和方案策划的实际动手能力。

本教材由河南科技学院经济与管理学院的张夏然、胡艳春任主编，张联锋、张睿任副主编。具体编写分工是：模块一由胡艳春执笔完成，模块三、模块五由张夏然执笔完成，模块四、模块七由张联锋执笔完成，模块二、模块六由张睿执笔完成。全书及相关电子资源由张夏然、胡艳春进行统稿。

感谢中等职业学校重点专业教师培训开发项目办公室专家组在教材写作思路上给予帮助，特别感谢华东师范大学石伟平、教育部职业教育中心研究所邓泽民、上海商学院卜军、同济大学王奕俊、师慧丽等专家的指点和帮助。在写作过程中，课题组参阅了大量国内已出版的著作或教材以及相关网站上的资料，在此向这些资料的作者们一并表示感谢。

由于电子商务发展中出现很多新的问题及学术理论争议，本书在编写过程中将问题放入实践困境中进行了讨论，加上作者的学术水平有限，难免出现疏漏与不足，敬请各位专家、读者批评指正。